U0753917

顾　　问：　[美]陈立齐（James L. CHAN）
主　　编：　王　旭
责任编辑：　黄成艮　孙勇
资料统筹：　宋小明　姚水林　柏　聪
装帧设计：　钟陵强　伊德奎
电脑制作：　张婷婷

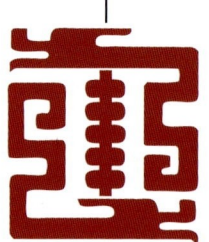

契约的会计史意义

我赞扬王旭博士提供法律学术成果以加强会计史的跨学科研究。中国会计博物馆和宋小明博士,将馆藏契约与会计历史家和学术界分享,也值得表扬。

契据和合约这两种文件表达一个社会的成员们在交往中为了相互负责而提出有法律制裁的承诺。更具体地说,契据是财产权的证据,其被接受使所有权可以转让。合约指明由一方提出并由另一方接受的要约。这两类文件之间的本质区别在于:契据确认现有权利,而合约涉及未来行为。这个区分对会计具有严重影响。

会计是对抗健忘症的良药。现在所谓的"财务会计"是一种历史性的追究,用来确认已经发生的交易和事件对一个经济实体的影响。这些影响是所有者和债权人感兴趣的财务状况的变化。财务状况以资产和负债之间的余额或不平衡表示。资产是由于过去交易或事件而使实体拥有或控制的经济资源;负债是一实体所承担的责任,也是过去交易和事件的结果。对过去的强调提出了一个问题:会计师和审计师如何知道某些交易或事件确实发生了?换句话说,他们有什么证据可以验证对所有权和债务的宣称?

这就是契约和合约与会计相关之处:契据提供财产所有权的证据;合同规定了提供和接受的承诺的商定条件。可以毫不夸张地说,没有契据,就不可能知道谁拥有什么财产,谁将什么财产转让给谁。同样,没有合约,就不可能知道谁向谁人提供什么货物和服务。合约的未来性质意味着,合约引起履行责任,但非负债。因此契据和合约是建立社会成员互相信任的关系网的工具 —— 不是盲目信任,而是有条件的,有法律制裁效果的信托。他们的形式和实质一直是大量法律的内容。此外,作为法律和经济学交叉点的财产权和契约,也被新制度经济学强调。这方面的文献大体基于西方的经验,特别是市场经济的演变。这可能是新制度经济学吸引中国经济学家之处,因为可用于指导中国经济改革。

我则鼓励中国学者用制度来解释中国会计的历史发展。许多制度被表达或嵌入在契约和合同中;如本卷所示,一些被保存和被发现。虽然考古工作仍在继续,重要的是加速解读和理解已有的资料。在这方面,中国会计博物馆占有重要而独特的地位。馆员在寻找和收集与会计相关的素材,这是对会计史的真正实证研究。从他们的研究,我期待知道这些文物告诉我们,在不同的时间和地点,人们如何通过会计制度来实行问责制。

陈立齐
美国伊利诺大学会计学系荣退教授
2011-2016年间任北京大学海外名师

THE SIGNIFICANCE OF DEEDS AND CONTRACTS TO ACCOUNTING HISTORY

I commend Dr. Wang Xu for contributing his legal scholarship to enhancing interdisciplinary research in accounting history. The China Accounting Museum and Dr. Song Xiaoming also deserve praise for sharing the Museum's collection of deeds and contracts with accounting historians and the wider academic community.

Deeds and contracts are documents by which members of a society hold each other accountable for making legally enforceable promises in dealing with each other. More specifically, deeds serve as evidence of property right, the acceptance of which makes it possible to transfer ownership. Contracts are documents that specify offers made by one party and accepted by another party. An essential difference between these two types of documents is that whereas a deed confirms an existing right, a contract concerns future acts. This distinction carries serious implications for accounting.

Accounting is an antidote against amnesia. What is now called "financial accounting" is a kind of historical reckoning that recognizes that the effects of transactions and events that have already occurred to an entity. The effects are expressed in terms of the resulting changes to the financial conditions of the entity of interest to owners and creditors. Financial condition is expressed in terms of the balance, or imbalance, between assets and liabilities. Assets are economic resources owned or controlled by an entity as a consequence of past transactions or events; liabilities are obligations owed by the same entity also as a consequence of past transactions and events. This emphasis on the past raises the question: how do accountants and auditors know that certain transactions or events indeed took place? In other words, what evidence is available to them to verify the claims of ownership and obligations?

This is what relates deeds and contracts to accounting: deeds provide evidence of ownership of property; contracts specify the agreed terms of promises given and received. It is no exaggeration to say that, without deeds, it would be impossible to know who own what property and who transfers what property to whom. Similarly, without contracts, it would be impossible to know who reaches agreement on what goods and services to give to whom. (The future orientation of contracts means, however, that they give rise to obligations to perform but not liabilities yet.) Deeds and contracts are therefore the instruments that bind members of a society in a web of mutual trust – not blind trust, but conditional, enforceable trust. Their forms and substance has always been the subject of a large body of laws. In addition, property right and contracts, being at the intersection of laws and economics, are emphasized in new institutional economics. Much of this body of literature is based on Western experiences in general and the evolution of market economies in particular. That is probably the reason why new institutional economics has attracted the attention of Chinese economists for guiding China's economic reform.

I would rather encourage Chinese scholars to interpret the historical development of Chinese accounting in terms of institutions. Many of these institutions were expressed or embedded in deeds and contracts, and some were preserved and discovered, as this volume shows. While the archaeological work continues, it is important to accelerate the pace of deciphering and understanding what is already available. In this regard, the China Accounting Museum occupies an important and unique position. Its field work of finding and collecting accounting-related artifacts is genuine empirical research in accounting history. From their research, I look forward to knowing what the artifacts tell us about how people, in different times and places, practice accountability through accounting institutions.

James L. Chan

前 言

中国传统契约是传统中国契约生活的遗世信物，它的制作与保存是以契约应当信守为依归的活动。从已经发现的契约素材看，中国传统契约以五千年文明为源泉、为滋养，其从青铜铭文，竹木券书到千年契纸，演化出了传承有序、类别丰富、形式完备、结构独特、精神深刻的中国传统契约及其文化。其演化之精彩，足令我辈学人惊叹！

王国维先生有云："书契之用，自刻画始。金石也，甲骨也，竹木也，三者不知孰为先后，而以竹木之用为最广。"考古资料证明，中国传统契约的溯源并没有超出先生百年前所做的规范。最早的中国契约就是附着在金石、甲骨和竹木之上。《周礼》记载，中国在先秦（周王朝时期）曾任命"司约"一官，其职责是"凡王与邦国及万民为约，或邦国及万民自相与为约，此官并掌其约剂之书。"约剂之书包括神约、民约、地约、功约、器约、挚约六类文书。并因为书写目的的不同，约剂的名称和载体也有所区别，即"凡大约剂，书于宗彝，小约剂，书于丹图。"东汉郑玄注释说："大约剂，邦国约也。书于宗庙之六彝，欲神监焉。小约剂，万民约也。"由此可见，上古先民虽因征信共性而对"书契"文字同目为"约"，但也因用途不同而有"大"、"小"之分。清人孙诒让说："小约剂，事轻文约，则书于竹帛，取足检考而已，不必镂之金石也。"由此可知，小约剂在内容上是对"事轻文约"的"小事件"的记录，它不同于镂刻在青铜礼器之上的"大约剂"，是最接近于今人观念中的合同概念的。

"小约剂"采用的是书于"竹帛"的方式。对于帛书，钱存训博士曾考证说，其主要有以下用途：一是用于以竹简为草稿的文书定稿，或者作为竹书的附图；二是缣帛文书用于祭祀祖先及神灵，以示尊崇；三是缣帛是皇室贵胄记载言行传诸后世的文书材料；四是缣帛有时也作为记载功臣大将的文书载体。据此，他论断说"总之，竹木多产而价廉，随地取材，是古代最通俗的书写材料。缣帛轻柔而面广，有简牍无法代替的许多优点，但价格昂贵，而且它的主要用途是衣着，因此只有高贵的经典、神圣的文书或简牍不能胜任的场合，才必须采用缣帛。"由此可见，上古时期日常契约的书写材料主要使用竹木。从发现的秦汉契约看，多是竹木制作的。

竹木契约中最为我们熟知的是傅别、书契和质剂三种文书。孙诒让曾做过辨析与综合，他说："盖质剂、傅别、书契，同为券书。特质剂，手书一札，前后文同而中别之，使各执其半札。傅别则为手书大字，中字而别其札，使各执其半字。书契则书两札，使各执其一札。傅别，札字半别；质剂则唯札半别，而字全具，不半别；书契则书两札，札亦不半别也。"从发现的竹木契约实物看，秦汉契约的形式，并不囿于孙氏归纳的三种情况。因书写的物质条件和满足征信的需要，竹木契约已经发展出相对完善的一套书写技术，比如契约的券书形式，简侧契刻与文书记录数目一致的符号，以及用检署加封泥的方式保存契约等等。同时也由于竹木简有限的书写空间，决定了先秦竹木契约尽量省略对交易过程的记录，也略去了缔约人的缔约意识和主观想法。

纸张用于书写是世界文明史的大事件，对契约书写的影响也是立竿见影的。从发掘出的吐鲁番契约文书（公元5-8世纪）看，尽管缔约人还自称立"券"，但纸张用于契约书写，已经直接推动了契约面貌的更新，征信技术也开始了新的演变。相较于竹木券书契约，纸契在篇幅上的优势是明显的。这使得契约可以承载更多的内容，契约中开始详尽记录交易过程和缔约人的缔约意思、主观态度了，比如说"二主先和后券"、"券成之后，各不得反悔"、"民有私要，要行二主"等等叙述，这些是竹木券书从不记载的内容。在征信技术上，吐鲁番纸契则发展出半书、画指，以及手模等等适应新载体的方法。从精神面貌上看，吐鲁番契约充满着契约自由的气息。

与吐鲁番契约相接的是敦煌契约（公元9-10世纪）。敦煌契约不同于吐鲁番契约的显著标志，是缔约人称缔结契约为"立契"而不是"立券"。这一契约称呼上的转变，被唐以降的民间契约实践所延续，"契"取代"券"成为契约的一般称呼。此外，敦煌契约也有了自己的发展。从形式上看，敦煌契约比吐鲁番契约更加完备，格式也更加固定。究其原因，可能是契约书写依照"样文"进行的结果。从内容上看，敦煌契约已经开始书写成契理由，交代立契的原因。成契理由的出现很可能是用以应对唐律中有关土地交易规定的需要。值得注意的是，敦煌契约中，缔约人有意识地做出"官有政法，民从私契"的声明。这一"官↔民"对称的声明方式，不同于吐鲁番契约的"民有私要，要行二主"的声明方式，很可能是应对官府不断向民间私约活动渗透的反向努力。

经过吐鲁番契约和敦煌契约500多年的发展，纸契的书写到了宋代逐渐达到了完善的境界。据《续资治通鉴长编》记载，北宋太宗太平兴国八年，国子监丞、知开封府司录参军赵孚上言："庄宅多有争诉，皆由衷私妄写文契，说界至则全无丈尺，昧邻里则不使闻之，欺罔肆行，狱讼增益。请下两京及诸道州府商税院，集庄宅行人众定割移典卖文契各一本，立为榜样，违者论如法。"另外，《宋会要辑稿》中也记载了南宋时期曾经出现官办雕版印刷契约。尽管北宋的"榜样"契约，南宋的雕版官契都没有留世，但是这些记录都证明中国传统契约发展到宋代，已经突破民间写本"样文"的模范阶段，开始有了官颁样式。从徽州留存下来的契约实物看，中国传统契约在宋代走向了成熟。成熟性的标志主要有三，第一是契约主体架构的形成并稳定下来，形成了"三面言定"的格局。需要说明的是，中国传统契约结构中，始终包含着非缔约人的第三方成分，从最初的见证人、代书人，到后来的保证人。这种第三方介入契约的情况，到了宋代有了突破，非缔约人中的某些人在介入交易过程时取得了相对独立的地位，缔约活动不再是简单的"二主和同"，而是转变为"三面言定"。这使中人不再同于一般见证人，他有着更大的权利和责任了，他有权参加议价，适当平衡缔约人的权利义务，还有责任促成契约的实际履行等。第二个标志是契约内容稳定了下来。中国传统契约到了有宋一代，书写哪些内容逐渐稳定了下来，而且内容的书写顺序也基本被固定了下来。第三个标志是中国传统契约的精神，在有宋一代也被确定在"信用"的维度上不再波动。客观地讲，吐鲁番契约和敦煌契约有着私契自由的空间，但是到了宋代，随着政府财政来源逐渐由人户向土地的转变，以土地交易为主要记录对象的传统契约，开始被政府严密地控制起来，私契自由的空间已经被压缩到很小的范围，不成气候。反之，"恐人无信"的契约信用价值则获得了独尊的发展。总而言之，传统契约在宋代的成熟，既表现在它对前代契约的继承与完善，也表现在它对后代契约实践的辐射作用，宋代契约奠定的基调，被元、明、清三代相仍不替。

传统契约发展到明清时期，由于社会形态的稳定传承，契约主体架构、契约形式和契约精神都没有发生突破性的进展。这一时期主要的演变发生在两个方面，一方面是以徽州契约形式为代表的契式开始向全国普及，这一过程的结果是使明清契约看起来有着雷同的面貌，千篇一律；另一方面则是契约书写的内容开始僵化、套话，比如"成契理由"的书写，不再像唐宋时期交代得那么仔细，而是用"因正用"等含糊的说法一笔带过。

应该说此时的传统契约已经进入烂熟阶段，这种烂熟状态深植于烂熟的中国传统社会本身，不知孰梦孰醒。这种局面直到鸦片战争之后，才逐渐难以为继。

清末以来，中国经历了两千年未有之大变局，这一大背景奠定了中国传统契约近代以来经历的发展基调。从中西合璧的"道契"，到西式原则为体、中式表达为用的民国律师合同范本，中国传统契约经历了一段光怪陆离的发展之旅。时而甲方乙方时而三面议定，时而印章时而签押，时而民国时而康德，用毛笔书写的契约读起来依旧不失文雅，但在新兴的制度和法律体系内，契约精神已经置换，貌合神离是再好不过的描述。时至今日，中国传统契约大多已成为故纸堆中的故物，但是在某些时候某些地区，人们还不时地以残存的传统"信用"精神，在新纸上书写传统契约的新篇章。毫无疑问，在尊重契约自由，不违背诚实信用，不破坏公序良俗的基础上，这些新纸上的故契还是有效的。

中国会计博物馆从筹建伊始，就十分注重对中外传统契约的收集和整理工作。到目前为止，已经收藏有中国、英国、美国、越南、日本、韩国、埃及等国的传统契约文书400多件。尽管其他国家或者地区的传统契约入藏具有偶然性，也难成体系，但馆藏中国传统契约已经是门类齐全，种类丰富。从时间上看，馆藏中国传统契约从明万历年间的《归户由贴》，到1980年的《谭天卖屋文契》，时间跨度400年，经历了明、清、民国和共和国四个时期。从契约种类看，则涉及到常见的买卖、典当、租赁、兑换、雇佣、借用等文书，还包括不常见的上海道契，满汉文字合璧倒契，成纪纪年契约等文书。从交易过程的角度看，入藏传统契约文书包括了契约、契尾、验契、推（割）书、收书、置产簿、鱼鳞清册，以及契约制作范本册子等文书。本集就是在以上丰富多样的文书基础上，选择其中有代表性的文书结集而成的。希望我们的结集工作除了可以通过文书展示的方式，展现中国传统契约自明末以来的变迁过程，还可以为中国传统契约文书的科学研究提供扎实的素材基础。

传统契约要件图解

有鉴于传统契约属于传统社会的故物,多数人在识读与理解上还有一定的障碍。为了方便读者,我们选择了一份契约进行图解说明,希望对理解传统契约有所帮助。由于以金石、甲骨和竹木契约为代表的上古契约离我们年代过于久远,又因为吐鲁番、敦煌和徽州宋元契约并不常见,所以我们选取了一份乾隆年间的清代契约作为解读的标本,这类契约通常在市场上还可以见得到,解读信息对读者也还有所用处。明清时期,除白契多数以单契的形式存在以外,红契一般由两个部分构成,即由草契和加贴的契尾,或者草契加贴官契纸构成。需要注意的是,因为中国传统社会没有产权登记制度,所以交易过程中有移交上手老契的习惯,这些上手契一般也会被加贴在缔结的契约前面,形成产权来源清晰的证明。如果交易多次发生,就可能出现多次黏贴上手老契的情况,从而形成长达数米的契约,如本集所收《道光二十四年至光绪三十年自李保同家人卖地连七契》。从契约功能的角度,我们可以将契约内的主要内容分为21个要件,分别图例说明如下:

1. 交易类型。传统契约一般会在契约开首就声明交易的种类,比如绝卖、活卖、典、当、租、借等等。不同的类型意味着缔约人之间不同的权利义务性质。

2. 立约人。根据传统社会家庭财产制度,交易一般由家长单独充作立约人,但是在家长缺位或不能独立立约时,也有由母亲携幼子,或者兄弟共同作为立约人的情况。图例所示就是因为没有家长,由兄弟四人共同立约。

3. 财产来源声明。契约所涉财产是否清白是契约重要的内容,契约一般都会进行明确说明,有说"祖遗"的,有说"自有"的,情况不一,目的都是说明财产传承有序,来源清白。

4. 标的描述。这是契约的重要内容,所有契约无一例外地会对这一内容进行细致描述,尤其是土地交易契约,对土地四至的描述极为详尽,像图例契约所见,甚至将土地所附"夏税"也仔细地写在契约中。

5. 成契理由。写立契约交代理由,是中国传统契约十分独特的情况。最早写立理由发生在唐代契约中,之后的朝代延续了这一做法。从成契理由的发展看,它的出现虽然是因应唐代制度的要求,但是民间的立契实践在制度性要求之外,又逐渐使之成为契约成立符合人情的说明。

6. 中人。中人不同于一般见证人,他有着更大的权利和责任,有时会接受卖主委托寻求买主;缔约时有权参加议价,适当平衡缔约人的权利义务;缔约后,他有责任促成契约的实际履行。中人有官中和普通中人两种,充任者通常具有一定的权威性。

7. 买主。买主是标的获得一方。他在契约中一般只出现在中间部分,而且只写姓氏,不写全名。

因为是契约的收执一方，买主一般不出现在期末签押部分。

8. 价款。契约交易的价款，一般用通货计数，但是也不排除有用其他物品充当对价的情况。此外，契约中一般要明确价款的支付方式，比如示例契约中就明确说明"即日银地两相交明"。

9. 绝卖保证。由于传统土地买卖中存在"绝卖"和"活卖"的区别，如果是绝卖，一般要声明，以免日后原产业权利人要求回赎或者请求加找契价。

10. 自愿交易声明。这一声明是避免买卖双方以契约这一合法的形式，掩盖其他非自愿交易情况的存在。

11. 买主权利声明。这是避免交易标的存在隐形瑕疵进行的声明，比如说交易土地原有卖主家坟茔，或者有其他妨碍买主行使权利的情况。

12. 税粮交割。明清土地在交易的过程中，要完成推收与过割的程序，其目的是保证国家税赋的征收，因此契约中一般要明确税粮义务的承担问题。

13. 亲邻权利瑕疵保证。中国家庭财产制度中，家族势力的存在由来已久，并形成了交易须先问亲邻的"问帐"制度。这一保证，将亲邻可能介入交易带来的风险转移到卖主自己承担。

14. 信用声明。中国传统契约的根本在于信用，作为信用的载体，从吐鲁番契约开始就出现了契约作为信物的这一类声明。

15. 卖主及其签押。卖主同于立约人。签押则是证明契约真实的痕迹。

16. 中人及其签押。见前分析。

17. 见证人及其签押。见证人是见证契约签订过程的人，相对于中人和保证人，他的权利和义务要小很多。

18. 佃户签押。中国传统社会的土地经营使用租佃的办法，佃户是租种土地的人，排除人身依附性的封建成分外，佃户是土地的用益权人。因为土地的交易涉及到佃户的用益权利，所以契约也会不时出现佃户及其签押。

19. 立契时间。是契约订立的时间，一般使用皇帝的年号纪年。

20. 批领。批领是缔约人在写立契约后，对未尽事宜加添到契约上的行为，它形成了契约的补充约定。

21. 契尾。是由官署统一印制的税契凭证。它是土地、房屋交易过程中，经官府登记并纳税，由官府填发的一种文书，作为地契、房契等的重要附件。契尾分为两副，在两幅之间书写骑缝文字。前半幅上一般刻有有关税契的规定，以及业户姓名，买卖田地（或房产）数目，价银等。后半幅则在年代处钤官印，投税时将契价、税银数目，填在钤印之处。当业户来投税时，从骑字处截为两幅。前半幅粘贴在白契上，交给业户收执，后半幅留存官府备查。

图例：

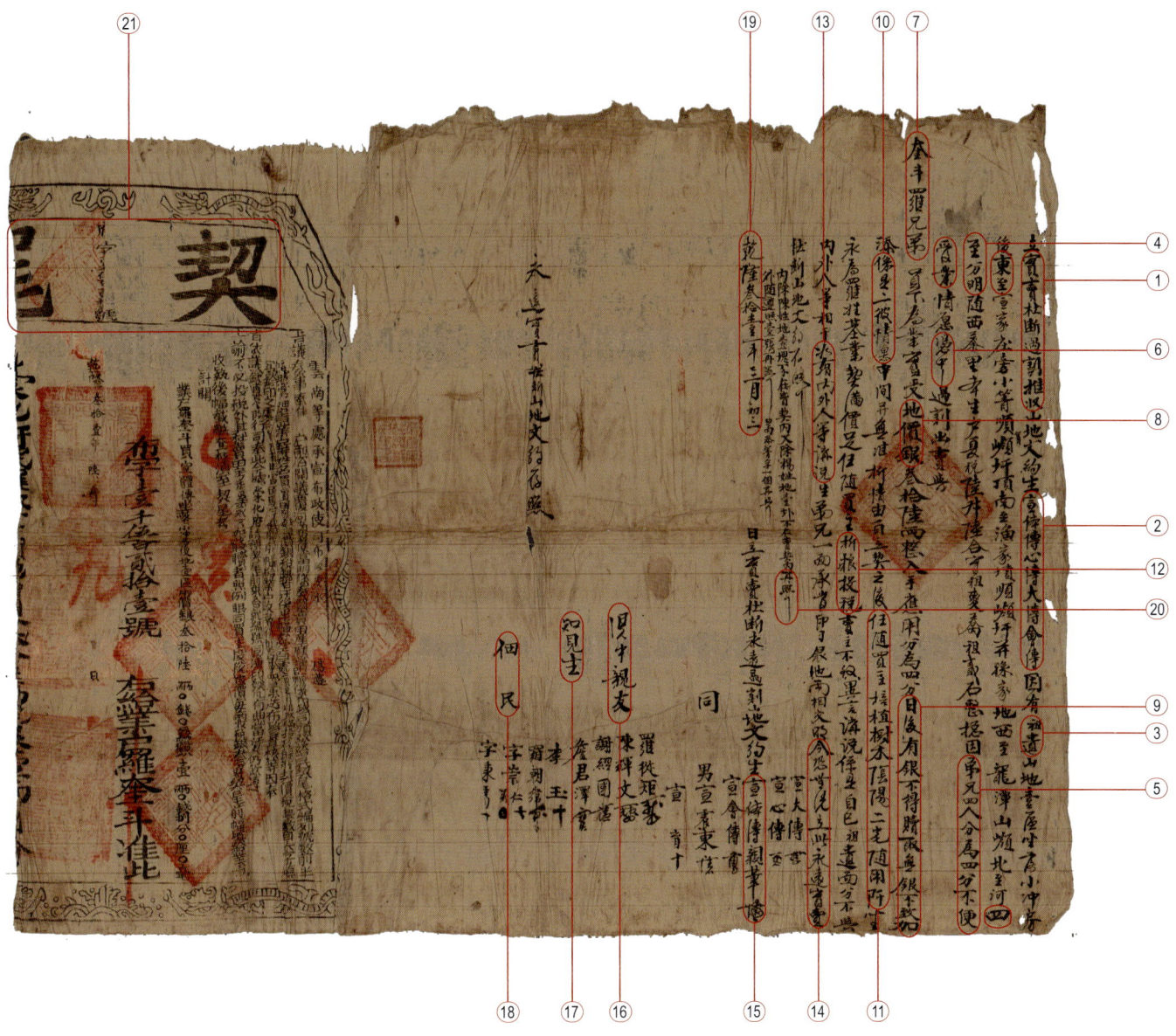

凡 例

1. 契约文书的纪年，均依照原契约文书使用的纪年，1949年中华人民共和国成立以前契约文书，注明公元纪年。

2. 契约名称，不分红契、白契，均据契约发生的年代、主体、行为、标的拟定。可知发生地的契约，依发生时间行政隶属注明发生地。如：万历八年（1580）马如龙户归户由贴，注明地点：福建，长汀。

3. 红契依形式分为单契、连二契（卖契加契尾或草契加官契）、连三契、连四契等。

4. 凡契约文书上加盖的各级印章，可识读的即录入契约正文末，不能识读的不录入。

5. 凡契约中原有花押、指迹、印章，录文均于当事人名下注明"押"或"章"。

6. 契约文书中的通假字，录文中予以保留，俗字迳改为正字，错字以（ ）[ ] 改正。

7. 录文尽量对应原有契约文书格式，但由于契约文书形制各异，有些契约录文局部格式有所调整。

8. 契约文书中出现缺文或者无法识读文字时，"□"代表缺一个字，"⊠"代表缺若干字。

目 录

01　明清契约

万历八年（1580）马如龙户归户由贴 ……………………………………… 03

万历十年（1582）吴廷盛户推票 …………………………………………… 04

万历十年（1582）分亩归户票（四连张）………………………………… 05

万历十二年（1584）林大材户清丈归户单 ………………………………… 06

万历时期吴廷仕地亩单 ……………………………………………………… 07

崇祯二年（1629）邓惟屏卖山岗契 ………………………………………… 08

顺治十一年（1654）丁项麦金业归户付票 ………………………………… 09

乾隆元年（1736）杭士仁等赎地合同 ……………………………………… 10

乾隆二十四年（1759）李飞一找断田契 …………………………………… 11

乾隆三十一年（1766）宣体传等卖山地连二契 …………………………… 12

乾隆三十二年（1767）江贤安同侄绝卖水田契 …………………………… 13

乾隆五十五年（1790）张焜遗嘱 …………………………………………… 14

乾隆六十年（1795）朱夺魁山地照 ………………………………………… 15

嘉庆四年（1799）黄金璋卖地契 …………………………………………… 16

嘉庆五年（1800）余万祖卖山契 …………………………………………… 17

嘉庆六年（1801）字纹加添文约 …………………………………………… 18

嘉庆十八年（1813）王维藩绝卖楼房连二契 ……………………………… 19

嘉庆二十五年（1820）杨天佐同侄卖自地民市房文契连二契 …………… 20

道光元年（1821）陈佩权讨票 ……………………………………………… 21

道光六年（1826）华立纲等公议分拨书 …………………………………… 22

道光八年（1828）刘适卖地连二契 ………………………………………… 23

道光十年（1830）李茂林转典房契 ………………………………………… 24

道光十四年（1834）郭成祥卖地契 ………………………………………… 25

道光十五年（1835）盆而来等卖地契 ……………………………………… 26

道光十六年（1836）周良兑契 ……………………………………………… 27

道光十九年（1839）程正雄顶契 …… 28

道光二十四年（1844）至光绪三十年（1904）自李保同家人卖地连七契 …… 29

乾隆二十九年（1764）宣有文义助文约连三契 …… 30

咸丰十年（1860）马荣卖水田连二契 …… 30

咸丰六年（1856）湛汉臣卖田塘契 …… 31

咸丰七年（1857）聂天祥卖地连四契 …… 32

咸丰九年（1859）郑殿樟等合同 …… 33

咸丰十一年（1861）张大盛卖休妻婚书帖字 …… 34

咸丰十二年（1862）徐得胜实卖地基契 …… 35

同治二年（1863）宁宝等当地契 …… 36

同治二年（1863）旦宝林等租契文约 …… 37

同治五年（1866）袁文六清粮执业田号单 …… 38

同治七年（1868）姜恒照等嗣书 …… 39

同治八年（1869）梁牛氏卖房契 …… 40

同治九年（1870）王敬孝堂嗣孙等议字 …… 41

同治十三年（1874）赵四代照票 …… 42

光绪元年（1875）杨必寿户执照连二契 …… 43

光绪六年（1880）以闵土地执照连二契 …… 44

光绪六年（1880）邹光泰户粮单 …… 45

光绪七年（1881）刘宣亮卖妻贴 …… 46

光绪九年（1883）陈榧谦立定主婚贴 …… 47

光绪十三年（1887）黑小兄弟等卖契文约 …… 48

光绪十三年（1887）法国真原堂契照 …… 49

光绪十四年（1888）李礼记合同擘据 …… 50

光绪十八年（1892）岳镇五退股约 …… 51

光绪二十三年（1897）柳华氏借票 …… 52

光绪二十三年（1897）谢祖湘归户单 …… 53

光绪二十七年（1901）徐怀青加绝文契 …… 54

光绪二十八年（1902）四盛合豫省官盐发票 …… 55

光绪三十一年（1905）王士魁领地价银状 …… 56

宣统三年（1911）霍福倒契	57
宣统三年（1911）倪福樟卖屋契	58
宣统三年（1911）张永弼官当契连三契	59
皇帝纪元四千六百零九年（1911）谭兆麟卖粮田契	60

61　民国契约

民国壬子年（1912）孙秉朝借约	63
民国元年（1912）左怀恩归并空房地连三契	64
民国元年（1912）曾纪祥当契	65
民国三年（1914）何国佐新契纸	66
民国三年（1914）阎宝庆补契纸连三契	67
民国三年（1914）刘士才新卖契	68
民国三年（1914）秦均昂户验契凭照	69
民国三年（1914）赵成慧典地契	70
民国四年（1915）陈国孝转典地连二契	71
民国四年（1915）姜永铨出典瓦行房契	72
民国五年（1916）周莲生借据	73
民国五年（1916）本亮师卖地连二契	74
民国九年（1920）程万和大照	75
民国十年（1921）姜殿元租房议单	76
民国十一年（1922）梁家训土地执照	77
民国十一年（1922）罗德上海道契	78
民国十二年（1923）王家轼出信字合同	79
民国十三年（1924）任锡藩抵押据	80
民国十三年（1924）詹元钊正推旗	81
民国十四年（1925）沈福庭收条	82
民国十五年（1926）韩玉玺卖地连二契	83
民国十六年（1927）郝相明卖地契	84

民国十六年（1927）益善堂典地契	85
民国十八年（1928）沈仲安桐乡县执业方单	86
民国二十年（1928）张云汗验契丙联联单	87
民国二十二年（1933）康正隆卖荒地连二契	88
民国二十二年（1933）谭裔洽兄弟分单	89
民国二十二年（1933）王金有蚌埠市船行同业公契	90
民国二十二年（1933）王学林杜断卖荒地文契连二契	91
民国二十三年（1934）廉俭堂揭约	92
民国二十三年（1934）戴盛联同子立清粮杜绝卖高田文契	93
民国二十四年（1935）福丰号押汇借据	94
民国二十五年（1936）李祖水卖园连二契	95
民国廿五年（1936）杨文春区数	96
民国廿五年（1936）王超借约	97
民国二十五年（1936）王金义卖地连二契	98
民国二十五年（1936）向凤楼分书	99
民国二十六年（1937）周之譲验换证	100
民国二十六年（1937）王德海卖坟山地官契	101
民国二十六年（1937）柴文钦父子卖田连二契	102
民国二十七年（1938）雷学英验契证据	103
民国二十七年（1938）张千福管业执照	104
民国二十九年（1940）樊清莲杜断卖出民水车圩田连二契	105
民国二十九年（1940）谢元高承揽约	106
民国二十九年（1940）姜陈氏同子绝卖瓦行房地基河面文契	107
民国二十九年（1940）孙荫茂推粮笔据	108
民国三十年（1941）王克礼借款文券	109
成纪七三七年（1942）薛永锡买卖土地连二契	110
民国三十一年（1942）孟道善官借券	111
民国三十一年（1942）魁盛德等字据	112
民国三十一年（1942）隆庆号租券	113
民国三十一年（1942）杨高铨等承揽约	114

民国三十一年（1942）杨琴记等股单合同议据	115
民国三十二年（1943）纪氏卖身据	116
民国三十三年（1944）鼎和祥号租屋合同	117
民国三十三年（1944）云峰乡中心学校合同文约	118
民国三十三年（1944）陆伯贤等推股笔据	119
民国三十三年（1944）秦德玉卖田连二契	120
民国三十四年（1945）张清吉卖地契	121
民国三十四年（1945）石文雄转让笔据	122
民国三十四年（1945）张兆松等代种文约	123
民国三十五年（1946）靖裕记买则田契纸	124
民国三十五年（1946）宗士源杜卖田地契文约	125
民国三十六年（1947）黄沈氏同女划字凭字文契	126
民国三十六年（1947）黄沈氏同女卖底面粮田契	127
民国三十八年（1949）毕高佐送坟地文约	128

129　共和国契约

1950年程文贞租耕地约	131
1950年梁增福租约	132
1950年周国礼租房约	133
1950年张守泰倒契	134
1951年全桂香笔据	135
1951年程金元卖地连二契	136
1951年李大会卖地契	137
1951年沁县供销合作社预合同	138
1951年王扣成卖地连二契	139
1951年辛寿臣租房约	140
1951年尹广泉等租房合同	141
1952年郭映渊等合伙合同	142

1952年齐耀廷借房字据	143
1952年张砚忱户析产分居字据	144
1953年干应付等凭帖文约	145
1953年公私合营长江航运公司委托修理合约	146
1953年张桂珩等租房约	147
1953年赵白言卖地草契纸	148
1954年青浦县人民政府粮食局委托稻米加工合同	149
1954年仲傅嵒卖房地契	150
1954年百乐门旧货商行垫款契约	151
1955年郭万寿等合股合同	152
1961年陈小招典屋合同	153
1980年谭天卖屋文契	154

155 海外契约

1697年英文手写契约	157
1700年狄龙·波拉德契约	158
1820年埃及买卖奴隶合同	159
1857年费城市贷款证书	160
1870年威廉·J.约翰逊借款契约	161
明治九年（1876）新泻县山岸万治郎卖地契	162
成泰五年（1893）安仁府阮文细等绝卖地契	163
明治卅年（1897）东筑摩郡百濑氏借用金证书	164
光武时期（1897-1907）江原道金九永卖地契	165
保大十三年（1939）绥丰县龙彩邑乞请认证地亩书	166

CONTENTS

01 Deeds in Ming and Qing Dynasties

03   "Gui Hu You Tie" of Ma Rulong in the 8th year of Wanli, Ming Dynasty (1580A.D.)

04   Tax Liability Transfer Ticket of Wu Tingsheng in the 10th year of Wanli, Ming Dynasty (1582A.D.)

05   Measuring Land Note issued in the 10th year of Wanli, Ming Dynasty (1582A.D.)

06   Land Measuring Ticket of Lin Dacai in the 12th year of Wanli, Ming Dynasty (1584A.D.)

07   Land Measuring and Verifying Note of Wu Tingshi in the Period of Wanli, Ming Dynasty

08   Deed for Selling the Hill of Deng Weiping in the 2nd year of Chongzhen, Ming Dynasty (1629A.D.)

09   Ticket for Approving Tax to Household of Ding Xiangmai in the 11th year of Shunzhi, Qing Dynasty (1654A.D.)

10   Redeem Land Contract of Hang Shiren signed in the 1st year of Qianlong, Qing Dynasty (1736A.D.)

11   Price Makeup Deed on Selling Land of Li Feiyi signed in the 24th year of Qianlong, Qing Dynasty (1759A.D.)

12   Deed for Selling Hill Land of Xuan Tichuan in the 31th year of Qianlong, Qing Dynasty (1766A.D.)

13   Deed for Selling the Irrigated Land of Jiang Xianan and His Nephew in the 32th year of Qianlong, Qing Dynasty (1767A.D.)

14   Will of Zhang Kun made in the 55th year of Qianlong, Qing Dynasty (1790A.D.)

15   Land Certificate of Zhu Duokui in the 60th year of Qianlong, Qing Dynasty (1795A.D.)

16   Deed for Selling Land of Huang Jinzhang in the 4th year of Jiaqing, Qing Dynasty (1799A.D.)

17   Deed for Selling Hill of Yu Wanzu in the 5th year of Jiaqing, Qing Dynasty (1800A.D.)

18   Price Makeup Deed of Zi Wen Signed in the 6th year of Jiaqing, Qing Dynasty (1801A.D.)

19   Deed for Selling Building of Wang Weifan in the 18th year of Jiaqing, Qing Dynasty (1813A.D.)

20   Deed for Selling Storefront Owned by Yang Tianzuo in the 25th year of Jiaqing, Qing Dynasty (1820A.D.)

21   Claiming Note of Chen Peiquan in the 1st year of Daoguang, Qing Dynasty (1821A.D.)

22   Public Agreement for Property Distribution by Hua Ligang and Others in the 6th year of Daoguang, Qing Dynasty (1826A.D.)

23   Deed for Selling Land of Liu Shi in the 8th year of Daoguang, Qing Dynasty (1828A.D.)

24   Deed for Re-pawned house of Li Maolin in the 10th year of Daoguang, Qing Dynasty (1830A.D.)

25   Deed for Selling Land of Guo Chengxiang in the 14th year of Daoguang, Qing Dynasty (1834A.D.)

26   Bilingual(Manchu and Han) Deed for Selling Land of Pen Erlai in the 15th year of Daoguang, Qing Dynasty (1835A.D.)

27   Exchange Deed of Zhou Liang in the 16th year of Daoguang, Qing Dynasty (1836A.D.)

28	Deed for Transfering the Right for Farming the Land signed by Cheng Zhengyong in the 19th year of Daoguang, Qing Dynasty (1839A.D.)
29	Seven Connected Deeds for Selling Land of Zi LiBao and His Families since 1844 to 1904
30	Kindhearted Help Deed of Xuan Youyi in the 29th year of Qianlong, Qing Dynasty (1764A.D.)
30	Deed for Selling Paddy Field of Ma Rong in the 10th year of Xianfeng, Qing Dynasty (1860A.D.)
31	Deed for Selling Pond Land of Zhan Hanchen in the 6th year of Xianfeng, Qing Dynasty (1856A.D.)
32	Deed for Selling Land of Nie Tianxiang in the 7th year of Xianfeng, Qing Dynasty (1857A.D.)
33	Contract of Zheng Dianzhang and others in the 9th year of Xianfeng, Qing Dynasty (1859A.D.)
34	Certificate of Divorce Written by Zhang Dasheng in the 11th year of Xianfeng, Qing Dynasty (1861A.D.)
35	Deed for Selling the Foundation of Xu Desheng in the 12th year of Xianfeng, Qing Dynasty (1862A.D.)
36	Deed for Pawning Land of Ning Bao, Da Bulin in the 2nd year of Tongzhi, Qing Dynasty (1863A.D.)
37	Deed for Renting Land of Dan Baolin and others in the 2nd year of Tongzhi, Qing Dynasty (1863A.D.)
38	Note for Grain Tax of Yuan Wenliu in the 5th year of Tongzhi, Qing Dynasty (1866A.D.)
39	Deed for Succeeding of Jiang Hengzhao in the 7th year of Tongzhi, Qing Dynasty (1868A.D.)
40	Deed for Selling House of Liang Niushi in the 8th year of Tongzhi, Qing Dynasty (1869A.D.)
41	Agreement of the Heirs of Wang Jingxiaotang in the 9th year of Tongzhi, Qing Dynasty (1870A.D.)
42	Certificate to Zhao Sidai issued by Local Government in the 13th year of Tongzhi, Qing Dynasty (1874A.D.)
43	License issued to Yang Bishou in the 1st year of Guangxu, Qing Dynasty (1875A.D.)
44	Land Certificate of Yi Min in the 6th year of Guangxu, Qing Dynasty (1880A.D.)
45	Grain Bill of Zou Guangtai in the 6th year of Guangxu, Qing Dynasty (1880A.D.)
46	Selling Wife Agreement of Liu Xuanliang in the 7th year of Guangxu, Qing Dynasty (1881A.D.)
47	Marriage Agreement Set by Chen Feiqian in the 9th year of Guangxu, Qing Dynasty (1883A.D.)
48	Deed for Selling Land of Heixiaoxiongdi and Bao Cai in the 13th year of Guangxu, Qing Dynasty (1887A.D.)
49	Deed Certificate of Zhenyuantang in the 13th year of Guangxu, Qing Dynasty (1887A.D.)
50	Counterpart of the Contract signed by Li li's firm in the 14th year of Guangxu, Qing Dynasty (1888A.D.)
51	Contract for Withdrawing Share by Yue Zhenwu in the 18th year of Guangxu, Qing Dynasty (1892A.D.)
52	Receipt for a Loan of Liu Hua's in the 23th year of Guangxu, Qing Dynasty (1897A.D.)
53	Bill for Rated the Tax to Xie Zuxiang in the 23th year of Guangxu, Qing Dynasty (1897A.D.)
54	Supplementary Agreement for Selling Land of Xu Huaiqing in the 27th year of Guangxu, Qing Dynasty (1901A.D.)

55	Si Shenghe's Official Certificate of Salt of Henan Province in the 28 year of Guangxu, Qing Dynasty (1902A.D.)
56	Deed for Receiving Land Price of Wang Shikui in the 31 year of Guangxu, Qing Dynasty (1905A.D.)
57	Deed for Reselling Land of Huo Fu in the 3rd year of Xuantong, Qing Dynasty (1911A.D.)
58	Deed for Selling Room of Ni Fuzhang in the 3rd year of Xuantong, Qing Dynasty (1911A.D.)
59	Official Pawn Deed for Selling Land of Zhang Yongbi in the 3rd year of Xuantong, Qing Dynasty (1911A.D.)
60	Deed for Selling Land of Tan Zhaoling in the 3rd year of Xuantong, Qing Dynasty (1911A.D.)

61 Deeds in the Republic of China Era

63	Deed for Borrowing of Sun Bingchao in the 1st year of the Republic of China (1912A.D.)
64	Deed for Returning Housing Land of Zuo Huaien in the 1st year of the Republic of China (1912A.D.)
65	Deed for Pawning Land of Zeng Jixiang in the 1st year of the Republic of China (1912A.D.)
66	New Deed of He Guozuo in the 3rd year of the Republic of China (1914A.D.)
67	Supplementary Deed of Yan Baoqing in the 3rd year of the Republic of China (1914A.D.)
68	New Selling Deed of Liu Shicai in the 3rd year of the Republic of China (1914A.D.)
69	Certificate of Certifying Deed of Qing Junang in the 3rd year of the Republic of China (1914A.D.)
70	Deed for Pawning Land of Zhao Chenghui in the 3rd year of the Republic of China (1914A.D.)
71	Transferred Mortgage Deed of Chen Guoxiao in the 4th year of the Republic of China (1915A.D.)
72	Deed for Pawning Tile-roofed House of Jiang Yongquan in the 4th Year of the Republic of China (1915A.D.)
73	Borrowing Note of Zhou Liansheng in the 5th Year of the Republic of China (1916A.D.)
74	Deed for Selling Land of Ben Liangshi in the 5th Year of the Republic of China (1916A.D.)
75	Big Certificate of Cheng Wanhe in the 11th year of the Republic of China (1920A.D.)
76	Agreement for Rent House by Jiang Dianyuan in the 10th Year of the Republic of China (1921A.D.)
77	Land Certificate of Liang Jiaxun in the 11 Year of the Republic of China (1922A.D.)
78	Shanghai Title Deed of Luthy in the 11th Year of the Republic of China (1922A.D.)
79	Contract of Wang Jiashi Being Adopted into the Bride's Family in the 12th Year of the Republic of China (1923A.D.)
80	Mortgage Note of Ren Xifan in the 13 year of the Republic of China (1924A.D.)
81	Note for Transferring Tax of Zhan Yuanzhao in the 13th Year of the Republic of China (1924A.D.)
82	Receipt of Shen Futing in the 14th year of the Republic of China (1925A.D.)
83	Deed for Selling Land of Han Yuxi in the 15th year of the Republic of China (1926A.D.)

84	Deed for Selling Land of Hao Xiangming in the 16th Year of the Republic of China (1927A.D.)
85	Pawn Deed of Yishantang in the 16th Year of the Republic of China (1927A.D.)
86	Shen Zhongan's Certified Note issued by Tongxiang county in the 18th Year of the Republic of China (1928A.D.)
87	Copy C of Certificate of Zhang Yunhan in the 20th Year of the Republic of China (1928A.D.)
88	Deed for Selling Wasteland of Kang Zhenglong in the 22th Year of the Republic of China (1933A.D.)
89	Deed of Settlement of Tan Yiqia and his brothers in the 22th Year of the Republic of China (1933A.D.)
90	Wang Jinyou's Public Deed of Shipping Guild in the 22th Year of the Republic of China (1933A.D.)
91	Deed for Selling Wasteland of Wang Xuelin in the 22th Year of the Republic of China (1933A.D.)
92	Loan Agreement of Lianjiantang in 1934
93	Deed for Selling Land of Dai Shenglian and his son in the 23th Year of the Republic of China (1934A.D.)
94	Draft Bill of Fufeng Firm in the 24th Year of the Republic of China (1935A.D.)
95	Selling Deed of Li Zushui in the 25th Year of the Republic of China (1936A.D.)
96	Amounts Notice of Yang Wenchun in the 25th Year of the Republic of China (1936A.D.)
97	Borrowing Agreement of Wang Chao in the 25th Year of the Republic of China (1936A.D.)
98	Deed for Selling Land of Wang Jinyi in the 25th Year of the Republic of China (1936A.D.)
99	Deed of Settlement of Xiang Fenglou in the 25th Year of the Republic of China (1936A.D.)
100	Certificate for Certifying and Changing Deed of Zhou Zhirang in the 26th Year of the Republic of China (1937A.D.)
101	Official Title for Selling Tomb Hill of Wang Dehai in the 26th Year of the Republic of China (1937A.D.)
102	Deed for Selling Land of Chai Wenqing and his son in the 26th Year of the Republic of China (1937A.D.)
103	Evidence for Official Verification of Title of Lei Xueying in the 27th Year of the Republic of China (1938A.D.)
104	Land Certificate of Zhang Qianfu in the 27th Year of the Republic of China (1938A.D.)
105	Deed for Selling Land with Attachments as Waterwheel of Fan Qinglian in the 29th Year of the Republic of China (1940A.D.)
106	Contract for Built a Tomb by Xie Yuangao in the 29th Year of the Republic of China (1940A.D.)
107	Deed for Selling Foundation of Jiang Chen's and her son in the 29th Year of the Republic of China (1940A.D.)
108	Written Pledge for Transfering the Tax Grain of Sun Yinmao in the 29th Year of the Republic of China (1940A.D.)
109	Loan Contract of Wang Keli in the 30th Year of the Republic of China (1941A.D.)
110	Selling Land Deed of Xue Yongxi in 1942
111	Official Lending Deed of Meng Daoshan in the 21th Year of the Republic of China (1942A.D.)
112	Contract of Kui Shengde etc. in the 31th year of the Republic of China (1942A.D.)
113	Rent Contract of Longqing Firm in the 31th year of the Republic of China (1942A.D.)

114	Hired Work Contract of Yang Gaoquan etc. in the 31th year of the Republic of China (1942A.D.)
115	Joint Stock Contract of Yang Qing's Firm in the 31th year of the Republic of China (1942A.D.)
116	Indenture by Which Ji sells herself in the 32th year of the Republic of China (1943A.D.)
117	Renting House Contract of Dingxianghe Firm in the 33th year of the Republic of China (1944A.D.)
118	Contract of the Yunfeng Central School in the 33th year of the Republic of China (1944A.D.)
119	Transferring Stock Contract of Lu Boxian and Yang qing's Firm in the 33th year of the Republic of China (1944A.D.)
120	Deed for Selling Land of Qing Deyu in the 33th year of the Republic of China (1944A.D.)
121	Deed for Selling Land of Zhang Qingji in the 34th year of the Republic of China (1945A.D.)
122	Transferring Contract of Shi Wenxiong in the 34th year of the Republic of China (1945A.D.)
123	Contract for Replacing Farming by Zhang Zhaosong etc. in the 34th year of the Republic of China (1945A.D.)
124	Deed for Purchasing Land by Jingyu Firm in the 35th year of the Republic of China (1946A.D.)
125	Deed for Selling Land of Zong Shiyuan in the 35th year of the Republic of China (1946A.D.)
126	Mortgage Lending Contract of Huang Shenshi and her daughter in the 36th year of the Republic of China (1947A.D.)
127	Deed for Selling Land of Huang Shenshi and her daughter in the 36th year of the Republic of China (1947A.D.)
128	Deed for Sent Tomb Land by Bi Gaozuo in the 38th year of the Republic of China (1949A.D.)

129 Deeds in the People's Republic of China Era

131	Deed for Rent Land by Chen Wenzhen in 1950
132	Rent Agreement of Liang Zhengfu in 1950
133	Deed for Rent House by Zhou Guoli in 1950
134	Deed for Shift the Right for Farming of Zhang Shoutai in 1950
135	Receipt of Quan Guixiang in 1951
136	Deed for Selling Land of Cheng Jinyuan in 1951
137	Deed for Selling Land of Li Dahui in 1951
138	Pre-contract of Qin County Supply and Marketing Cooperative in 1951
139	Deed for Selling Land of Wang Koucheng in 1951
140	Renting House Agreement of Xin Shouchen in 1951
141	Renting House Agreement by Yin Guangquan and others in 1951

142   Partnership Contract of Guo Yingyuan and Wu Ziying in 1952

143   Contract for Borrowing House by Qi Yaoting in 1952

144   Agreement for Dividing Property and Live Apart of Zhang Yanchen's family in 1952

145   Agreement signed by Gan Yingfu and Wei Ding in 1953

146   Repair Contract of the Public-private Joint Venture Yangtze River Shipping Company in 1953

147   Renting House Agreement of Zhang Guiheng in 1953

148   Draft Contract for Selling Land of Zhao Baiyan in 1953

149   Rice Processing Contract of the Grain Bureau of the People's Government of Qingpu County in 1954

150   Deed for Selling House of Zhong Fuyan in 1954

151   Deed for Advance Money of Bailemen Junk Shop in 1954

152   Contract for Forming a Partnership of Guo Wanshou and Du Kaisheng in 1955

153   Deed for Pawning House of Chen Xiaozhao in 1961

154   Deed for Selling House of Tan Tian in 1980

155 Overseas Deeds

157   Handwritten English Indenture in 1697, the United Kingdom

158   Print Version Indenture of Dillon Pollard in 1700, Ireland

159   Slave Purchase Contract in 1820 ,Egypt

160   Loan Certificate of the City of Philiadelphia in 1857, USA

161   Deed of William J. Johnson to Bettle Paul in 1870, USA

162   Certificate for Selling Land in 1876, Japan

163   Deed for Selling Land of Ruan Wenxi of Anren County in the 5th year of Chengtai, Vietnam (1893A.D.)

164   Certificate for Borrowing of Bailaisi in 1897, Japan

165   Selling Land Deed of Jin Jiuyong in the Gangwon Period of the Korean Empire (1897~1907A.D.)

166   Request of Long Caiyi for certificating land in 1939,Vietnam

第一篇 明清契约

明清是中国传统社会发展到极致的时期，各项传统制度在深入人心的同时，臣民们也基本达到了从心所欲而不逾矩的水平。在这种社会形态下，传统契约实践在丧失革新能力的同时，却基本达到了文本的完善境界。从我们看到和收集整理的明清契约看，这种文本的完善性首先体现在官契式的广泛使用。明清时期，虽然没有全国统一的官契纸，但地无论南北，人不论东西，各省份或地区都有印制内容相近的官契纸。文本的完善性其次体现在『写契投税章程』的大量出现。一般的明清官契纸，在印刷官契式的同时，在契纸的适当位置会印制『写契投税章程』，这一内容是地方官府指导缔约人写立契约并照章纳税的规定。虽然『写契投税章程』的名称不一，内容也有繁有简，但其大量附着于文本的现象预示着明清契约管理水平除了深入细致，也是达到了很高水平的象征。文本完善的最后方面体现在契式与交易类别的对应程度达到很高的水准。明清时期，契约范本中包含的契式种类相较于前代更加丰富多样，基本可以与丰富的交易类别形成一一对应的关系。这一现象用今天的合同法术语讲，就是社会生活中可能出现使用无名契约的情况大量减少，契约关系规范且稳定。

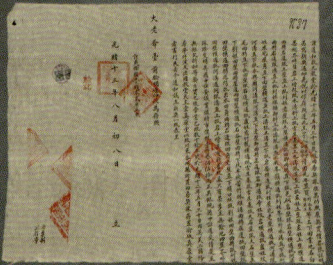

DEEDS IN MING AND QING DYNASTIES

The development of the traditional Chinese society reached its height in Ming and Qing Dynasties. As the officials and subjects internalized the various traditional systems, they reached the level of having their heart's content and had no desire to break the rules. The traditional practice of preparing deeds lost the capacity of innovation, after the text had been perfected. The extensive use of the official forms for deeds contributed to the completeness of the deed texts. From the deeds in the the Museum's collection, it can be seen that, although there was no uniform official deeds for nationwide application, every province or region printed their own official deed papers with similar contents. The completeness of the text was due to the emergence of large number of "the regulations of writing deeds and paying taxes". Although the name and content of the regulations might be different, this phenomenon indicates that contract management of the Ming and Qing Dynasties reached a high level. The final aspect of perfecting text is reflected in the high degree of correspondence between the deeds and the transaction categories. In the Ming and Qing Dynasties, in comparison to the previous periods, the types of deeds contained in contract model were rich and diverse, and basically formed an one-to-one relationship with the types of transactions. In the terms of today's contract law, the use of anonymous contracts was substantially reduced, and the contractual relationships became normal and stable.

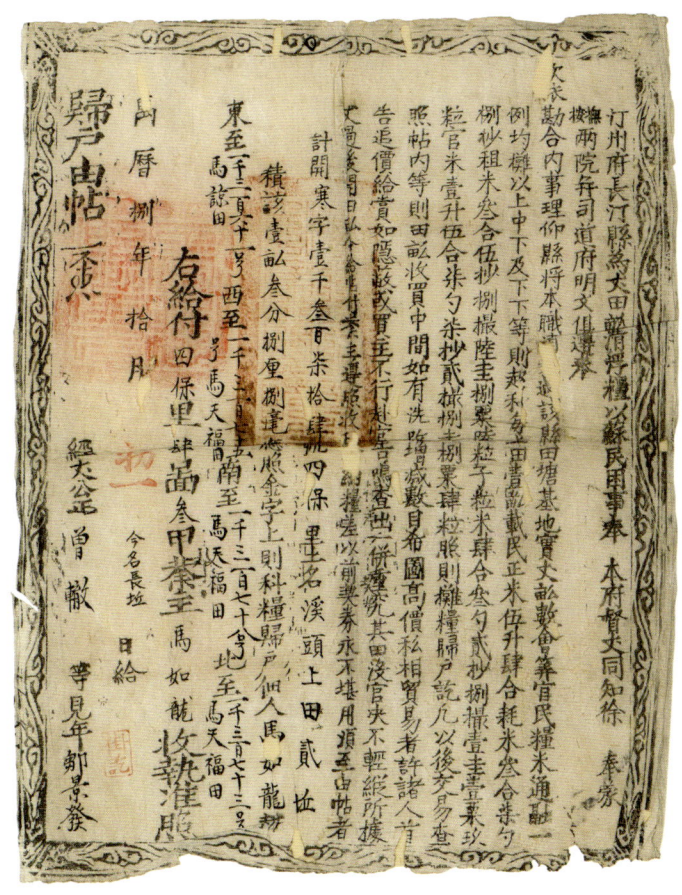

万历八年（1580）马如龙户归户由贴

"Gui Hu You Tie" of Ma Rulong in the 8th year of Wanli, Ming Dynasty (1580A.D.)

尺寸：长 31 厘米　宽 25 厘米
地点：福建，长汀

汀州府长汀县，为丈田亩清浮粮以苏民困事。奉　本府督丈同知徐。奉蒙抚按两院并司道府明文俱遵。奉□□。勘合内事。理仰县将本职□□□。该县田塘基地实丈亩数会筹官民粮米通融一例均摊，以上中下及下下等则起科。每上田壹亩载民正米五升肆合，耗米叁合柒勺捌抄，租米叁合五抄捌撮陆圭捌粟陆粒，子粒米肆合叁勺贰抄捌撮壹圭壹粟玖粒，官米壹升五合柒勺柒抄贰撮捌圭捌粟肆粒，照则摊粮归户讫。凡以后交易，查照贴内等则田亩收买，中间如有洗改增减数目，希图高价私相贸易者，许诸人首告追价给赏。如隐蔽或买主不行赴官告鸣，查出一并重究，其田没官，决不轻纵。所据丈过后开田亩合给贴付业主遵照收执□。纳粮差。以前契券永不堪用，须至由贴者。

　　计开：寒字壹千叁百柒拾肆号四保里土名溪头上田贰坵。
　　积该壹亩叁分捌厘捌毫应照金字上则科粮归户佃人马如龙耕。
　　东至：一千三百六十一　号马谅田。　　西至：一千三百七十五号　马天福田。
　　南至：一千三百七十八　号马天福田。　北至：一千三百七十三号　马天福田。
　　右给付四保里肆图叁甲业主马如龙收执准照。

万历八年拾月　初一　日给。
归户由贴　经丈公正　曾辙　等见年邹景发。
　　（加盖：汀州府长汀县印）

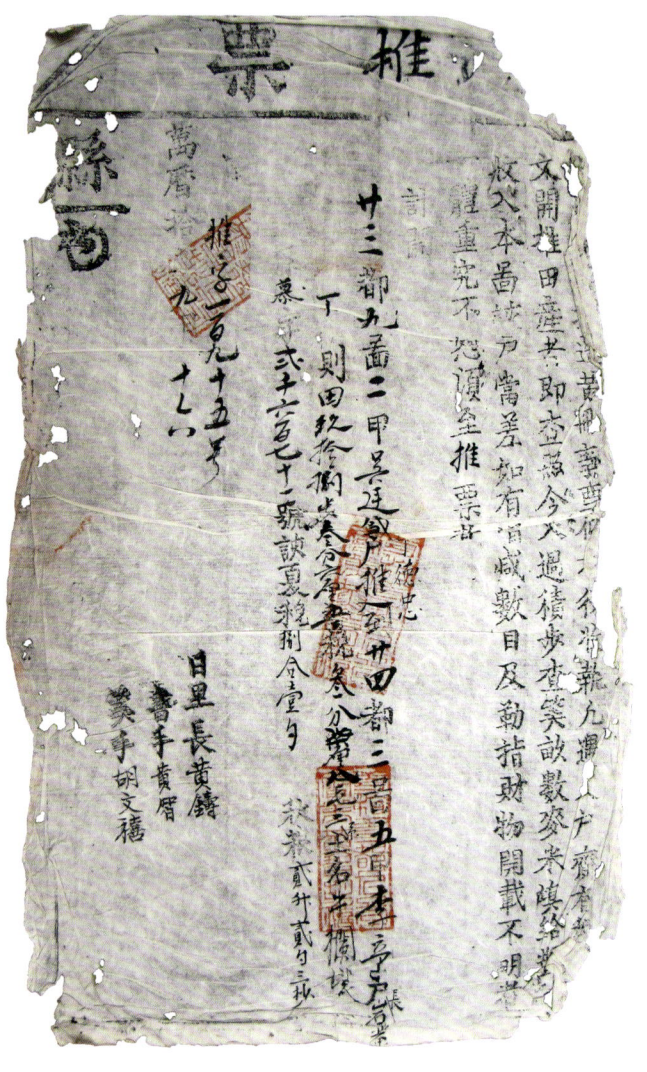

万历十年（1582）吴廷盛户推票

Tax Liability Transfer Ticket of Wu Tingsheng in the 10th year of Wanli, Ming Dynasty (1582A.D.)

尺寸：长47.5厘米　宽68厘米
地点：徽州，休宁

休宁县为攒造黄册事。票仰本□收执。凡遇人户齐有□文开推田产者，即查照。今丈过积步，查筹亩数麦米，填对号收入本图。该户当差。如有增减数目及勒掯财物开载不明者，一体重究不恕。须至推票者。

计开：

廿三都九图二甲吴廷盛户丁德忠推入到廿四都三图五甲李章户长岩业下。则田玖拾捌步叁分六厘五毫税叁分七厘八毛三系土名牛栏墺。慕字贰千六百七十一号该夏税捌合壹勺。秋粮贰升贰勺三抄。

推字一百九十五号。

万历十年九月十六日里长　黄　铸

　　　　　　　　　　书手　黄　智

　　　　　　　　　　筹手　胡文禧

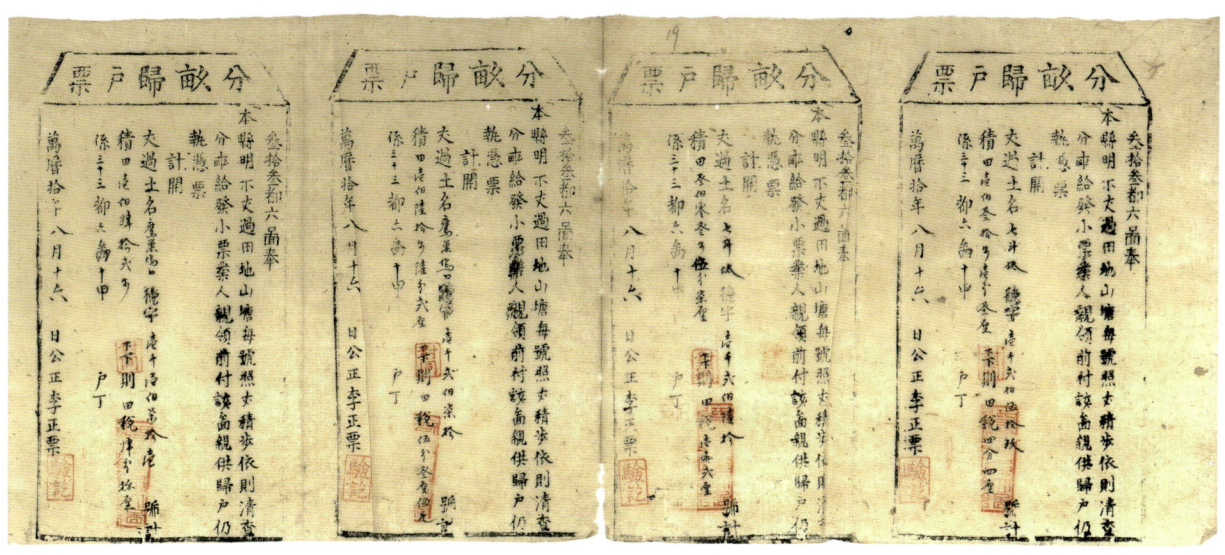

万历十年（1582）分亩归户票（四连张）

Measuring Land Note issued in the 10th year of Wanli, Ming Dynasty (1582A.D.)

尺寸：长 59 厘米　宽 24.5 厘米
地点：安徽，徽州

　　分亩归户票

叁拾叁都六图奉

本县明示，丈过田地山塘。每号照丈积步，依则清查，分亩给发小票。业人亲领，前付该图亲供归户。仍执凭票。

计开：

　　丈过土名七斗坎，德字壹千贰百五拾玖号，计积田壹百叁拾步壹分叁厘，下下则。田税四分四厘。系三十三都六图十甲。户丁。

　　万历十年八月十六　　日公正李正票。

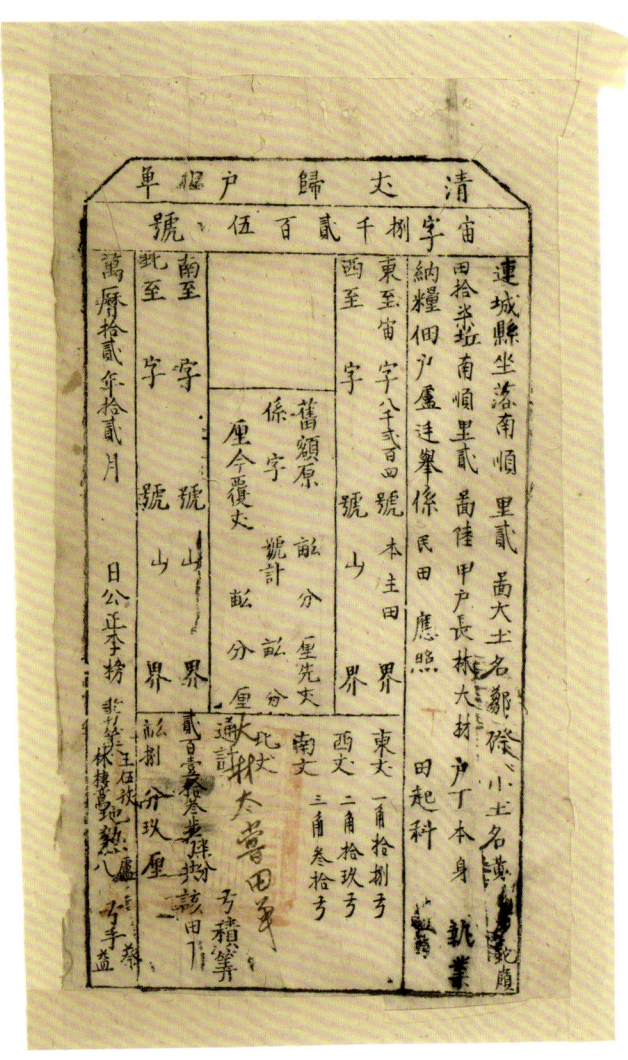

万历十二年（1584）
林大材户清丈归户单

Land Measuring Ticket of Lin Dacai in the 12th year of Wanli, Ming Dynasty (1584A.D.)

尺寸：长 19.4 厘米　宽 33 厘米
地点：福建，连城

清丈归户单

宙字捌千贰百伍号

连成县坐落南顺里贰图大土名邹磜小土名黄蛇岭。田拾柒坵。南顺里贰图陆甲，户长林大材户丁本身执业纳粮。佃户卢廷举。系民田，应照下田起科。

（四至略）

东丈：一角拾捌弓。

西丈：二角拾玖弓。

南丈：三角叁拾弓。

北丈。

通计：弓积箅贰百壹拾叁步柒分共该田亩捌分玖厘。

万历拾贰年拾贰月　　日公正　李　榜
　　　　　　　　　　　书箅　王伍孜　林栖鸾
　　　　　　　　　　　地熟　卢　八
　　　　　　　　　　　弓手　蔡　益

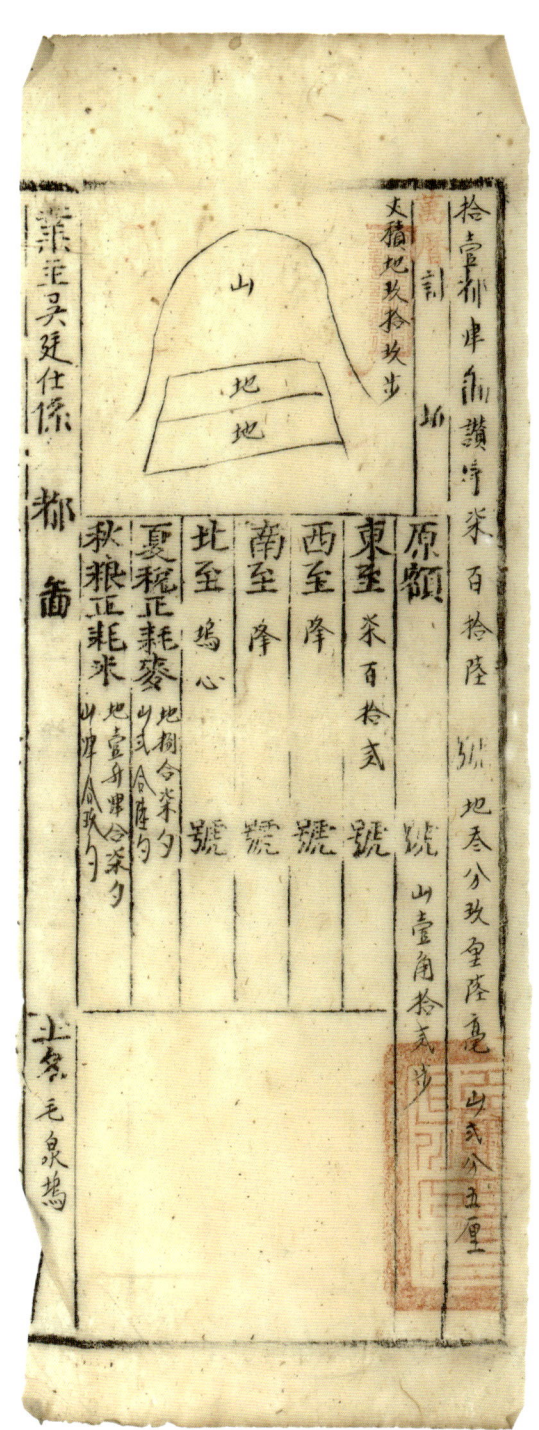

万历时期吴廷仕地亩单

Land Measuring and Verifying Note of Wu Tingshi in the Period of Wanli, Ming Dynasty

尺寸：长 8.5 厘米　宽 22 厘米
地点：不详

拾壹都肆图讃字柒百拾陆号。地叁分玖厘陆毫，山贰分五厘。
计坵：
丈积地玖拾玖步。（图略）
  原额　　号　山壹角拾贰步。
  东至　　柒百拾贰号。
  西至　　降号。
  南至　　降号。
  北至　　坞心号。
  夏税正耗麦。地捌合柒勺，山贰合陆勺。
  秋粮正耗米。地壹升肆合柒勺，山肆合玖勺。
业主吴廷仕系　都　图。土名毛泉坞。

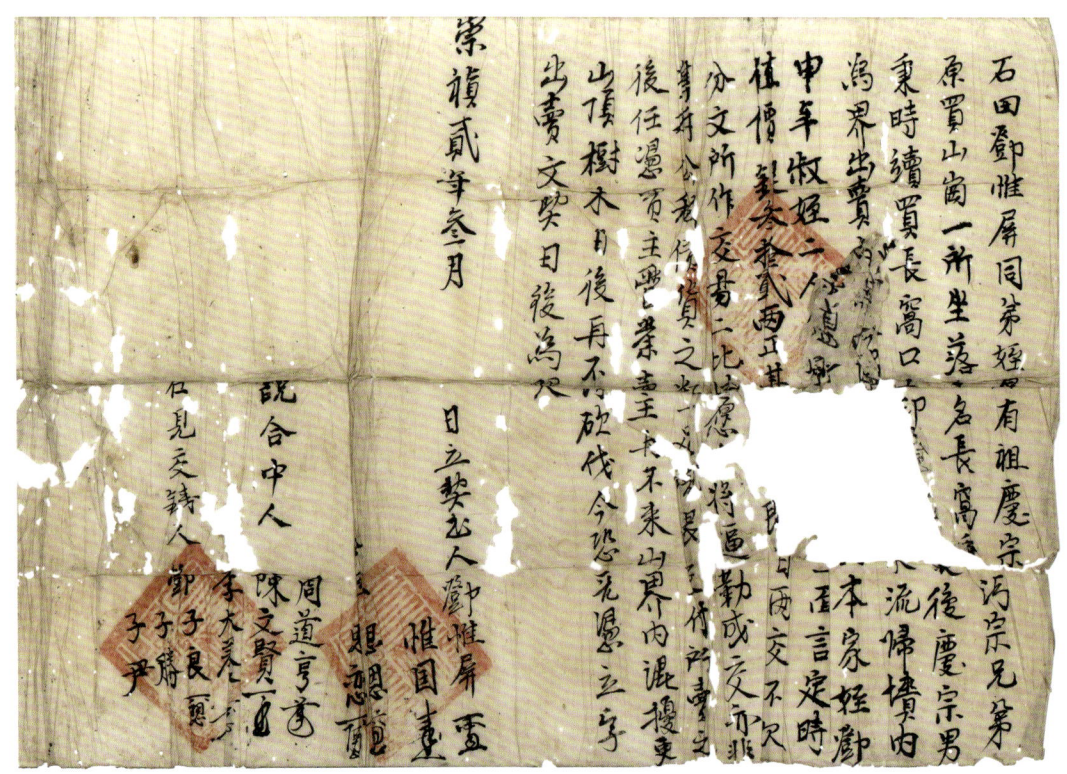

崇祯二年（1629）邓惟屏卖山岗契

Deed for Selling the Hill of Deng Weiping in the 2nd year of Chongzhen, Ming Dynasty (1629A.D.)

尺寸：长 41 厘米　宽 32 厘米
地点：不详

石田邓惟屏同弟侄□有祖庆宗、沔宗兄弟原买山岗一所，坐落土名长窝口后。庆宗男秉时续买长窝口□流归坟内为界。出卖与□。本家侄邓申年。叔侄二人□。三面言定，时值价银三十二两正。其□。即日两交不欠分文。所作交易二比自愿，□。将逼勒成交，亦非□。货之□。所卖之后，任凭买主管业，卖主再不来山界内混扰。更山顶树木日后再不得砍伐。今恐无凭，立字出卖文契，日后为凭。

崇祯贰年叁月　　日立契书人　邓惟屏（押）　惟　国（押）
　　　　　　　　　说合中人　　周道亨（押）　陈文贤（押）　李大□（押）
　　　　　　　　　同见交钱人　邓子良（押）　子　胜　　　子　尹

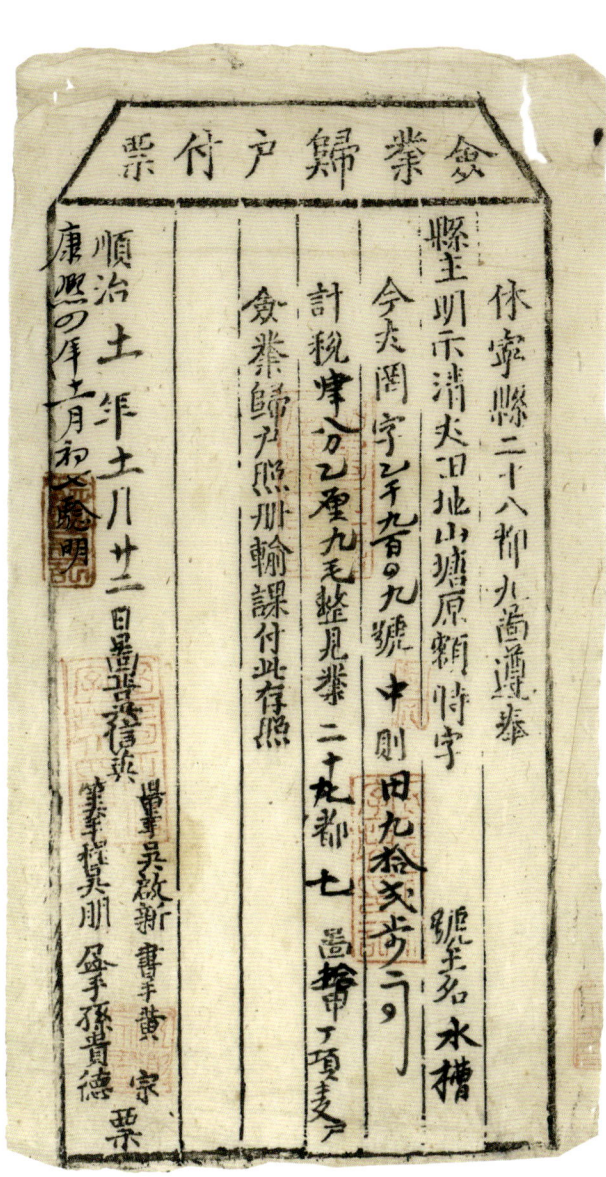

顺治十一年（1654）
丁项麦金业归户付票

Ticket for Approving Tax to Household of Ding Xiangmai in the 11th year of Shunzhi, Qing Dynasty (1654A.D.)

尺寸：长 11 厘米　宽 20.5 厘米
地点：徽州，休宁

  金业归户付票

休宁县二十八都九图遵奉县主明示，清丈田地山塘。原额恃字　　号，土名水槽。今丈冈字一千九百零九号，中则田九十二步，计税肆分一厘九毛整。见业二十九都七图拾甲丁项麦户，金业归户，照册输课。付此存照。
顺治十一年十一月廿二日图正吴信英

    量手吴启新　书手黄　宗
    筭手程吴朋　□手孙贵德票

康熙四年十一月初七验明。

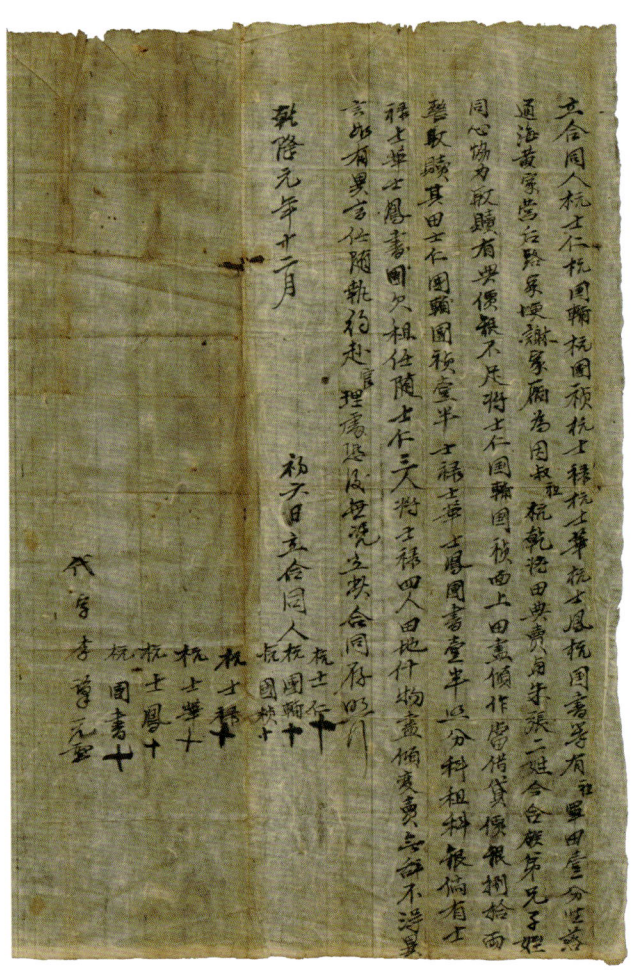

乾隆元年（1736）杭士仁等赎地合同

Redeem Land Contract of Hang Shiren signed in the 1st year of Qianlong, Qing Dynasty (1736A.D.)

尺寸：长36厘米　宽47厘米
地点：不详

立合同人杭士仁、杭国辅、杭国祯、杭士禄、杭士华、杭士凤、杭国书等，有祖军田一分，坐落通海黄家营后路家埂谢家□。为因叔祖杭乾将田典卖与朱张二姓，今合族弟兄子侄同心协力取赎。有典价银不足，将士仁、国辅、国祯面上田尽倾作当，借贷价银八十两整，取赎其田。士仁、国辅、国祯一半，士禄、士华、世凤、国书一半，照分科租科银。倘有士禄、士华、世凤、国书欠租，任随士仁三人将士禄四人田地什物尽倾变卖无辞，不得异言。如有异言，任随执约赴官理处。恐后无凭，立此合同存照。

乾隆元年十二月初六日

　　立合同人　杭士仁（押）　杭国辅（押）

　　　　　　　杭国祯（押）　杭士禄（押）

　　　　　　　杭士华（押）　杭士凤（押）

　　　　　　　杭国书（押）

　　代　　字　李诤元（押）

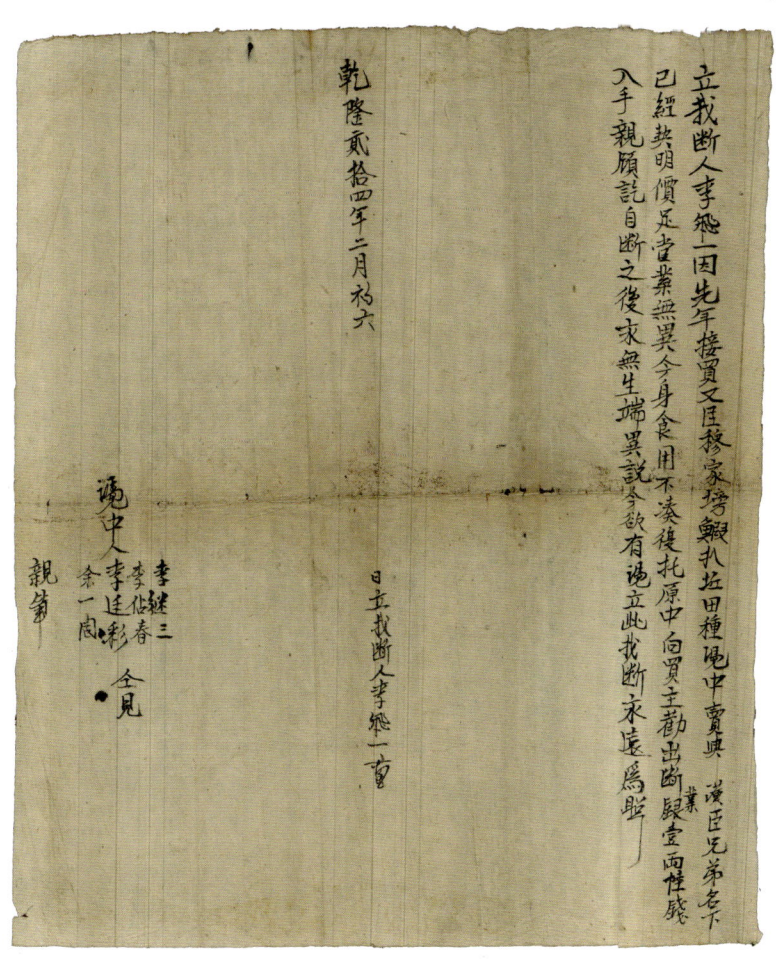

乾隆二十四年（1759）李飞一找断田契

Price Makeup Deed on Selling Land of Li Feiyi signed in the 24th year of Qianlong, Qing Dynasty (1759A.D.)

尺寸：长43厘米　宽55.5厘米
地点：不详

立找断人李飞一，因先年接买又臣穆家塝鳂扒垱田种，凭中卖与潢臣兄弟名下，已经契明价足管业无异。今身食用不凑，复托原中向买主劝出断业银一两六钱入手亲领讫。自断之后，永无生端异说。今欲有凭，立此找断永远为照。

乾隆二十四年二月初六日立找断人　李飞一（押）
　　　　　　　凭中人　李继三　李佑春　李廷彩　余一冈　仝见
亲笔。

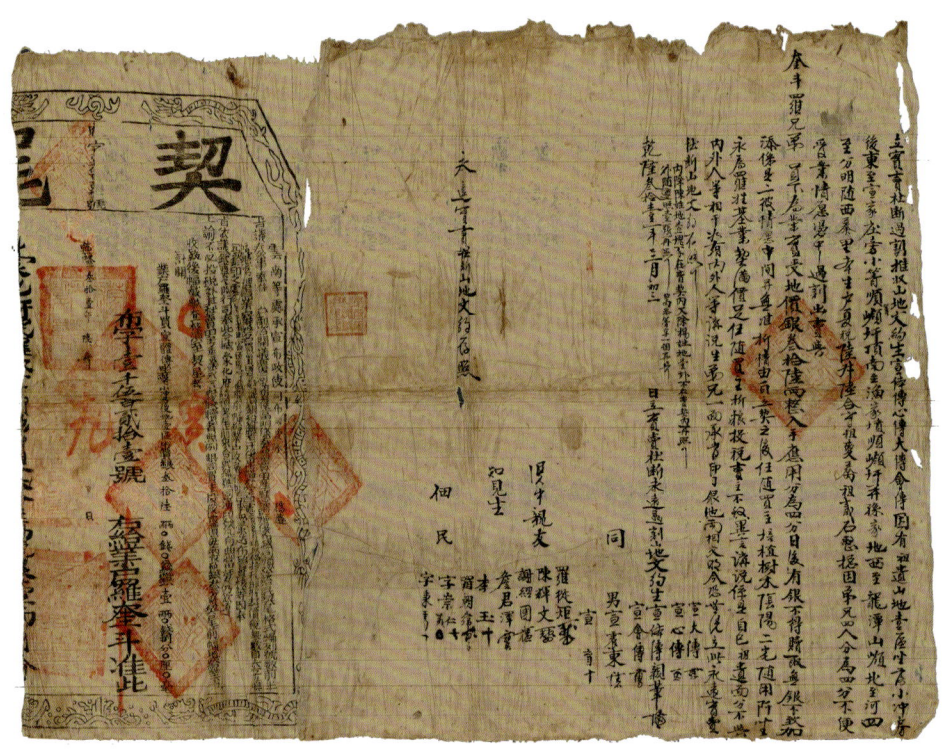

乾隆三十一年（1766）宣体传等卖山地连二契

Deed for Selling Hill Land of Xuan Tichuan
in the 31th year of Qianlong, Qing Dynasty (1766A.D.)

尺寸：长74厘米　宽55厘米
地点：云南，蒙化

立实卖杜断过割推收山地文约生宣体传、心传、大传、会传，因有祖遗山地一坐，坐落小冲房后，东至宣家庄旁小箐顺箐岭圩顶，南至渔家坟顺岭圩并孙家地，西至龙潭山岭，北至河，四至分明。随西葵里本生户夏税六升六合，实租麦口租二石整。总因弟兄四人分为四分，不便管业，情愿凭中过割出卖与奎斗罗兄弟名下为业。实受地价银三十六两整入手应用，分为四分。日后有银不得赎取，无银不致加添。系是二彼情愿，中间并无准折情由。自立契之后，任随买主培植树木，阴阳二宅通用阡坐，永为罗姓基业。契满价足，任随买主折粮投税，卖主不致异言讲说。系是自己祖遗面分，不与内外人等相干。如有内外人等讲说，生弟兄一面承当。即日银地两相交明。今恐无凭，立此永远实卖杜断山地文约存照。

　　内除陈姓地一块不在卖契内，又除杨姓地一块不在卖契内，再照。
　　外随遵照一张，再照。契内添箐字一个，再照。
乾隆三十一年三月初三日立实卖杜断永远过割山地文约生宣体传亲笔（押）宣大传（押）宣心传（押）宣会传（押）

　　　　　　　　　　　同男　　宣震东（押）宣　育（押）
　　　　　　　　　　凭中亲友　罗从矩（押）陈辉文（押）谢经国（押）
　　　　　　　　　　知见生　　詹君泽（押）李　玉（押）罗朝纬（押）
　　　　　　　　　　佃民　　　字崇仁（押）字崇义（押）字秉秀（押）

　契尾（略）

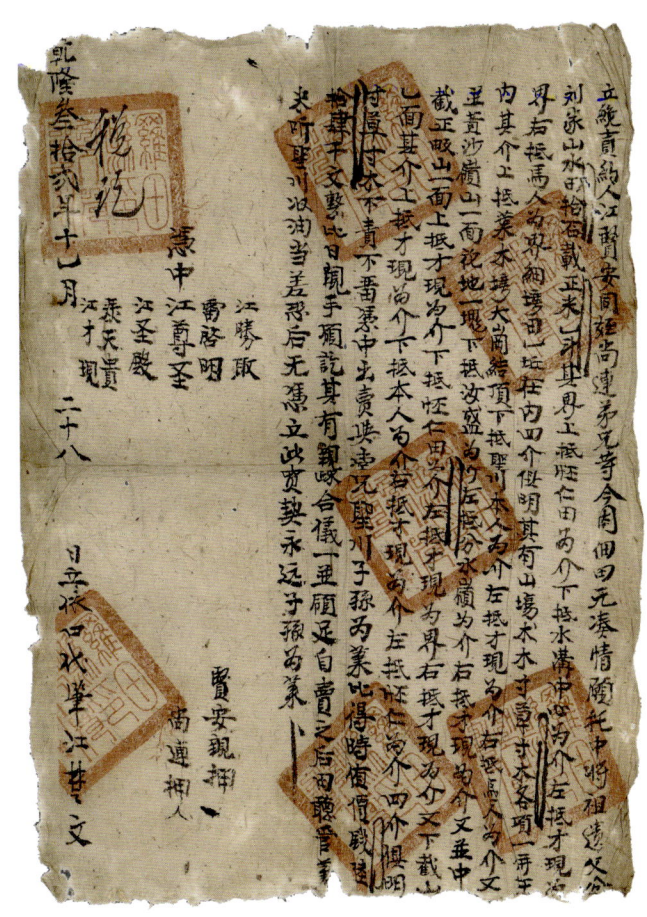

乾隆三十二年（1767）江贤安同侄绝卖水田契

Deed for Selling the Irrigated Land of Jiang Xianan and His Nephew in the 32th year of Qianlong, Qing Dynasty (1767A.D.)

尺寸：长28厘米　宽38厘米
地点：湖北，罗田

立绝卖约人江贤安同侄尚连弟兄等，今因佃田无凑，情愿托中将祖遗父分刘家山水田十石载正米一斗，其界上抵怀仁田为介（界），下抵水沟中心为介，左抵才现为界，右抵马人为界，细塆田一坵在内，四介俱明。其有山场（朮）[树]木、寸草寸木各项一并在内。其介上抵叶木塆大岗结顶，下抵圣川本人为介，左抵才现为介，右抵马人为介。又并黄沙岭山一面花地一块，下抵汝盛为介，左抵分水岭为介，右抵才现为介。又并中截正畈山一面，上抵才现为介，下抵怀仁田为介，左抵才现为界，右抵才现为介。又下截山一面，其介上抵才现为介，下抵本人为介，右抵才现为介，左抵怀仁为介，四介俱明，寸草寸木不责不留，凭中出卖与堂兄圣川子孙为业。比得时值价钱陆拾肆千文整，比日亲手领讫。其有亲疎合仪一并领足。自卖之后，田听管业，米听圣川收油当差，恐后无凭，立此卖契永远子孙为业
　　贤安亲（押）　尚连（押）
　　　凭中　江胜取　雷启明　江尊圣　江圣殿　囗天贵　江才现
乾隆三十二年十一月　二十八　日立依口代笔江楚文
　　　税讫
　　（加盖：罗田县印）

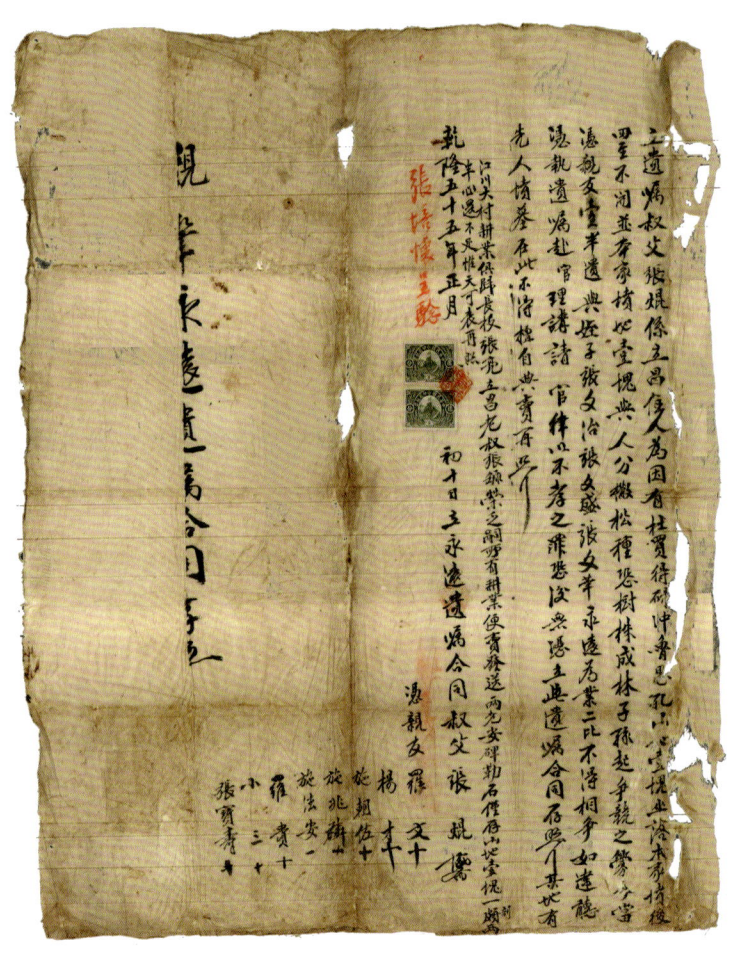

乾隆五十五年（1790）张焜遗嘱

Will of Zhang Kun made in the 55th year of Qianlong, Qing Dynasty (1790A.D.)

尺寸：长 44 厘米　宽 54 厘米
地点：不详

立遗嘱叔父张焜系立昌住人，为因有杜卖得碌冲鲁思孔山地一块，坐落本家坟后，四至不开，并本家坟地一块，与人分撒松种，恐树株成林，子孙起争竞之釁，今当凭亲友壹半遗与侄子张文冶、张文盛、张文华永远为业，二比不得相争。如违，听凭执遗嘱赴官理讲，请官律以不孝之罪。恐后无凭，立此遗嘱合同存照。其地有先人坟墓在此，不得擅自典卖，再照。

　　江川大村耕业俱归长枝张亮立昌老叔，张□荣乏嗣，所有耕业便卖发送两老，安碑勒石。仅存山地一块，一剖两半。心还不足，惟天可表。再照。

乾隆五十五年正月初十日立永远遗嘱合同叔父　张　焜（押）
　　　　　　　　凭亲友　罗　文（押）杨才（押）施朝佐（押）施兆麟（押）
　　　　　　　　　　　　施法安（押）罗贵（押）小　三（押）张宝寿（押）

　　亲笔永远遗嘱合同存照（半书）。

　　张培怀呈验（朱笔）。

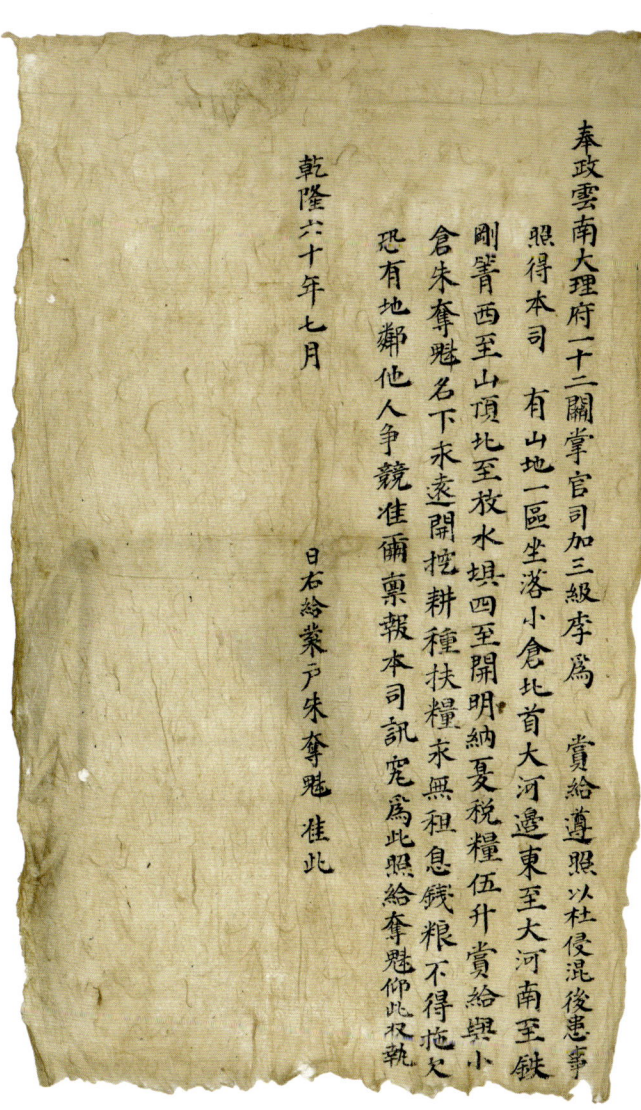

乾隆六十年（1795）
朱夺魁山地照

Land Certificate of Zhu Duokui in the 60th year of Qianlong, Qing Dynasty (1795A.D.)

尺寸：长 22 厘米　宽 35 厘米
地点：云南，大理

奉政云南大理府一十二关掌官司加三级李。为赏给遵照以杜侵混后患事。照得。本司有山地一区，坐落小仓北首大河边，东至大河、南至铁刚箐、西至山顶、北至放水坝，四至开明，纳夏税粮五升。赏给与小仓朱夺魁名下永远开挖耕种扶粮，永无租息。钱粮不得拖欠。恐有地邻他人争竞，准尔禀报本司讯究。为此照给夺魁仰此收执。

乾隆六十年七月　日右给业户朱夺魁。准此。

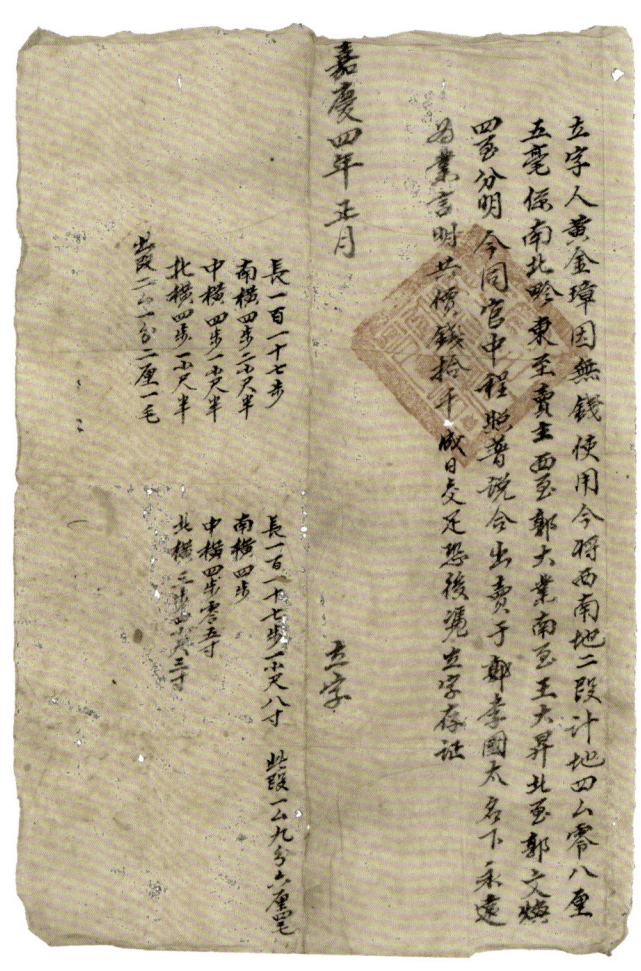

嘉庆四年（1799）黄金璋卖地契

Deed for Selling Land of Huang Jinzhang
in the 4th year of Jiaqing, Qing Dynasty (1799A.D.)

尺寸：长23厘米　宽34厘米
地点：山东，东明

立字人黄金璋，因无钱使用，今将西南地二段，计地四亩零八厘五毫，系南北畛，东至卖主，西至郭大业，南至王大昇，北至郭文焕，四至分明。今同官中程照普说合，出卖于李国太名下永远为业。言明共价钱拾千，成日交足。恐后凭，立字存证。
嘉庆四年正月　立字。

长一百一十七步	长一百一十七步一小尺八寸
南横四步二小尺半	南横四步
中横四步一小尺半	中横四步零五寸
北横四步一小尺半	北横三步四小尺三寸
此段二亩二分二厘一毫	此段一亩九分六厘四毫

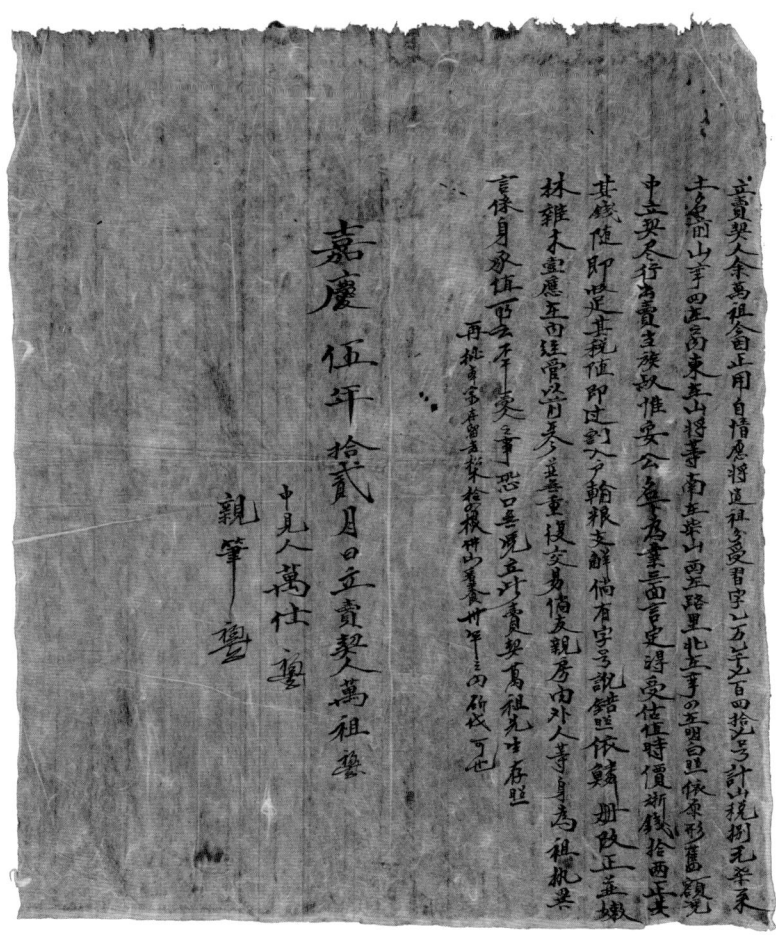

嘉庆五年（1800）余万祖卖山契

Deed for Selling Hill of Yu Wanzu in the 5th year of Jiaqing, Qing Dynasty (1800A.D.)

尺寸：长34厘米　宽41厘米
地点：不详

立卖契人余万祖，今因正用，自情愿将祖遗分受习字一万一千七百四拾七号，计山税八毛七丝，土名前山弯，四在之内，东在山将等，南在柴山，西在路里，北在弯。四在明白，照依原形旧额凭中立契，尽行出卖当族叔惟安公名下为业，三面言定，得受估值实价浙钱拾两正。其钱随即收足，其税随即割入户，输粮支解。倘有字号讹错，照依鳞册改正，并嫩林杂木一应在内经管。以前至今并无重复交易。倘友亲房内外人等身为祖执异言，系身承值所云，不干受人之事。恐口无凭，立此卖契万祖先生存照。

再批本家存留老松木十四根，并山看养卅年之内砍伐可也。

嘉庆五年十二月日立卖契人　万祖（押）
　　　　　　　　中见人　万仕（押）
　　　　　　　　亲笔（押）。

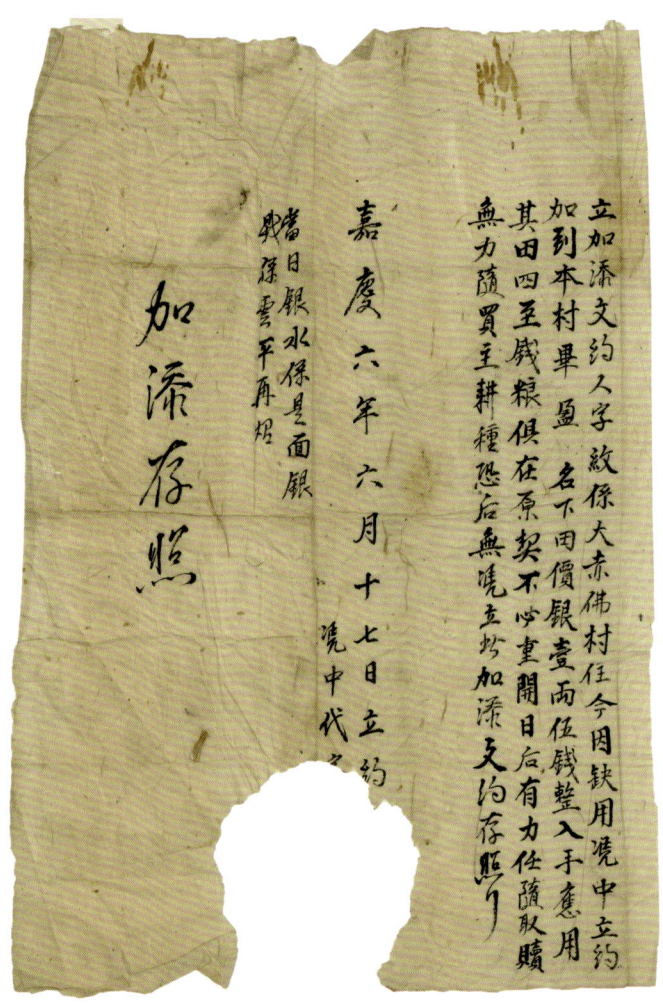

嘉庆六年（1801）字纹加添文约

Price Makeup Deed of Zi Wen Signed in the 6th year of Jiaqing, Qing Dynasty (1801A.D.)

尺寸：长 24 厘米　宽 34.5 厘米
地点：云南，蒙化

立加添文约人字纹，系大赤佛村住。今因缺用，凭中立约加到本村毕盈名下田价银壹两伍钱整入手应用。其田四至钱粮俱在原契，不必重开。日后有力任随取赎，无力随买主耕种。恐后无凭，立此加添文约存照。
嘉庆六年六月十七日立约□
　　　凭中代字□
当日银水系是面银戥系云平，再照。
　加添存照。

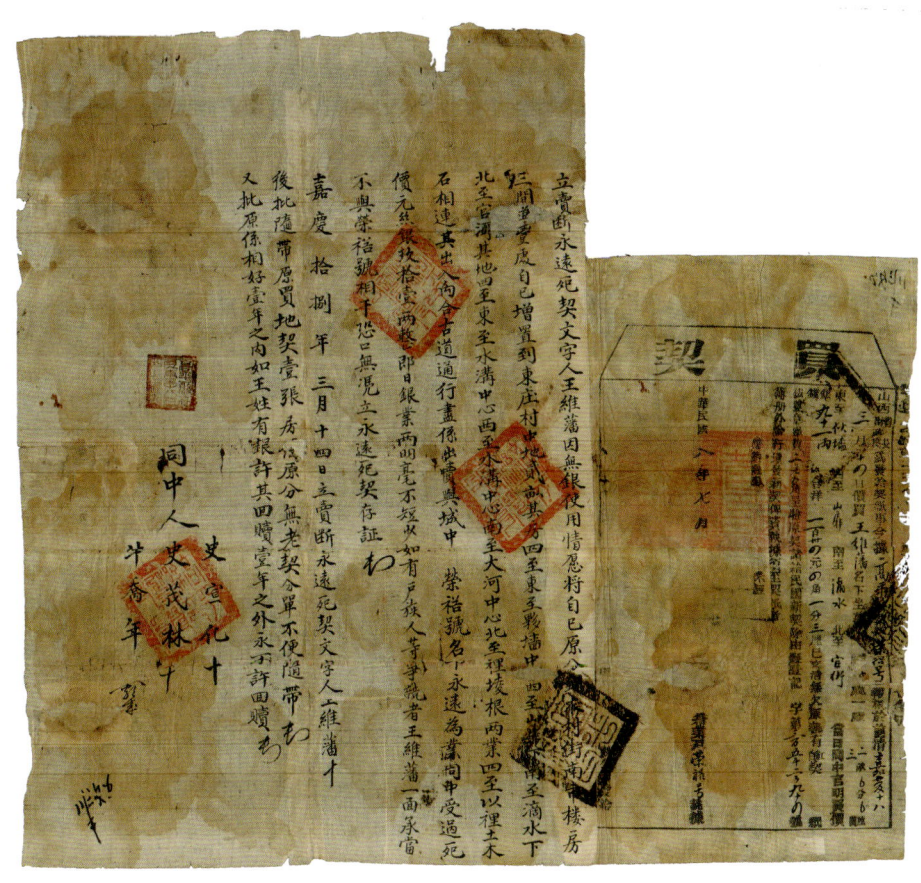

嘉庆十八年（1813）王维藩绝卖楼房连二契

Deed for Selling Building of Wang Weifan in the 18th year of Jiaqing, Qing Dynasty (1813A.D.)

尺寸：长61厘米　宽55厘米
地点：山西，高平

立卖断永远死契文字人王维藩，因无银使用，情愿将自己原分到本村街南市楼房三间，并一处自己增置到东庄村中地二亩，其房四至：东至伙墙中，西至山雇下，南至滴水下，北至官河。其地四至：东至水沟中心，西至水沟中心，南至大河中心，北至里坡根。两业四至以里土木石相连，其出入内合古道通行，尽系出卖与城中荣裕号名下永远为业。同中受过死价元丝银九十一两整，即日银业两明，毫不短少，如有户族人等争竞者，王维藩一面承当，不与荣裕号相干。恐口无凭，立永远死契存证。

嘉庆十八年三月十四日立卖断永远死契文字人王维藩（押）

  后批：随带原买地契一张，房系原分，无老契分单，不便随带。（押）

  又批：原系相好，壹年之内如王姓有银许其回赎，一年之外永不许回赎。（押）

  同中人　史宣化（押）　史茂林（押）　牛乔年（押）

  买契（略）

  （加盖：高平县印）

嘉庆二十五年（1820）杨天佐同侄卖自地民市房文契连二契

Deed for Selling Storefront Owned by Yang Tianzuo
in the 25th year of Jiaqing, Qing Dynasty (1820A.D.)

尺寸：长74厘米　宽62厘米
地点：江苏，甘泉

立杜绝卖自地民市房文契杨天佐仝侄正淳，今将父遗自置民市房一处，坐落甘邑管辖运司北圈门内大街地方，计朝东门面壹间，内板搁一座，楼板全；月洞一座，塞板全；铺门一槽，坎拮拴全。照旧不动查交买主执业。其房东至官街为界，西至本宅后墙为界，南至　宅为界，北至　宅为界，四至注明。宽窄在内，上下土木相连，并未包套他人墙角地界等情。今自浼亲中说合，凭牙立契，情愿出笔杜绝卖与沈　名下，在上招租开张生理子孙永远为业，当凭亲中牙三面估值，杜绝卖得时值价银一百六十两整。其酹亲折席画字拔根杜永断葛腾，一切等项，俱在正价之内。其银契下两交明白，并无分毫悬欠，亦非利货准折。自卖之后，悉听买主重新起造升高，卖主永无异说。房上倘有亲族伯叔兄弟仝侄内外人等争论，以及上首近近业主重复违碍并倚抵一切不清，俱系出笔人一面承管，与买主丝毫无涉。此系两相情愿，并非外人强屈成交。自立契之后均毋异说。今欲有凭，立此杜绝卖自地民市房文契，子孙永远存照。

　　　其银色系北纹　　平系曹砝九七兑　　计交下原买葛宅印墨正契二张，又照。
嘉庆二十五年七月　日立杜绝卖自地民市房文契杨天佐（押）　　仝侄　正淳（押）
　　亲中　张汝霖（押）　杨锦成（押）　张冠芳（押）　李心培（押）　吴耀廷（押）　高廷标（押）
　　　　　王德元（押）　余茂廷（押）　徐德元（押）　卞荣昭（押）　周志安（押）　邓霖苍（押）
　　官牙　洪惠林（押）　沈执　印墨正契。正价银壹佰陆拾两。
　　　契尾（略）
　　　（加盖：江苏甘泉县印）

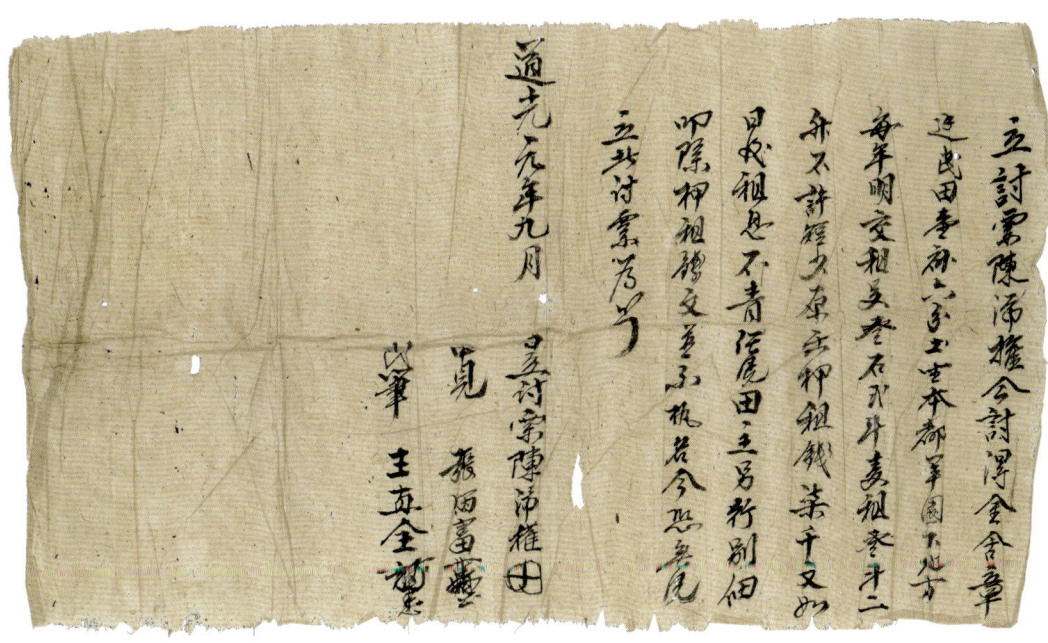

道光元年（1821）陈佩权讨票

Claiming Note of Chen Peiquan in the 1st year of Daoguang, Qing Dynasty (1821A.D.)

尺寸：长35厘米　宽21厘米
地点：不详

立讨票陈佩权，今讨得金含章□民田一亩六分，□坐本都羊圈下地方，每年明交租谷叁右二斗，麦租三斗二升，不许短少。原出押租钱七千文，如日后租息不（青）[清]，任凭田主另行别佃，（叩）[扣]除押租钱文，并不执名。今恐无凭，立此讨票为照。

道光元年九月　日立讨票　陈佩权（押）
　　　　　　　　中见　张丙富（押）
　　　　　　　　代笔　王直全（押）

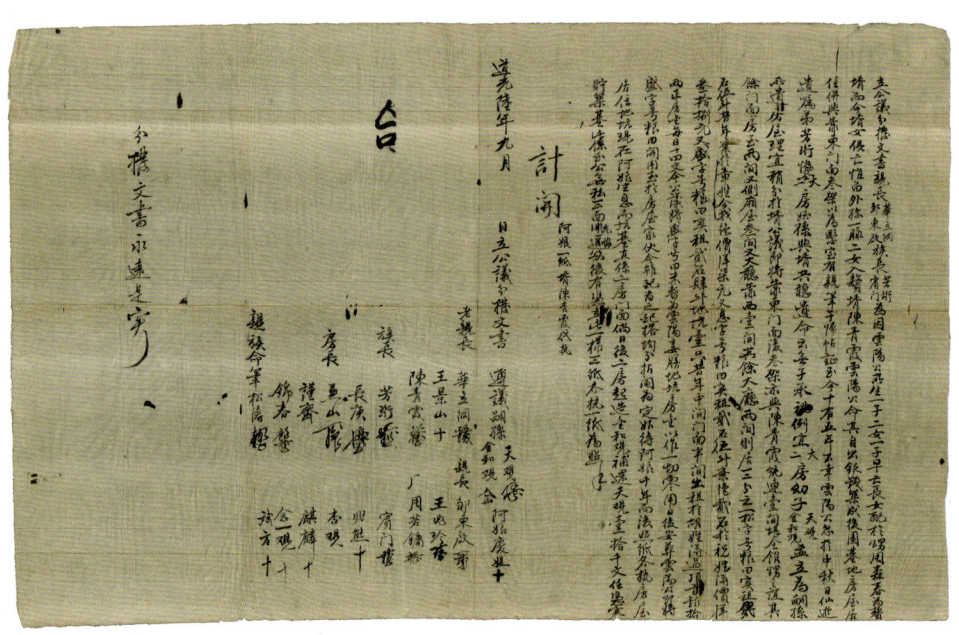

道光六年（1826）华立纲等公议分拨书

Public Agreement for Property Distribution by Hua Ligang and Others in the 6th year of Daoguang, Qing Dynasty (1826A.D.)

尺寸：长 79 厘米　宽 48 厘米
地点：不详

立公议分拨文书亲长华立纲、邹东启，族长芳珩、宾门，为因云阳公所生一子二女，一子早亡，长女配于甥周森春为赘[壻][婿]，而今壻女俱亡，惟留外孙一脉。二女入赘壻陈青霞，云阳公命其自出银钱筑成后园基地房屋居住，并与靠东门面三架，以为医室，有亲笔于归帖证，至今十有五年。不幸云阳公忽于中秋日仙逝，遗嘱弟芳珩协同大、二房侄孙与壻共听遗命，云无子承桃，例宜大、二房幼子天观、金和观并立为嗣孙。所遗房屋理宜稍分于壻，公议即将靠东门面后三架亦与陈青霞统连一间，堪全馆甥之谊。其余门面房屋两间，又侧厢屋三间，又大厅靠西一间，其余大厅两间，则居三分之一。松字号粮田实租二石伍斗，昔年弃与章姓，今找绝价洋七元。又息字号粮田，实租二石伍斗，弃绝二石于祝姓，得价洋三十八元。又盛字号粮田，实租二石四斗，地坑一只，昔年中间门面半间，出租于胡姓，得过顶首银拾两正，房金每日十四文，今公议将盛字号田米暂为云阳妾膳地，坑房金以作一切零用。日后安葬云阳公，即将盛字号粮田开用。至于房屋家伙，今虽配为之。配搭均分，析阄为定，姑待阿娘千年，而后照纸各执房屋居住。地坑现在阿娘生息，而坑基直系二房门面，倘日后二房起造，金和观补还天观壹拾千文，任凭塞贮筑基，此系至公无私，三面允协非逼，欲后有凭，立此一样三纸，各执一纸为照。

　　阿娘一纸壻陈青霞代执。计开。

道光六年九月　日立公议分拨文书　　遵议嗣孙天观（押）　金和观（押）　阿娘庆姐（押）

　　老亲长　　华立纲（押）王景山（押）陈青霞（押）

　　亲长　　　邹东启（押）王兆珍（押）周若铺（押）

　　族长　　　芳珩（押）　宾门（押）　长庚（押）　兆熊（押）

　　房长　　　兼山　杏观（押）　谨齐　麒麟（押）　锦春（押）　念一观（押）斌方（押）

　　亲族命笔　松涛（押）

　　分拨文书永远是实。

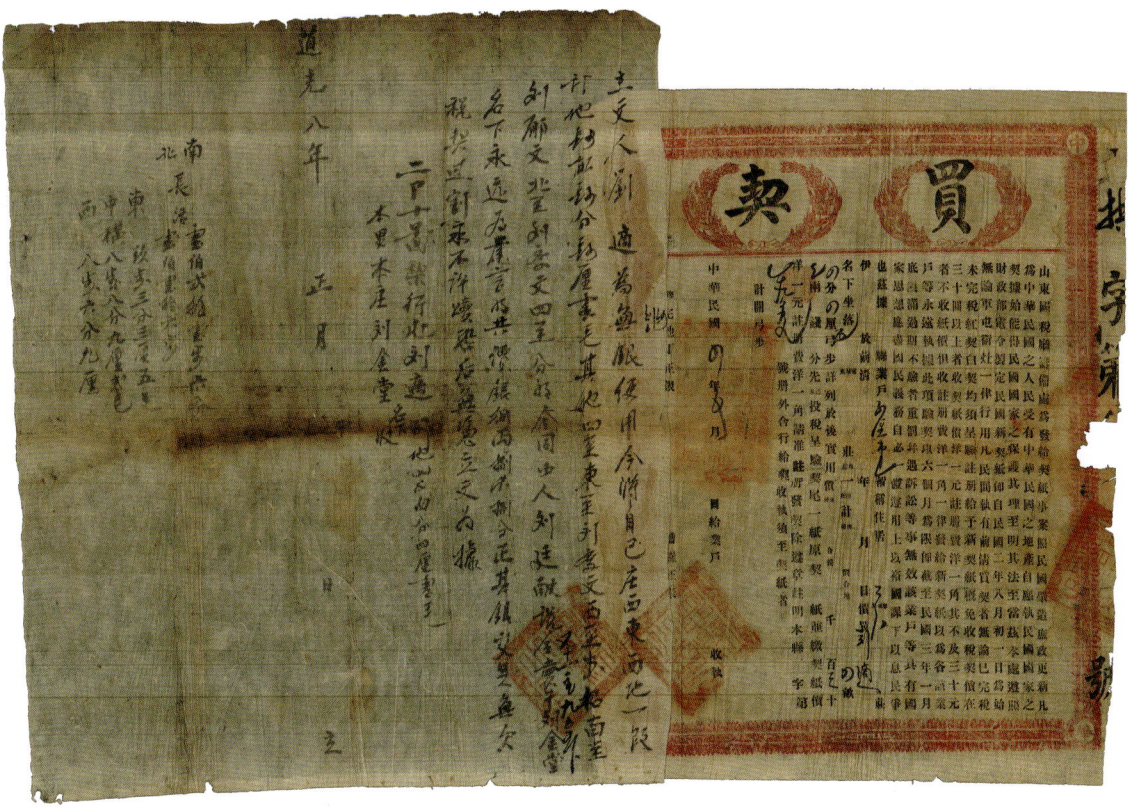

道光八年（1828）刘适卖地连二契

Deed for Selling Land of Liu Shi in the 8th year of Daoguang, Qing Dynasty (1828A.D.)

尺寸：长 71 厘米　宽 47 厘米
地点：山东

立文人刘适，为无银使用，今将自己庄西东西地一段，计地四亩四分四厘一毛，其地四至：东至刘庆文，西至李招，南至刘郁文，北至刘庆文，四至分明。今同中人刘廷献说合，卖于刘金堂名下永远为业，言明共价银捌两捌钱捌分正，其银交足无欠，税契过割永不许赎。恐后无凭，立文为据。

二都十图梨行屯刘适名下地四亩四分四厘一毛，本里本庄刘金堂收。

道光八年　正月　日立。

南长阔　壹百贰拾壹步六分
北长阔　壹百壹拾六步
东　　　玖步三分三厘五毫
中　横　八步八分九厘二毫
西　　　八步六分九厘
买契（略）

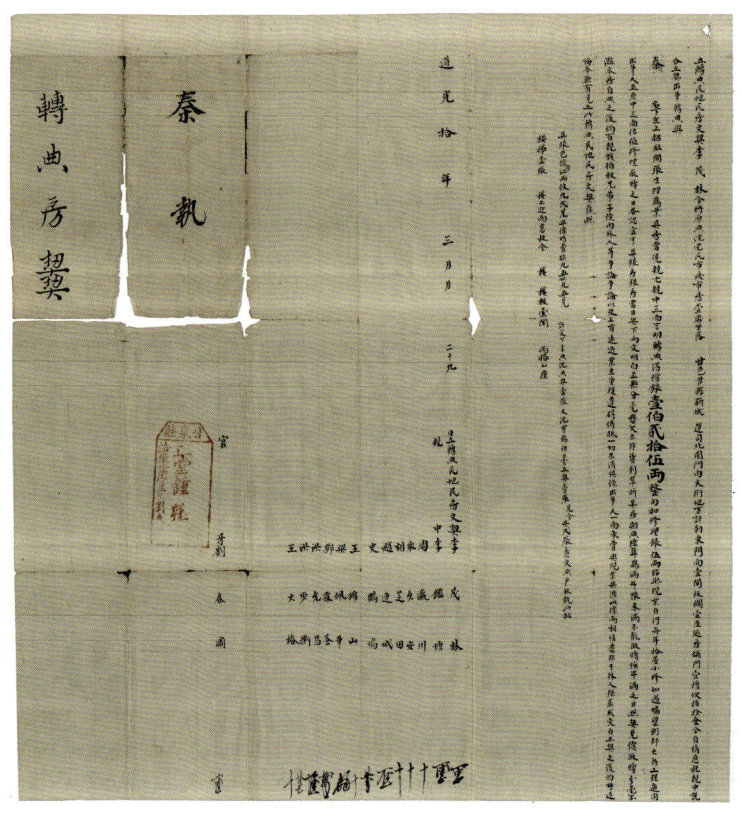

道光十年（1830）李茂林转典房契

Deed for Re-pawned house of Li Maolin in the 10th year of Daoguang, Qing Dynasty (1830A.D.)

尺寸：长59厘米　宽61厘米
地点：江苏，甘泉

立转典民地民房文契李茂林，今将原典沈宅房市房一处，坐落甘邑管辖新城运司北圈门内大街地方，计朝东门面一间，板槅一座，随房铺门一槽，坎拮拴全。今自情愿挽亲中说合，立契出笔转典与秦　　名下，在上招租开张生理为业，其房当凭亲中三面言明转典得价银壹百贰拾伍两整，内扣修理银伍两贴与现业，自行每年拾屋小修，如遇墙壁倒卸大动工程，邀同出笔人并原中三面估值修理。取赎之日各认一半。其银房当日契下两交明白，并无分毫悬欠，亦非货利准折。其房期典六年为满，年限未满不能取赎。俟年满之日，照契兑价取赎，分毫不滥本房。自典之后，倘有亲族伯叔兄弟子侄内外人等争论以及上首远近业主重複违碍倚抵一切不清，俱系出笔人一面承管，与现业无涉。此系两厢情愿，非干外人强屈成交。自立契之后，均毋反悔。今欲有凭，立此转典民地民房文契存照。

其银色系市江西纹九二兑　平系时曹砝九五兑。

计交下李典沈典契九张，又沈买杨印墨正契一张，尾全，共二张查交典户收执，此批。

楼梯一张，楼上迎面窗板全，楼板一间，雨搭一座。

道光十年三月二十九日立转典氏地民房文契李茂林（押）

亲中　李鑑塘　周瀛川　袁久安　胡芝田　赵连城　史鹤鸣　王锦山　梁佩华　邓霖苍　洪允昌　洪步衢　王大椿（押）

官牙　刘春圃（押）

秦执　转典房契。

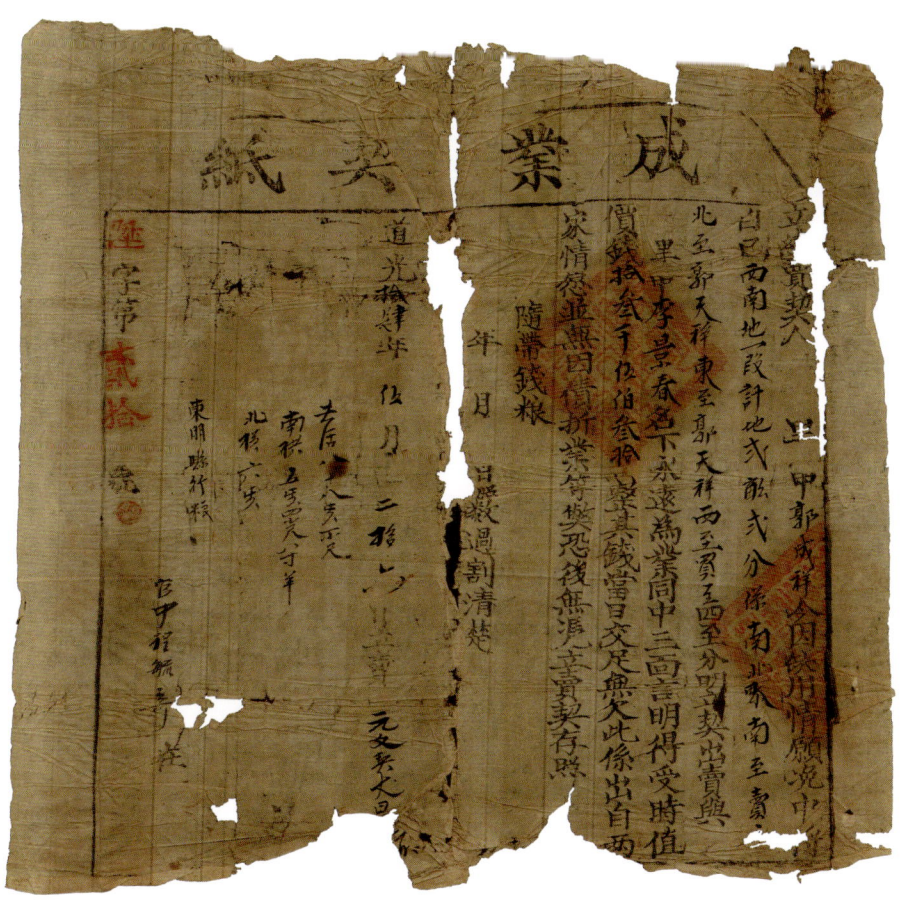

道光十四年（1834）郭成祥卖地契

Deed for Selling Land of Guo Chengxiang in the 14th year of Daoguang, Qing Dynasty (1834A.D.)

尺寸：长34厘米　宽34厘米
地点：山东，东明

　　成业契纸
立绝卖契人　里　甲郭成祥，今因缺用，情愿挽中，将自己西南地一段，计地二亩二分，系南北畛，南至卖主，北至郭天祥，东至郭天祥，西至买主，四至分明，立契出卖与　里　甲李景春名下永远为业。同中三面言明，得受时值价钱拾叁千伍百叁拾□整，其钱当日交足无欠。此系出自两家情愿，并无因债折业等弊。恐后无凭，立卖契存照。
　　随带钱粮。
　　年　月　日照数过割清楚。
道光十四年五月二十六日立卖　元文契丈□。
　　长阔八十八步一小尺　南横五步四小尺八寸半　北横六步　东明县行粮。
　　官中程毓奇。
　　升字第贰拾号。

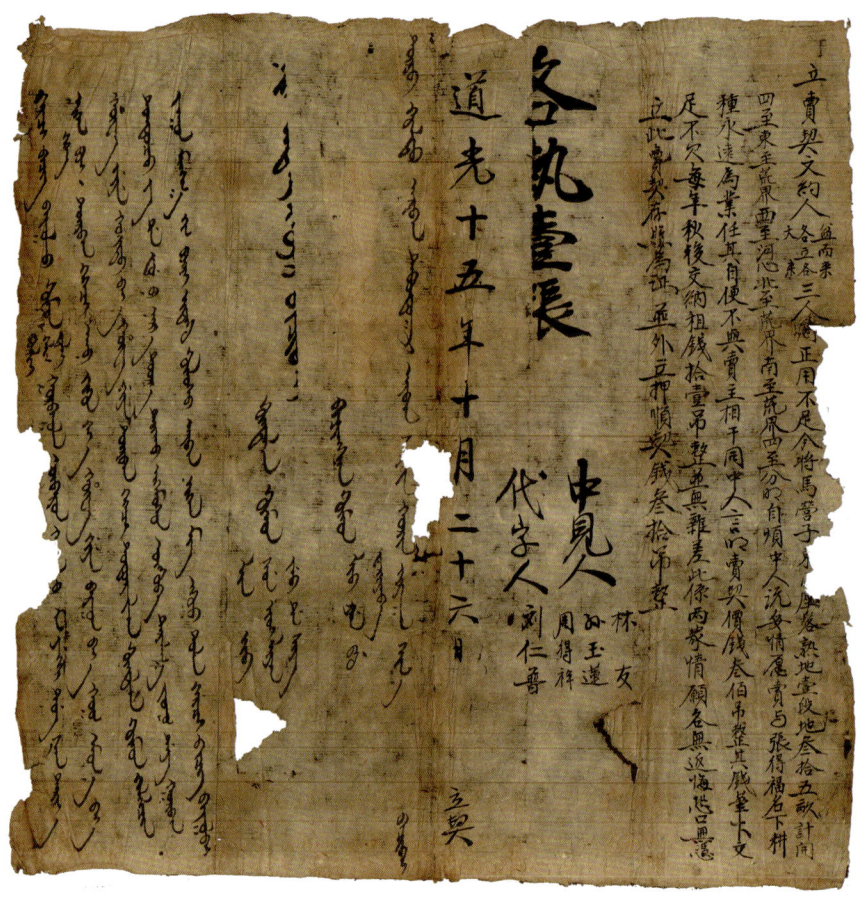

道光十五年（1835）盆而来等卖地契

Bilingual(Manchu and Han) Deed for Selling Land of Pen Erlai in the 15th year of Daoguang, Qing Dynasty (1835A.D.)

尺寸：长 51 厘米　宽 49 厘米
地点：辽宁

立卖契文约人盆而来、各立各、大来三人，因正用不足，今将马营子东□座落熟地一段，地三十五亩，计开四至：东至荒界，西至河心，北至荒界，南至荒界，四至分明，自烦中人说妥，情愿卖与张得福名下耕种，永远为业，任其自便，不与卖主相干。同中人言明卖契价钱三百吊整，其钱笔下交足不欠，每年秋后交纳租钱十一吊整，并无杂差。此系两家情愿，各无返悔。恐口无凭，立此卖契存照为证。　并外立押顺契钱三十吊整。

　　中见人　林　友　孙玉莲　周得祥
　　　代字人　刘仁普
道光十五年十月二十六日　立契。
　　　各执一张（半书）。
　　　满文契（略）。

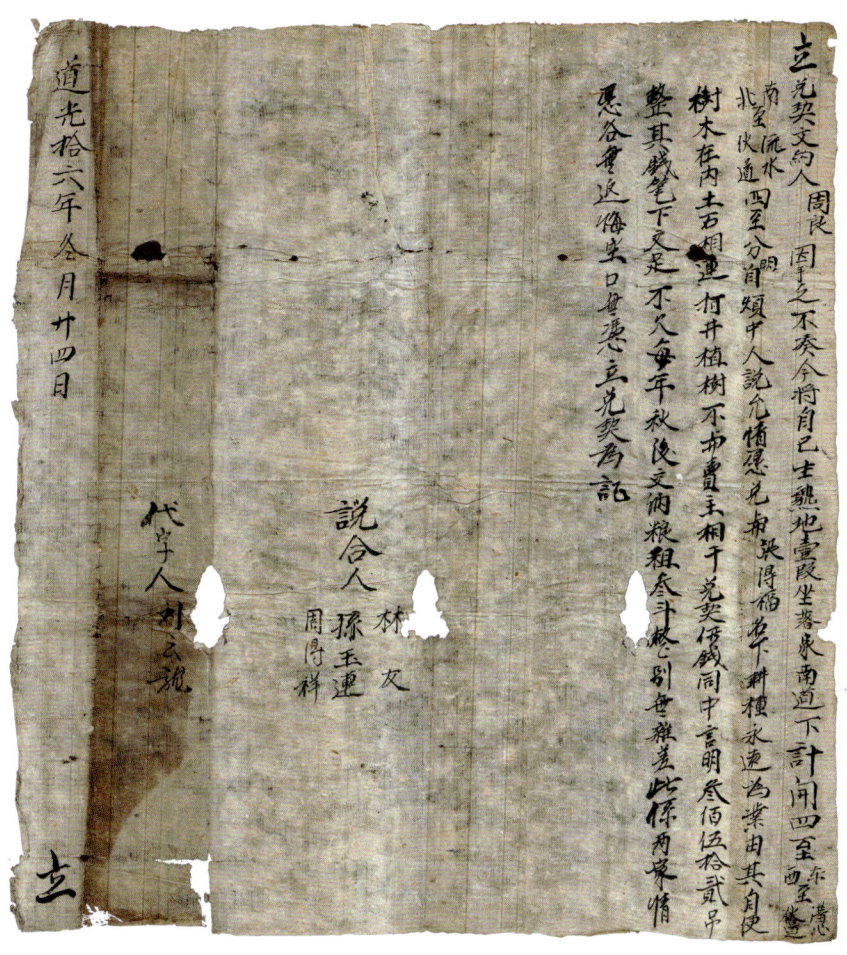

道光十六年（1836）周良兑契

Exchange Deed of Zhou Liang in the 16th year of Daoguang, Qing Dynasty (1836A.D.)

尺寸：长46厘米 宽51厘米
地点：不详

立兑契文约人周良，因手乏不凑，今将自己生熟地一段，坐落家南道下，计开四至：东至沟心，西至伙道，南至流水，北至伙道，四至分明，自烦中人说允，情愿兑与张得福名下耕种，永远为业，由其自便。树木在内，土石相连。打井植树，不与卖主相干。兑契价钱同中言明叁百伍拾贰吊整。其钱笔下交足不欠。每年秋后交纳粮租叁斗整，别无杂差。此系两家情愿，各无返悔。空口无凭，立兑契为证。

　　说合人　林　友　孙玉莲　周得祥
　　代字人　刘云龙
道光拾六年冬月廿四日立。

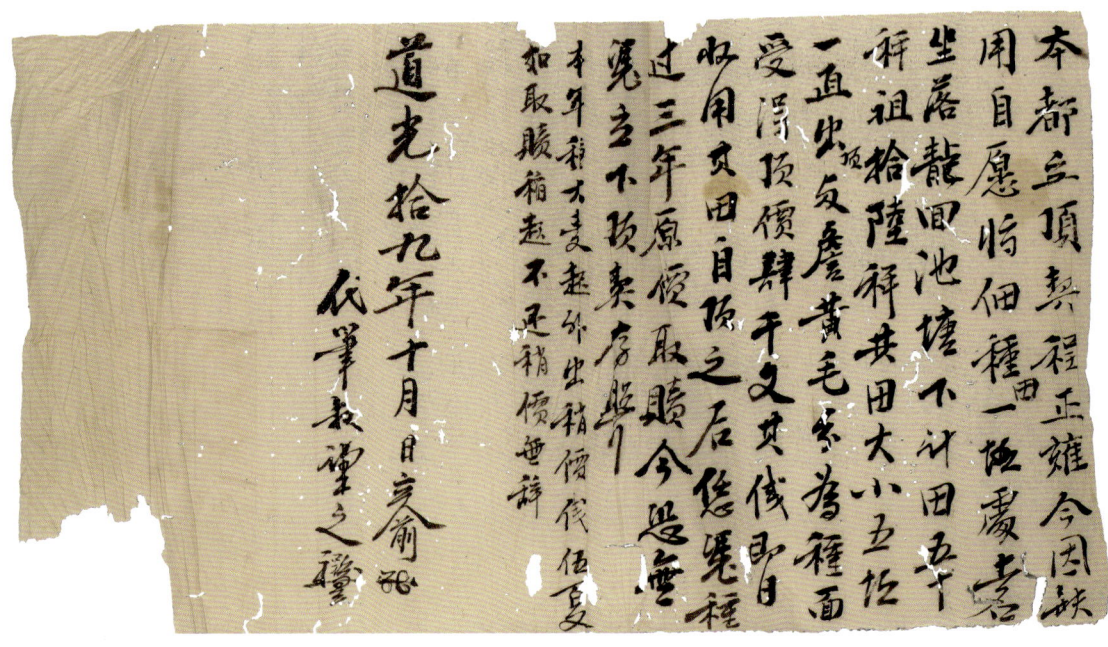

道光十九年（1839）程正雍顶契

Deed for Transfering the Right for Farming the Land signed by
Cheng Zhengyong in the 19th year of Daoguang, Qing Dynasty (1839A.D.)

尺寸：长 42 厘米　宽 23 厘米
地点：不详

本都立顶契程正雍，今因缺用，自愿将佃种田一处，土名坐落龙回池塘下，计田五十秤，租拾陆秤，其田大小五坵，一通出顶与詹黄毛分为种面，受得顶价四千文，其钱即日收用。其田自顶之后任凭种，过三年原价取赎。今恐无凭，立下顶契存照。

　　本年种大麦起，外出稍价钱五百文，如取赎稍起不还，稍价无辞。

道光十九年十月　日立人前（押）
　　　　　代笔　叔望之（押）

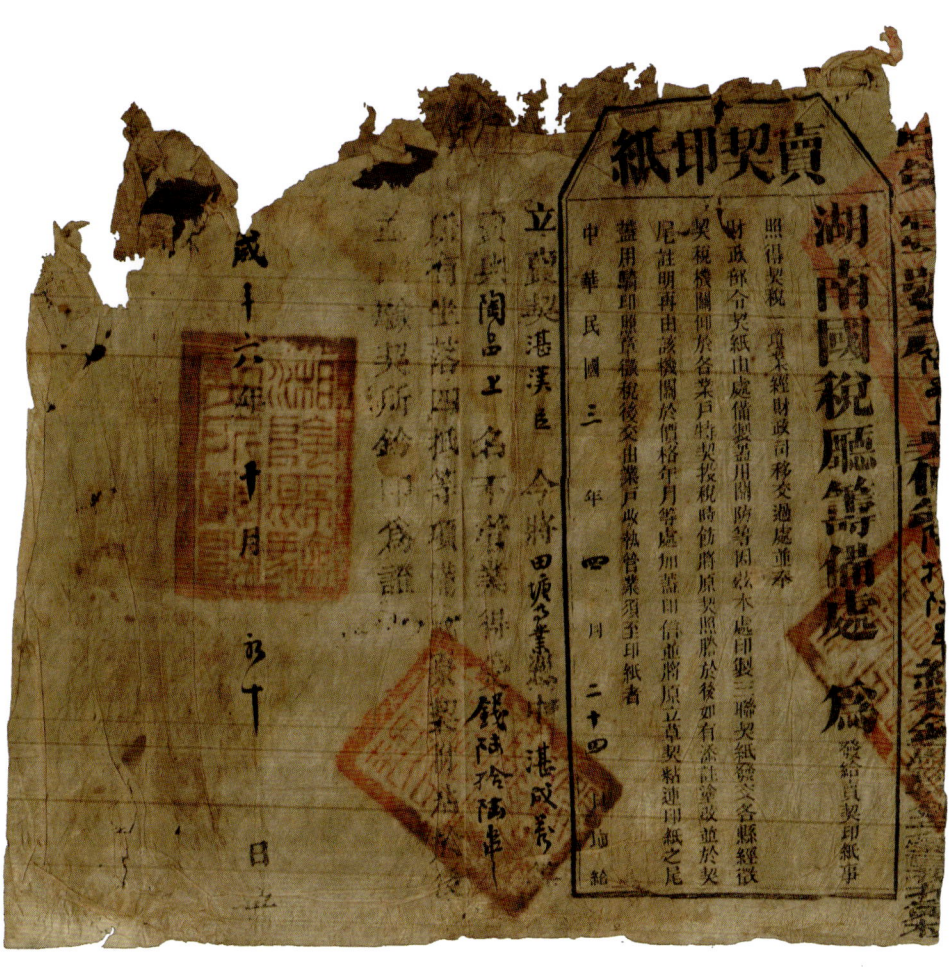

咸丰六年（1856）湛汉臣卖田塘契

Deed for Selling Pond Land of Zhan Hanchen
in the 6th year of Xianfeng, Qing Dynasty (1856A.D.)

尺寸：长 18 厘米　宽 30 厘米
地点：湖南，湘阴

立卖契湛汉臣，今将田塘等业凭中湛成义卖与陶品上名下管业，得受钱陆拾陆串。所有坐落四抵等项备□。原契附粘于后，并由验契所钤印为证。
咸丰六年十月初十日立。

　　卖契印纸（略）

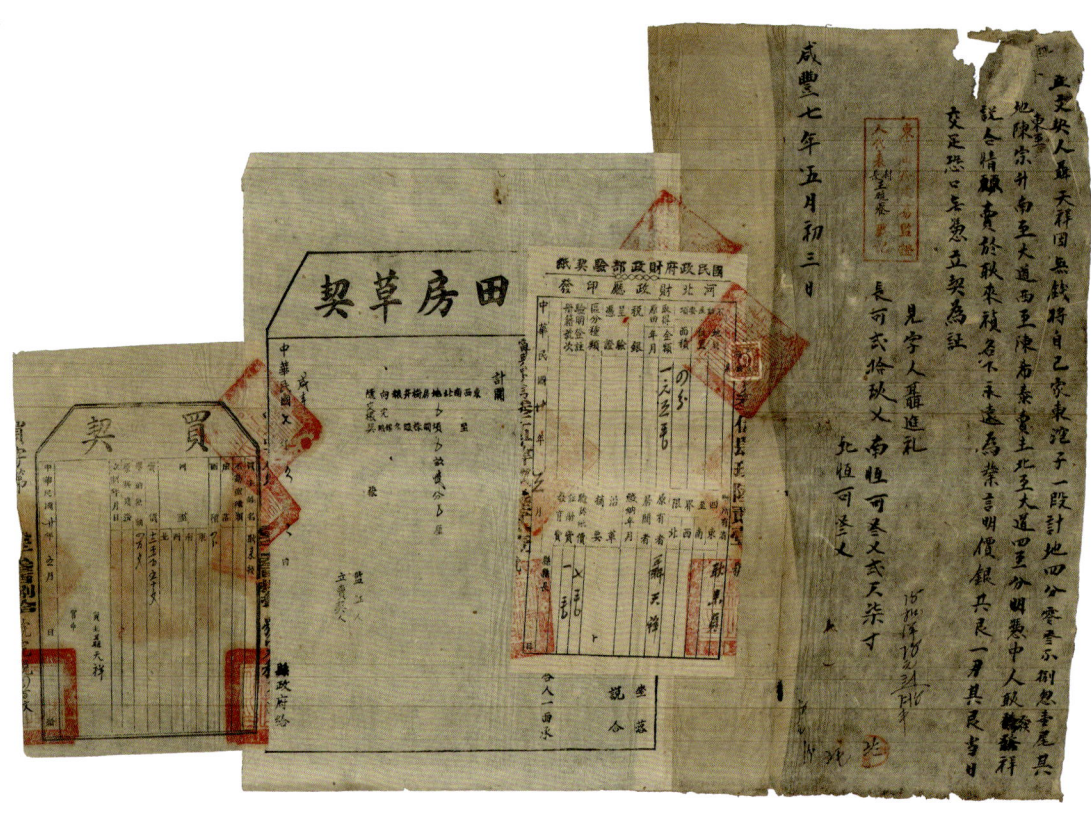

咸丰七年（1857）聂天祥卖地连四契

Deed for Selling Land of Nie Tianxiang in
the 7th year of Xianfeng, Qing Dynasty (1857A.D.)

尺寸：长74厘米　宽51厘米
地点：山东，宁津

立文契人聂天祥，因无钱将自己家东洼子一段，计地四分零三丝八忽一毫，其地东至陈宗升，南至大道，西至陈希泰、卖主，北至大道，四至分明。凭中人耿发祥说合，情愿卖于耿来祯名下永远为业，言明价银共银一两。其银当日交足。恐口无凭，立契为证。

　　见字人　聂进礼。

　　长可二十九丈　南恒可叁丈贰尺柒寸　北恒可叁丈。

咸丰七年五月初三日。

　　买契等（略）

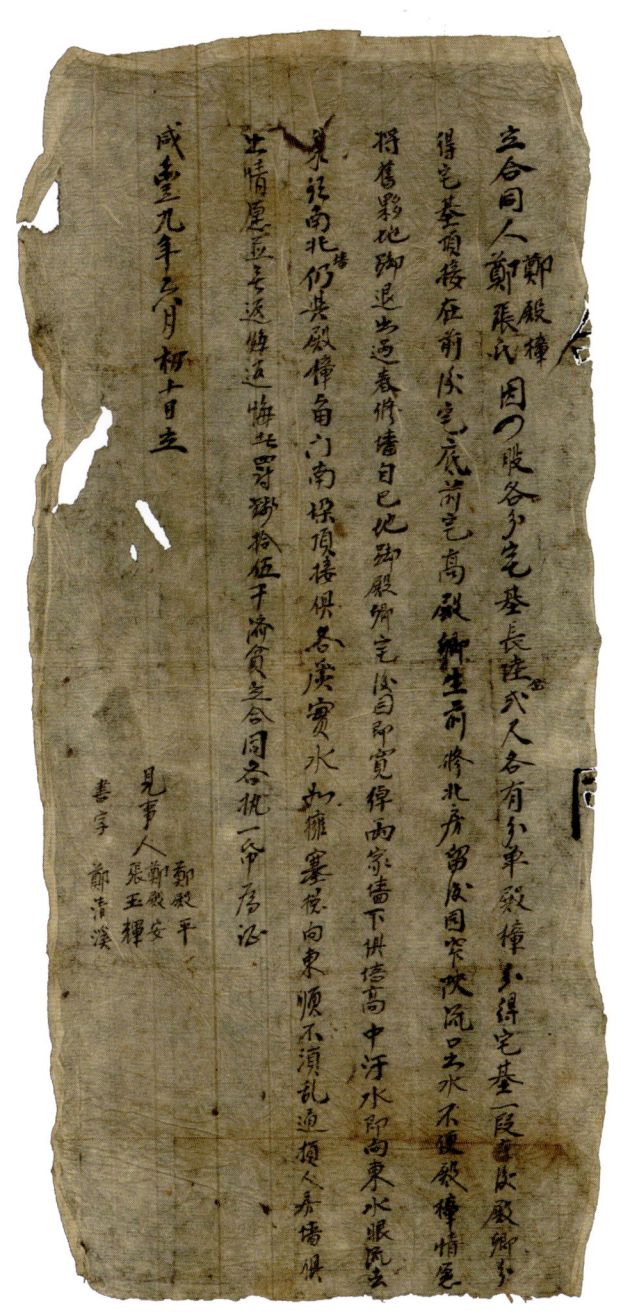

咸丰九年（1859）郑殿樟等合同

Contract of Zheng Dianzhang and others in the 9th year of Xianfeng, Qing Dynasty (1859A.D.)

尺寸：长21厘米　宽47厘米
地点：不详

合同（半书）

立合同人郑殿章、郑张氏，因四股各分宅基，长陆分贰尺，各有分单。殿章分得宅基一段在后，殿卿分得宅基顶接在前，后宅（底）[低]前宅高。殿卿生前修北房，留后园窄狭流口，出水不便。殿樟情愿将旧伙地脚退出，过春修墙自己地脚殿卿宅后，目即宽绰，两家墙下俱培高，中汙水即向东水眼流去。□头南北墙仍与殿樟角门南垛顶接，俱各□实。水如拥塞，总向东顺，不须乱通，损人房墙。俱出情愿，并无返悔。返悔者罚钱拾五千济贫。立合同各执一纸为证。

咸丰九年六月初十日立

见事人　郑殿平　郑殿安　张玉辉
书　字　郑清溪

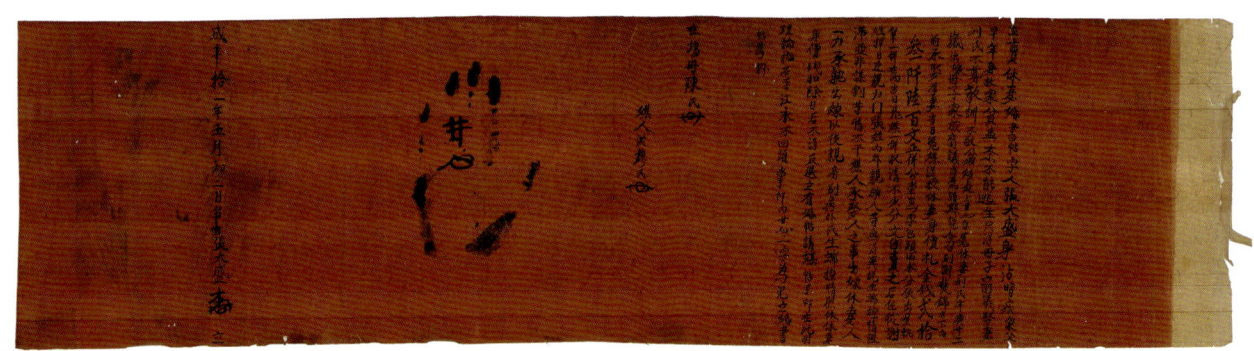

咸丰十一年（1861）张大盛卖休妻婚书帖字

Certificate of Divorce Written by Zhang Dasheng
in the 11th year of Xianfeng, Qing Dynasty (1861A.D.)

尺寸：长99.5厘米　宽25厘米
地点：不详

立卖休妻婚书帖字人张大盛，身沾暗疾，家父早年身故，家贫无奈，不能逃生，只得母子商议，娶妻刘氏不尊教训，不敬翁姑长上，甘心自愿休妻。刘氏年庚廿二岁出嫁，母子家族商议，自愿请媒说合，召到谢捷锦名下向前承娶为妻。当日凭媒得授休妻身价礼金钱贰拾叁陆百文正，并公堂画字包头酒水分伙出屋执笔一并在内。当日凭媒一并收清，不少分文。自卖之后，任从谢姓择日迎亲归门，张姓内外亲族人等无得异说生端，捏情阻滞。并非谋割等情，不干媒人承娶人之事，出嫁休妻人一力承（犹）[担]。出嫁以后亲房别房外氏生端捏情，照依休妻身价钱扣除，日后不得反退。立有婚帖、请媒帖手印在此，明理论，抛石丢江永不回头。掌印内"甘心"二字为记，立婚书帖为据。

　　在场　母陈氏（押）
　　媒人　洪廖氏（押）
咸丰十一年五月初二日笔张大盛（押）立。
　　（手印，内有"甘心"字样）

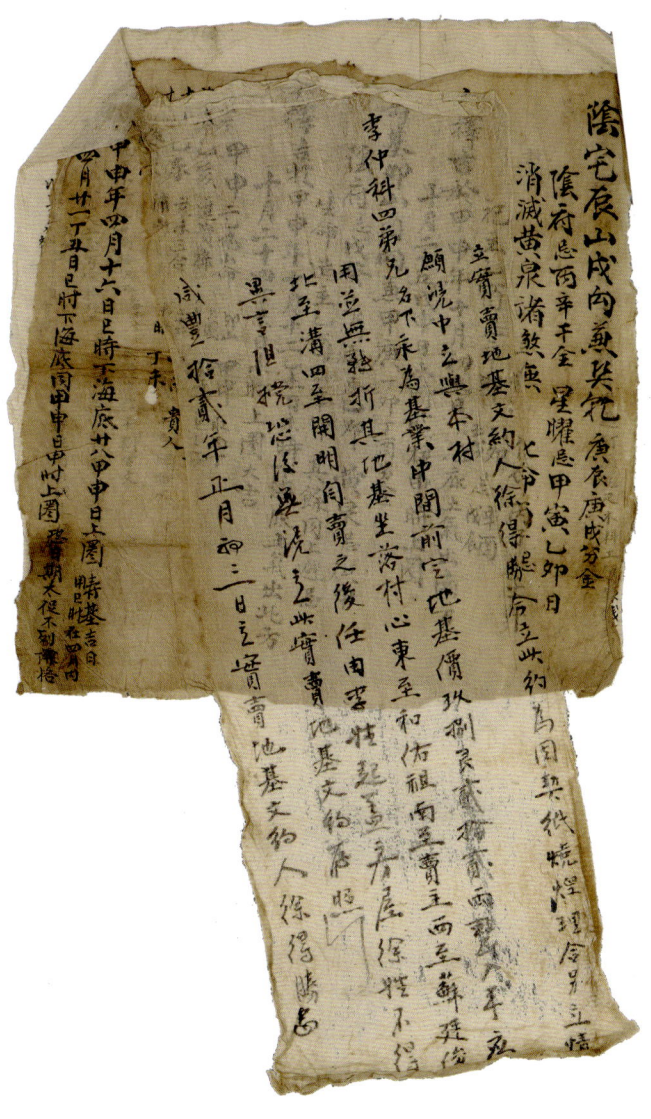

咸丰十二年（1862）徐得胜实卖地基契

Deed for Selling the Foundation of Xu Desheng
in the 12th year of Xianfeng, Qing Dynasty (1862A.D.)

尺寸：长 14 厘米　宽 51 厘米
地点：不详

立实卖地基文约人徐得胜，今立此约，为因契纸烧毁，理合另立。情愿凭中立与本村季仲科四弟兄名下永为基业，中间前空地基价玖捌银贰拾贰两整入手应用，并无转折。其地基坐落村心，东至和佑祖，南至卖主，西至苏廷俊，北至沟，四至开明。自卖之后，任由李姓起盖房屋，徐姓不得异言阻挡。恐后无凭，立此实卖地基文约存照。
咸丰十二年正月初三日立实卖地基文约人徐得胜（押）。

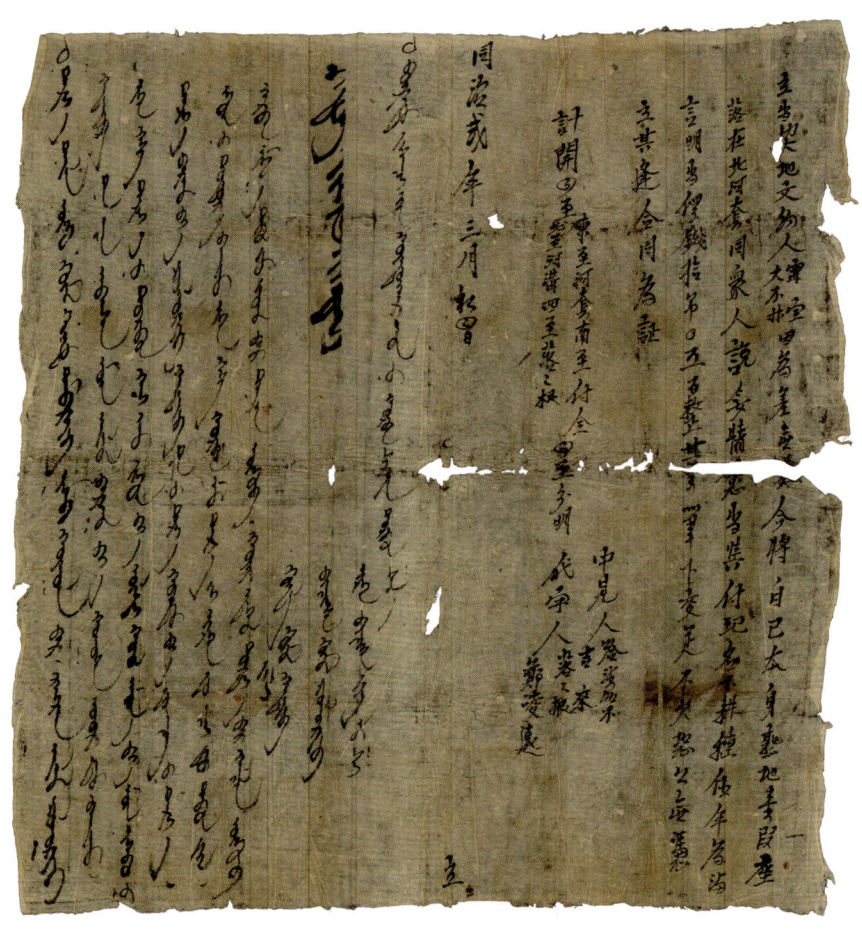

同治二年（1863）宁宝等当地契

Deed for Pawning Land of Ning Bao, Da Bulin
in the 2nd year of Tongzhi, Qing Dynasty (1863A.D.)

尺寸：长39厘米 宽42厘米
地点：辽宁

立当契地文约人宁宝、大不林，因为差无口，今将自己本身熟地一段，座落在北河套，同众人说妥，情愿当与付纪名下耕种五年为满，言明当价钱拾吊零五百整，其钱笔下交足不欠。恐口无凭，立（其逢）[骑缝]合同为证。

  计开：四至，东至河套，南至付全，北至河沟，西至落落根，四至分明。

  中见人　哈望加不　吉　来

  代字人　落　落　根　郑凌远

同治二年三月初四日　　立。

  满文合同（略）

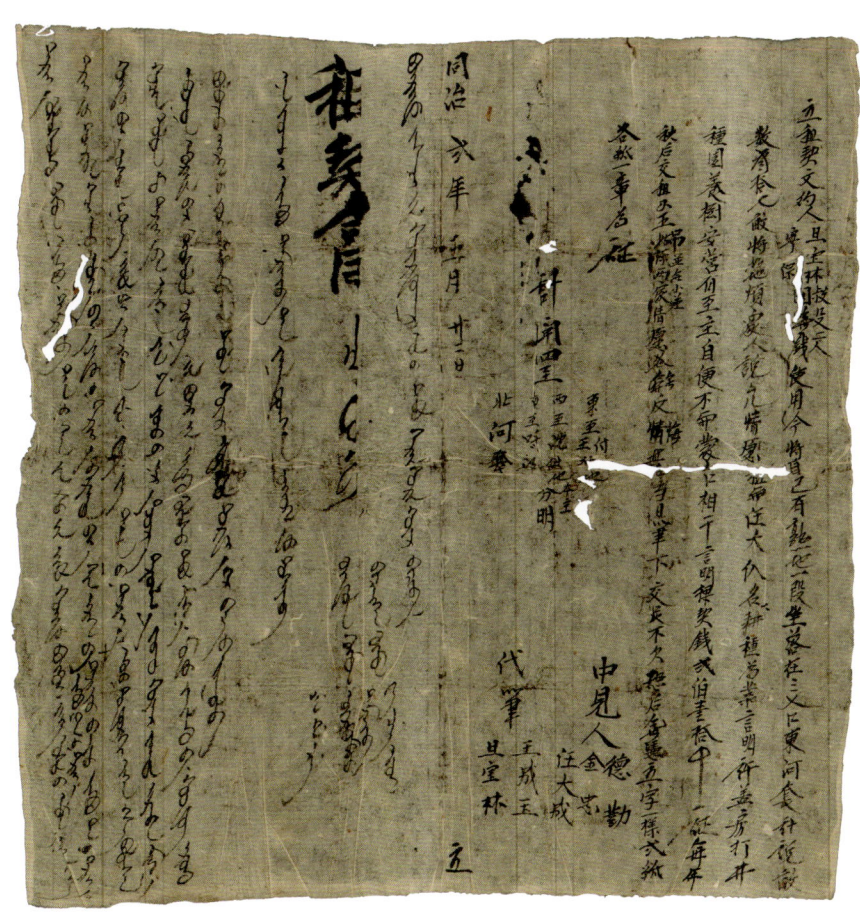

同治二年（1863）旦宝林等租契文约

Deed for Renting Land of Dan Baolin and others
in the 2nd year of Tongzhi, Qing Dynasty (1863A.D.)

尺寸：长 41 厘米 宽 43 厘米
地点：辽宁

立租契文约人旦宝林、宁保，因无钱使用，今将自己有熟地一段，坐落在三义口东河套，计税亩数叁拾七亩，将地烦众人说允，情愿租与任大仏名下耕种为业。言明许盖房打井种园养树安营，有至主自便，不与蒙仁相干。言明押契钱二百一十〇正，每年秋后交租钱五吊并无小差。此系两家情愿，各无反悔。其钱当日笔下交足不欠。恐后无凭，立字一样贰纸，各纸一章为证。

计开：四至分明，东至付□、王姓地，西至沈姓地、本主，南至呼□，北河套。
中见人　德　勤　金　忠　任大成
代　笔　王成玉　旦宝林
同治二年五月廿二日　　立。
租契合同（半书）。
满文合同（略）

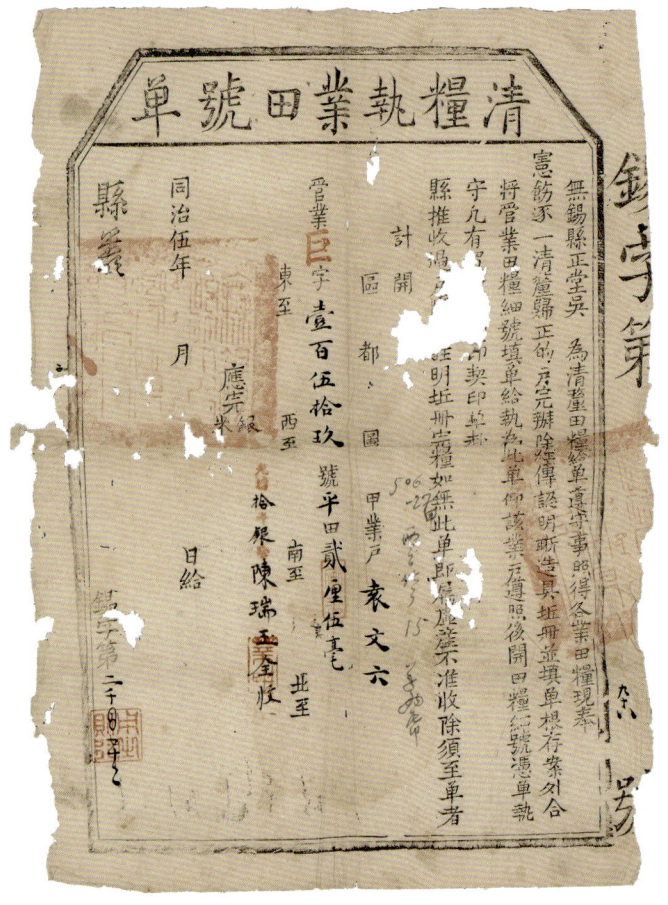

同治五年（1866）
袁文六清粮执业田号单

Note for Grain Tax of Yuan Wenliu in the 5th year of Tongzhi, Qing Dynasty (1866A.D.)

尺寸：长 20 厘米　宽 28 厘米
地点：江苏，无锡

清粮执业田号单

无锡县正堂吴，为清厘田粮给单遵守事。照得。各业田粮，现奉宪饬逐一清厘归正的户完办。除经传认明晰，造具坵册并填单根存案外，合将管业田粮细号填单给执为此单，仰该业户遵照。后开田粮细号凭单执守。凡有☐印契印单赴县推收过户。☐注明坵册完粮。如无此单，即属虚产，不准收除，须至单者。

计开：

区　　都　　图　　甲业户袁文六。

管业巨字壹百伍拾玖号平田贰厘伍毫。

东至　西至　南至　北至。

应完银米。

同治伍年　　月　　日给。

县（押）锡字第二千☐。

光绪拾年银陈瑞玉全收。

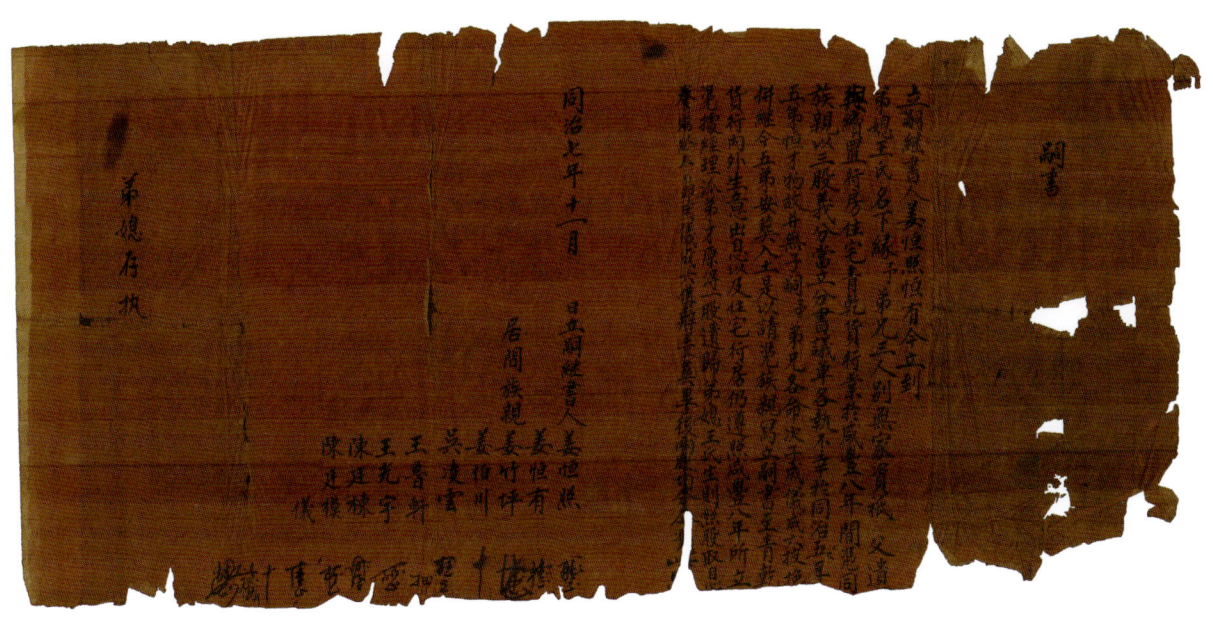

同治七年（1868）姜恒照等嗣书

Deed for Succeeding of Jiang Hengzhao
in the 7th year of Tongzhi, Qing Dynasty (1868A.D.)

尺寸：长 74 厘米　宽 23.5 厘米
地点：不详

嗣书

立嗣继书人姜恒照、恒有，今立到弟媳王氏名下。缘予弟兄三人，别无家资，祇父遗与续置行房、住宅、青乾货行。业于咸丰八年间，凭同族亲以三股义分，当立分书议单各执。不幸于同治五年，五弟恒才物故，并无子嗣。予弟兄各命次子成仪、成六披挽并继。今五弟安葬入上，是以请凭族亲写立嗣书。至青乾货行内外生意出息，以及住宅、行房，仍遵照咸丰八年所立凭据经理。派弟才原得一股遗归弟媳王氏，生则照股取息养赡，终则归成仪、成六备办丧葬，毕后两股均分。今凭此照。

同治七年十一月　　日立嗣继书人　姜恒照（押）　姜恒有（押）
　　　　　　　　　居间族亲　姜竹坪（押）　姜伯川（押）　吴凌雲（押）　王鲁轩（押）
　　　　　　　　　　　　　　王光宇（押）　陈廷栋（押）　陈廷模（押）　陈廷仪（押）

　　弟媳存执。

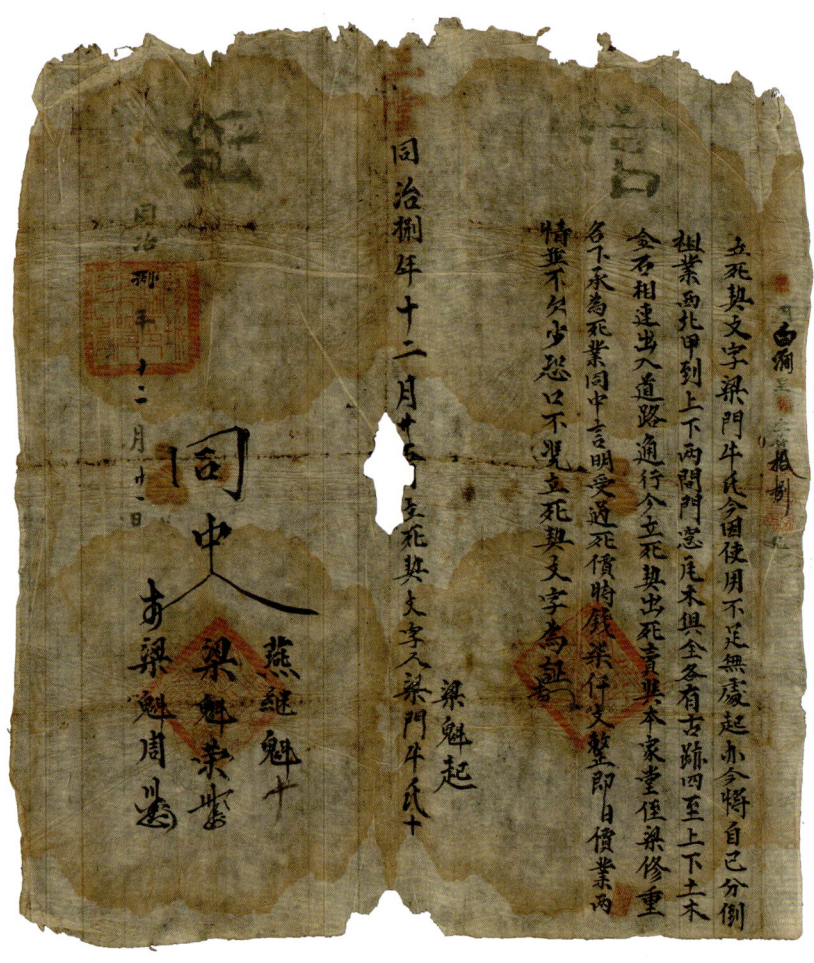

同治八年（1869）梁牛氏卖房契

Deed for Selling House of Liang Niushi
in the 8th year of Tongzhi, Qing Dynasty (1869A.D.)

尺寸：长 45 厘米　宽 51 厘米
地点：山西，阳城

　官纸
立死契文字梁门牛氏，今因使用不足，无处起办，今将自己分（倒）[到]祖业西北甲到上下两间，门窗瓦木俱全，各有古跡，四至上下土木金石相连，出入道路通行。今立死契出死卖与本家堂侄梁修重名下承为死业，同中言明受过死价时钱柒仟文整，即日价业两（情）[清]，并不欠少。恐口不凭，立死契文字为证。
同治八年十二月廿五日立死契文字人梁门牛氏（押）梁魁起
　　同中人　燕继魁（押）　梁魁荣（押）　梁魁周（押）
同治八年十二月廿一日。
　　（加盖：阳城县印）

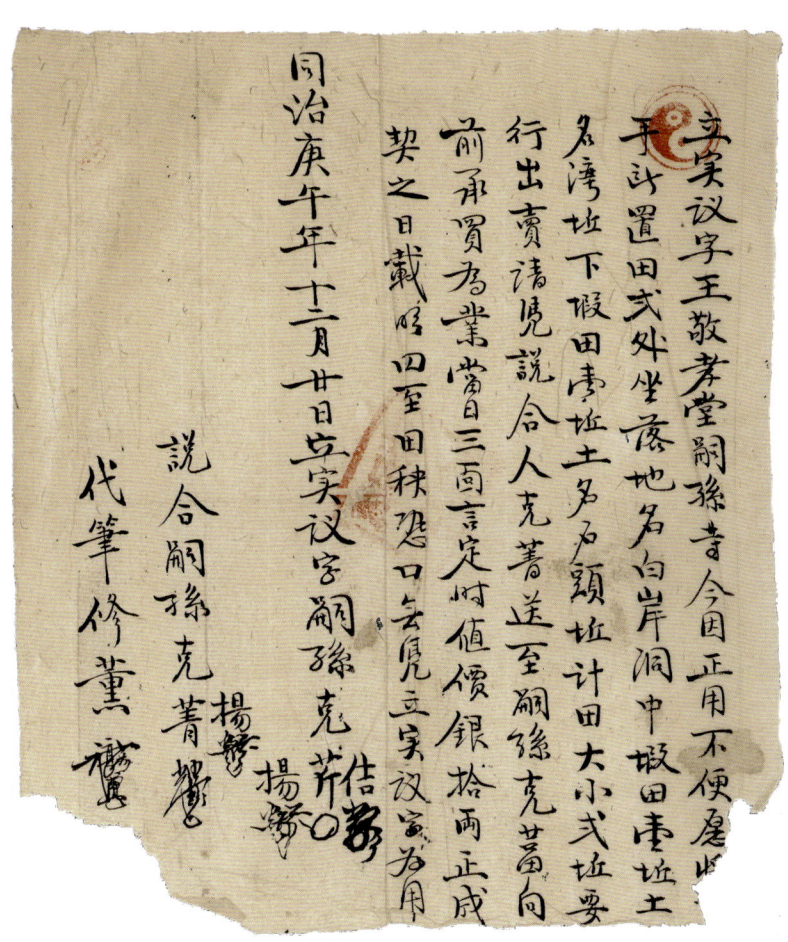

同治九年（1870）王敬孝堂嗣孙等议字

Agreement of the Heirs of Wang Jingxiaotang
in the 9th year of Tongzhi, Qing Dynasty (1870A.D.)

尺寸：长 18.5 厘米　宽 21.5 厘米
地点：不详

立实议字王敬孝堂嗣孙等，今因正用不便，愿将口手所置田二处，坐落地名白岸洞中堨田一坵土名湾坵，下堨田一坵土名石头坵，计田大小二坵，要行出卖。请凭说合人克菁送至嗣孙克蕾向前承买为业。当日三面言定时值价银拾两正，成契之日载明四至田秧。恐口无凭，立实议字为用。

同治庚午年十二月廿日立实议字嗣　孙克估（押）　克芹（押）　克杨（押）
　　　　　　　　　　　说合嗣　孙克杨（押）　克菁（押）
　　　　　　　　　　　代　笔　修　薰（押）

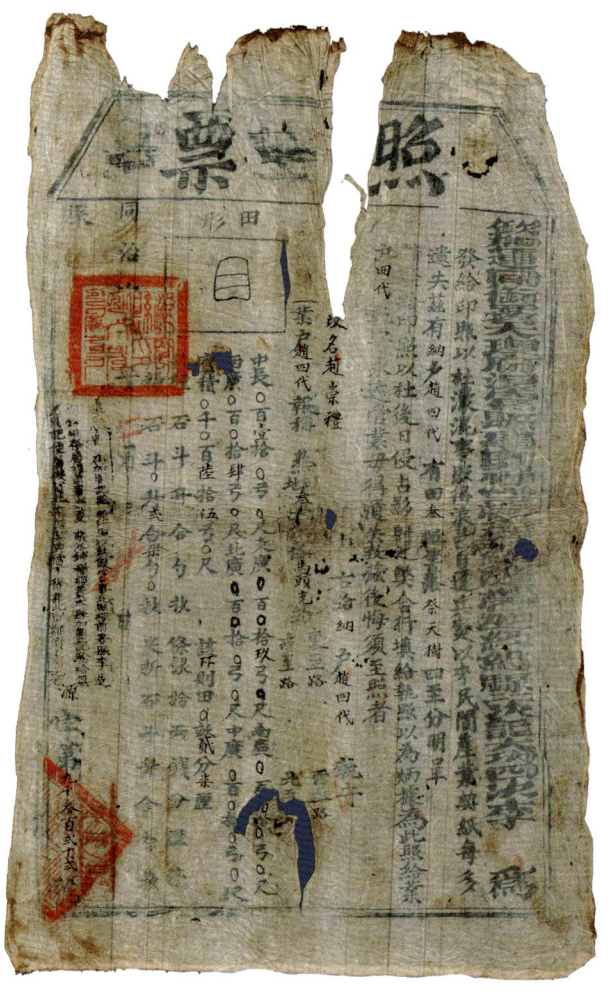

同治十三年（1874）赵四代照票

Certificate to Zhao Sidai issued by Local Government in the 13th year of Tongzhi, Qing Dynasty (1874A.D.)

尺寸：长 32 厘米　宽 52 厘米
地点：云南，浪穹

钦加运同衔署大理府浪穹县事即补州正堂加三级随带加一级纪录二次记大功四次李。　为发给印照以杜蒙混事。照得。浪邑自遭兵燹以来，民间产业契纸每多遗失。兹有纳户赵四代，有田叁坵，坐落祭天树，四至分明，呈请发给印照，以杜后日侵占影射之弊。合行填给执照，以为炳据。为此照给业户四代执守，永远管业，毋得遗失，致兹后悔。须至照者。

　　右给纳户赵四代　执守。
　　（田形等略）
同治十三年二月卅日。
　　源字第九千叁百贰拾贰号。

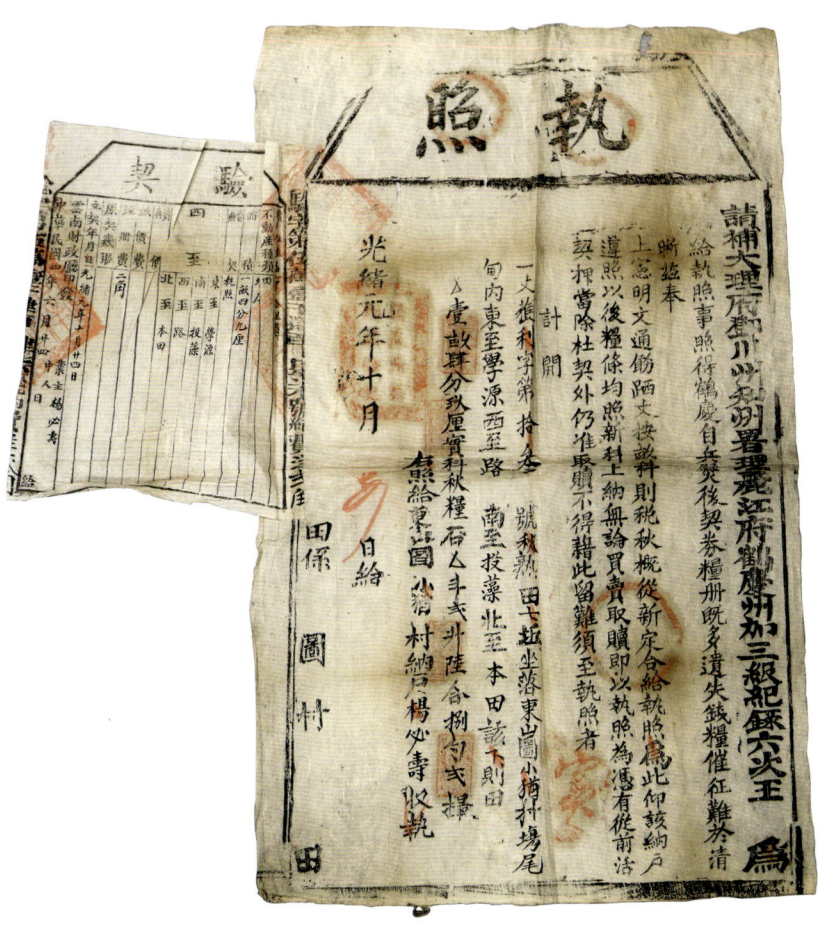

光绪元年（1875）杨必寿户执照连二契

License issued to Yang Bishou in the 1st year of Guangxu, Qing Dynasty (1875A.D.)

尺寸：长 33.5 厘米　宽 52 厘米
地点：云南，鹤庆

执照

请补大理府邓川州知州署理丽江府鹤庆州加三级纪录六次王为给执照事，照得鹤庆自兵燹后契券粮册既多遗失，钱粮催征难于清晰。兹奉上宪明文通饬，踹丈按亩科则，税秋概从新定，合给执照，为此仰该纳户遵照，以后粮条均照新科上纳。无论买卖取赎，即以执照为凭。有从前活契押当，除杜契外，仍准取赎，不得藉此留难，须至执照者。

计开：

一丈获利字第拾叁号秋熟田七坵，坐落东山图小犹村场尾甸内。东至学源西至路，南至投藻，北至本田。该下则田△壹亩肆分玖厘，实科秋粮石△斗贰升陆合捌勺贰撮。　右照给东山图小犹村纳户杨必寿收执。

光绪元年十月十四日给。

　　田系　图　村　田。

　　验契（略）

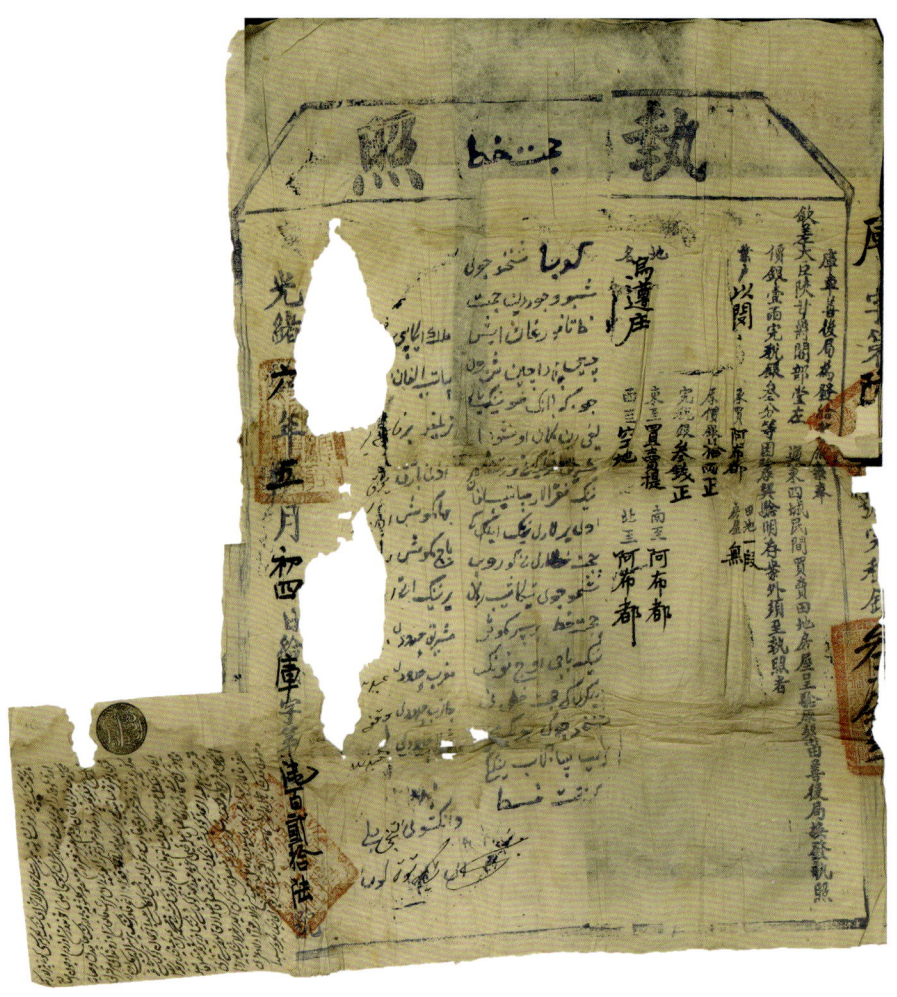

光绪六年（1880）以闵土地执照连二契

Land Certificate of Yi Min in the 6th year of Guangxu, Qing Dynasty (1880A.D.)

尺寸：长 57 厘米　宽 60 厘米
地点：新疆，库车

　执照
库车善后局为发给执照事。案。奉钦差大臣陕甘爵阁部堂左　通饬东四城民间买卖田地房屋，呈验原契，由善后局换发执照。价银壹两完税银叁分等因。除原契验明存案外，须至执照者。
业户以闵承买阿布都田地一段，原价银拾两正，完税银叁钱正。地名乌遵庄，东至置卖提，南至阿布都，西至空地，北至阿布都。
光绪六年五月初四日给库字第陆百贰拾陆号
　维文契（略）

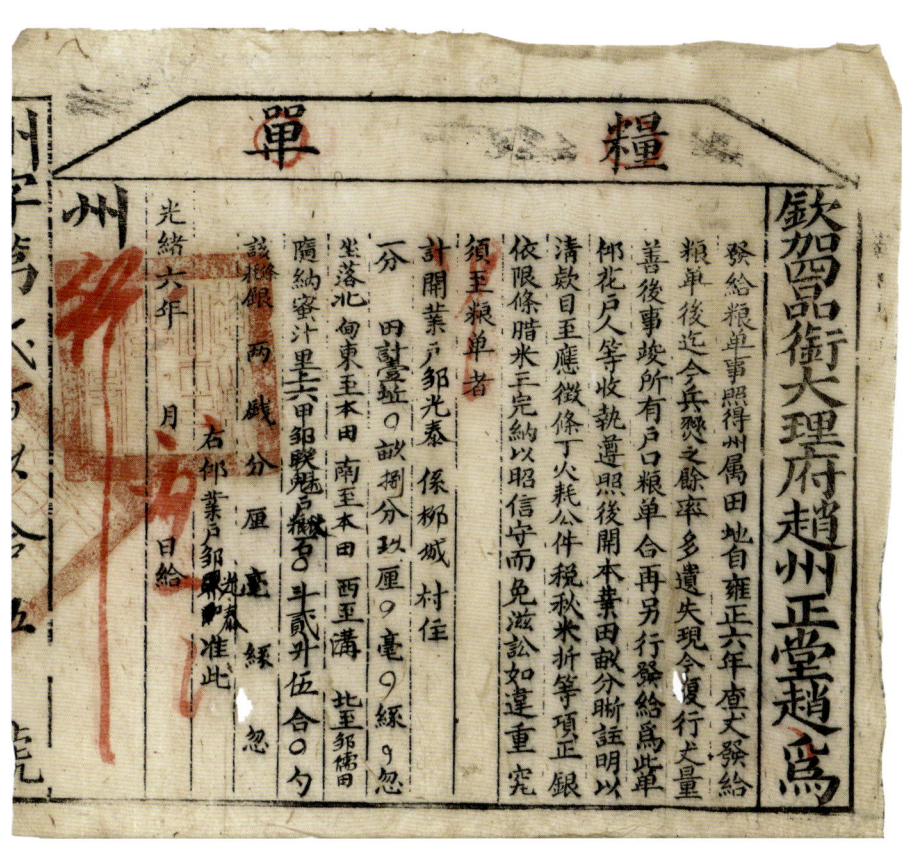

光绪六年（1880）邹光泰户粮单

Grain Bill of Zou Guangtai in the 6th year of Guangxu, Qing Dynasty (1880A.D.)

尺寸：长 28.2 厘米　宽 25.5 厘米
地点：云南，大理

粮单

钦加四品衔大理府赵州正堂为发给粮单事，照得州属田地自雍正六年查丈发给粮单后，迄今兵燹之余，率多遗失，现今复行丈量善后，事竣所有户口粮单，合再另行发给。为此单仰花户人等收执遵照。后开本业田亩分晰注明，以清款目。至应征条丁火耗公件税秋米折等项正银，依限条腊米三完纳，以昭信守而免滋讼。如违重究。须至粮单者。

计开：业户邹光泰　系柳城村住。一分　田计壹坵 0 亩捌分玖厘 0 耗 0 忽。坐落北甸，东至本田，南至本田，西至沟，北至邹儒田。应纳蜜汁里上六甲邹暌魁户秋粮石 0 斗贰升伍合 0 勺。该条耗银　两　钱　分　厘　毫　丝　忽。

右仰业户邹光泰　准此。
光绪六年　月　日给。

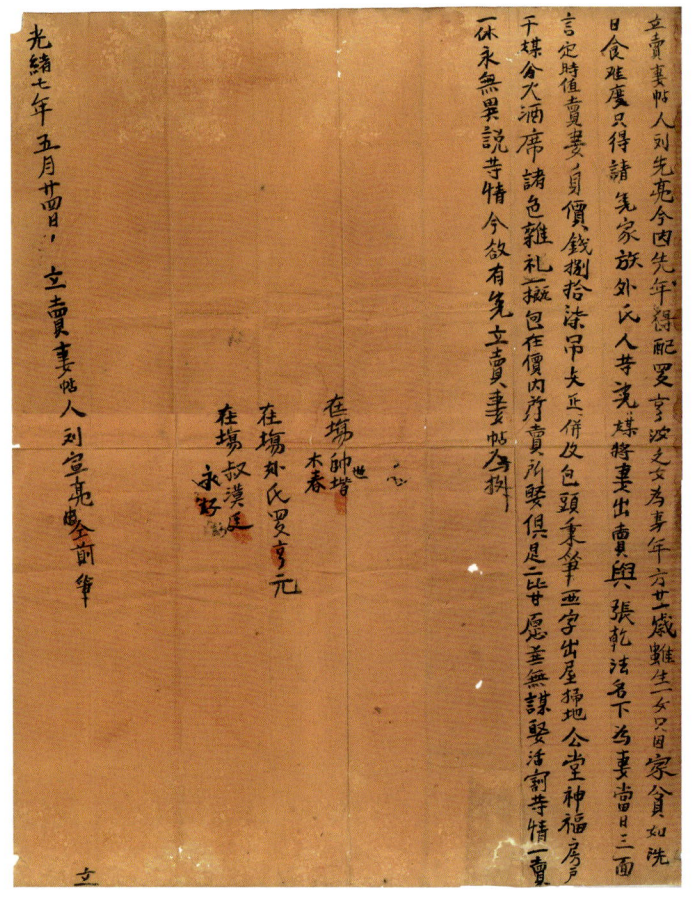

光绪七年（1881）刘宣亮卖妻贴

Selling Wife Agreement of Liu Xuanliang
in the 7th year of Guangxu, Qing Dynasty (1881A.D.)

尺寸：长 43 厘米　宽 54.5 厘米
地点：不详

立卖妻帖人刘先亮，今因先年得配罗亨汝之女为妻，年方廿一岁。虽生一女，只因家贫如洗，日食难度，只得请凭家族外氏人等，凭媒将妻出卖与张乾法名下为妻。当日三面言定，时值卖妻身价钱捌拾柒吊文正。并及包头秉笔画字出屋扫地，公堂神福房户干媒分火酒席诸色杂礼，一概包在价内。所卖所娶俱是二比甘愿，并无媒娶活口等情。一卖一休永无异说等情。今欲有凭。立买妻贴为据。

　　在场　世
　　　　　帅垲
　　　　　木春
　　在场　外氏罗亨元
　　在场　叔漠廷
　　　　　永□
光绪七年五月廿四日立卖妻帖人刘宣亮全前笔（押）

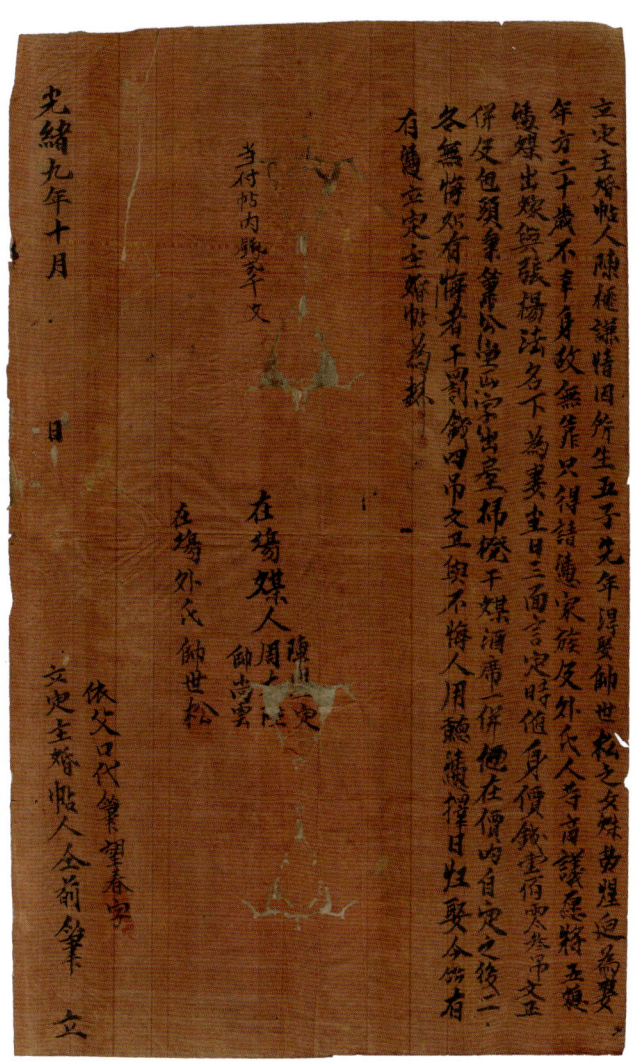

光绪九年（1883）
陈榧谦立定主婚贴

Marriage Agreement Set by Chen Feiqian in the 9th year of Guangxu, Qing Dynasty (1883 A.D.)

尺寸：长 32.5 厘米　宽 53.5 厘米
地点：不详

立定主婚帖人陈榧谦。情因所生五子，先年得娶帅世松之女姝劳煜迫为妻。年方二十岁，不幸身故无靠。只得请凭家族及外氏人等商议，愿将五媳凭媒出嫁与张杨法名下为妻。当日三面言定，时值身价钱壹百零三吊文正，并及包头秉笔公堂画字出屋扫凳干媒酒席一并在价内。自定之后，二各无悔。如有悔者，干罚钱四吊文正与不悔人用。听凭择日归娶。今欲有凭，立定主婚帖为证。
　　当付帖内钱二千文
　　在场媒人　陈□定　周大升　帅尚云
　　在场外氏　帅世松
光绪九年十月　日立定主婚帖人全前笔　立
　　依父口代笔望春字

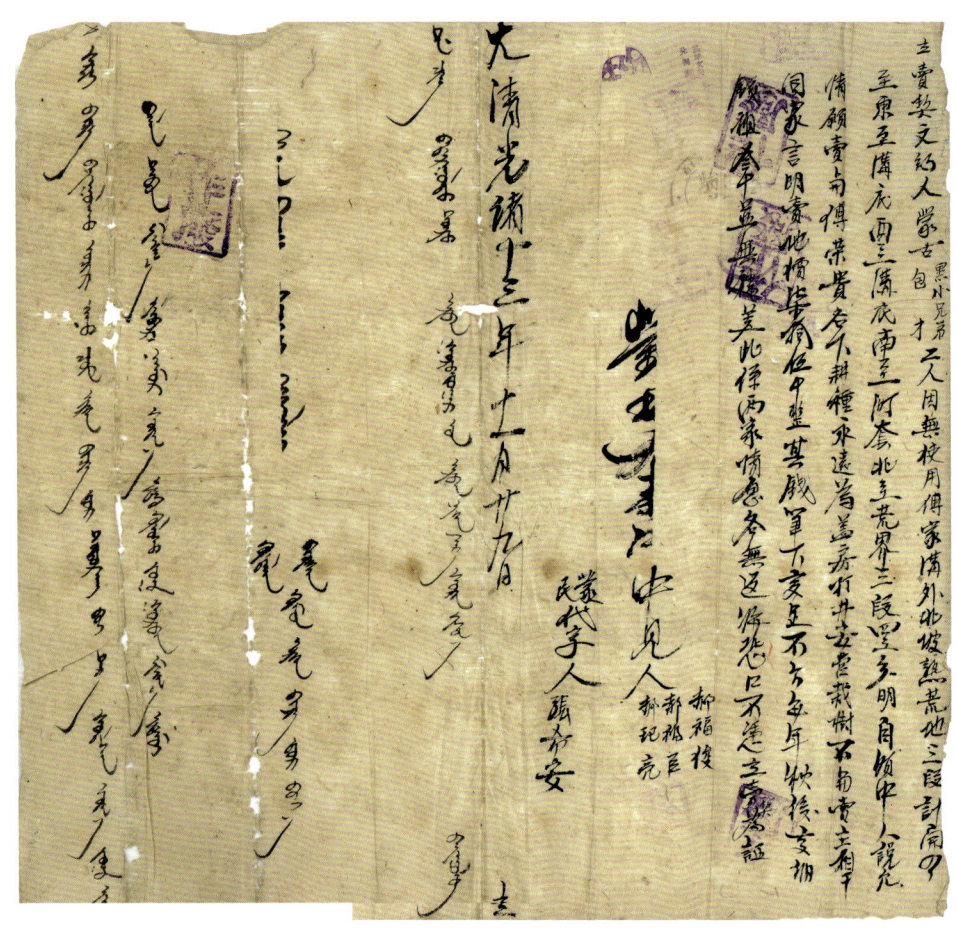

光绪十三年（1887）黑小兄弟等卖契文约

Deed for Selling Land of Heixiaoxiongdi and Bao Cai in the 13th year of Guangxu, Qing Dynasty (1887A.D.)

尺寸：长 47 厘米　宽 44.5 厘米
地点：内蒙古

立卖契文约人蒙古黑小兄弟、包才二人，因无使用，傅家沟外北坡熟荒地三段计开四至：东至沟底、西至沟底、南至河套、北至荒界，三段四至分明。自烦中人说允，情愿卖与傅荣贵名下耕种，永远为盖房打井安营栽树，不与卖主相干。同众言明卖地价柒拾伍千整。其钱笔下交足不欠。每年秋后交纳钱租叁千，并无口差。此系两家情愿，各无返悔。恐口不凭，立卖契为证。

　　中见人　郝福俊　郝福臣　郝玘亮

　　蒙民代字人　张希安

大清光绪十三年十一月廿九日　立。

　　蒙文契（略）

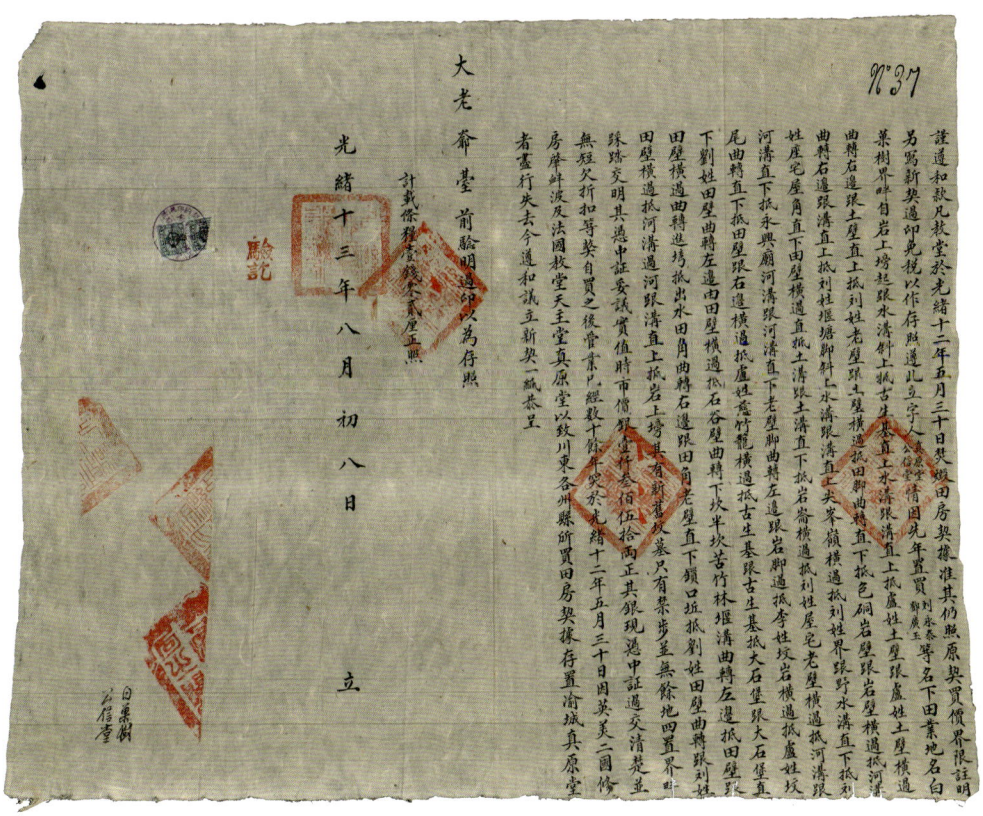

光绪十三年（1887）法国真原堂契照

Deed Certificate of Zhenyuantang in the 13th year of Guangxu, Qing Dynasty (1887A.D.)

尺寸：长 66 厘米　宽 51 厘米
地点：川康，巴县

谨遵和款，凡教堂于光绪十二年五月三十日焚毁田房契据，准其仍照原契买价界限注明，另写新契，过印免税以作存照，遵此立字人真原堂公信堂，情因先年置买刘永泰邓广玉等名下田业，地名白菓树界畔自岩上塝起跟水沟斜上抵古生基直上水沟跟沟直上抵卢姓土壁跟卢姓土壁横过曲转右边跟土壁直上抵刘姓老壁跟土壁横过坵田脚曲转直下抵包硐岩壁跟岩壁横过抵河沟曲转右边跟沟直上抵刘姓堰塘脚斜上水沟跟沟直上尖峰岭横过抵刘姓界跟野水沟直下抵刘姓座宅屋角直下田壁横过直抵土沟跟土沟直下抵岩嵩横过抵刘姓屋宅老壁横过抵河沟跟河沟直下抵永兴庙河沟跟河沟直下老壁脚曲转左边跟岩脚过抵李姓坟岩横过抵卢姓坟尾曲转直下抵田壁跟右边横过抵卢姓慈竹笼横过抵古生基跟古生基抵大石堡跟大石堡直下刘姓田壁曲转左边由田壁横过坵石谷壁曲转下坎半坎苦竹林堰沟曲转左边抵田壁跟田壁横过曲转进塝抵出水田角曲转右边跟田角老壁直下锁口坵抵刘姓田壁曲转跟刘姓田壁横过抵河沟过河跟沟直上抵岩上塝其有新旧坟墓只有禁步并无余地四置界畔踩踏交明其凭中证妥议实值时市价银一千三百五十两正其银现凭中证过交清楚并无短欠折扣等弊自买之后管业已经数十余年。突于光绪十二年五月三十日因英美二国修房肇衅，波及法国教堂天主堂真原堂，以致川东各州县所买田房契据存置渝城真原堂者尽行失去，今遵和议立新契一纸，恭呈大老爷台前验明过印以为存照。

　　记载条粮一钱零二厘正照。
光绪十三年八月初八日　立。

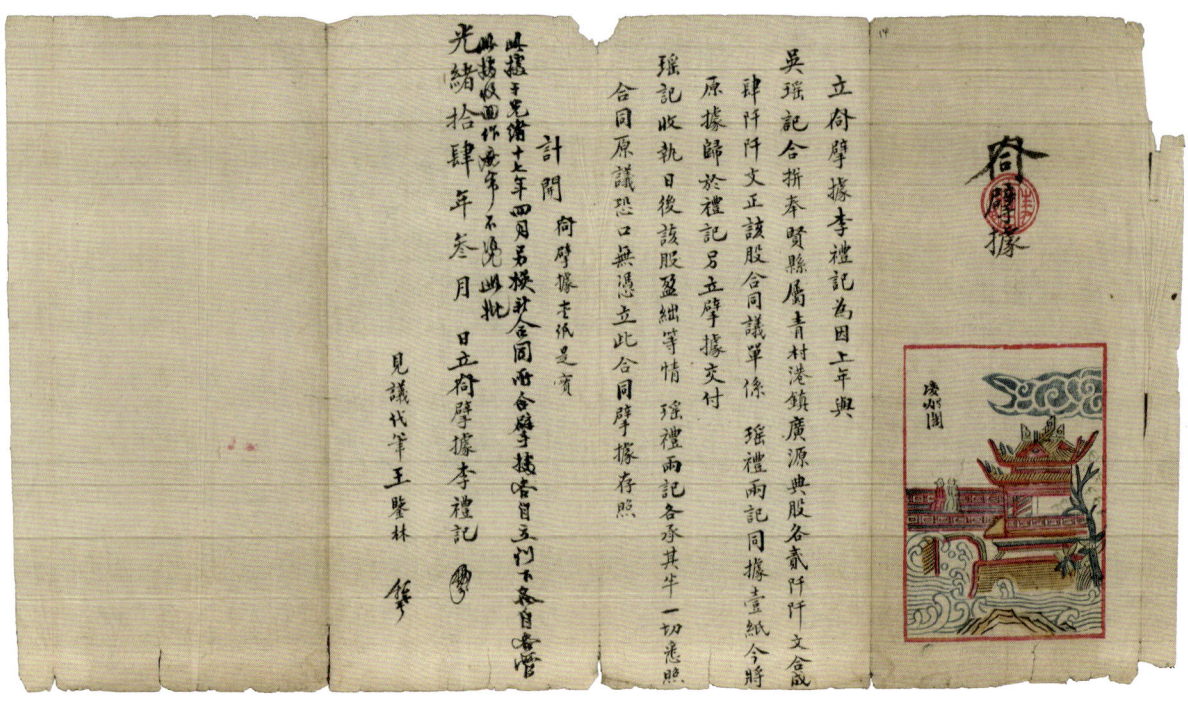

光绪十四年（1888）李礼记合同擘据

Counterpart of the Contract signed by Li li's firm
in the 14th year of Guangxu, Qing Dynasty (1888A.D.)

尺寸：长 46 厘米　宽 25 厘米
地点：上海，奉贤

　　合同擘据
立合同擘据李礼记，为因上年与吴瑶记合拼奉贤县属青村港镇广源典股各贰千千文，合成肆千千文正，该股合同议单系瑶礼两记同据一纸，今将原据归于礼记，另立擘据交付瑶记收执。日后该股盈绌等情，瑶礼两记各承其半，一切悉照合同原议。恐口无凭，立此合同擘据存照。
　　合同擘据壹纸是实。
　　计开。
光绪十四年三月　　日立合同擘据　李礼记（押）
　　　　　　　　　　见议代笔　王鉴林（押）
此据于光绪十七年四月另换新合同，两合擘据各自立□下各自各管。
　　此据收回作废纸不凭，此批。

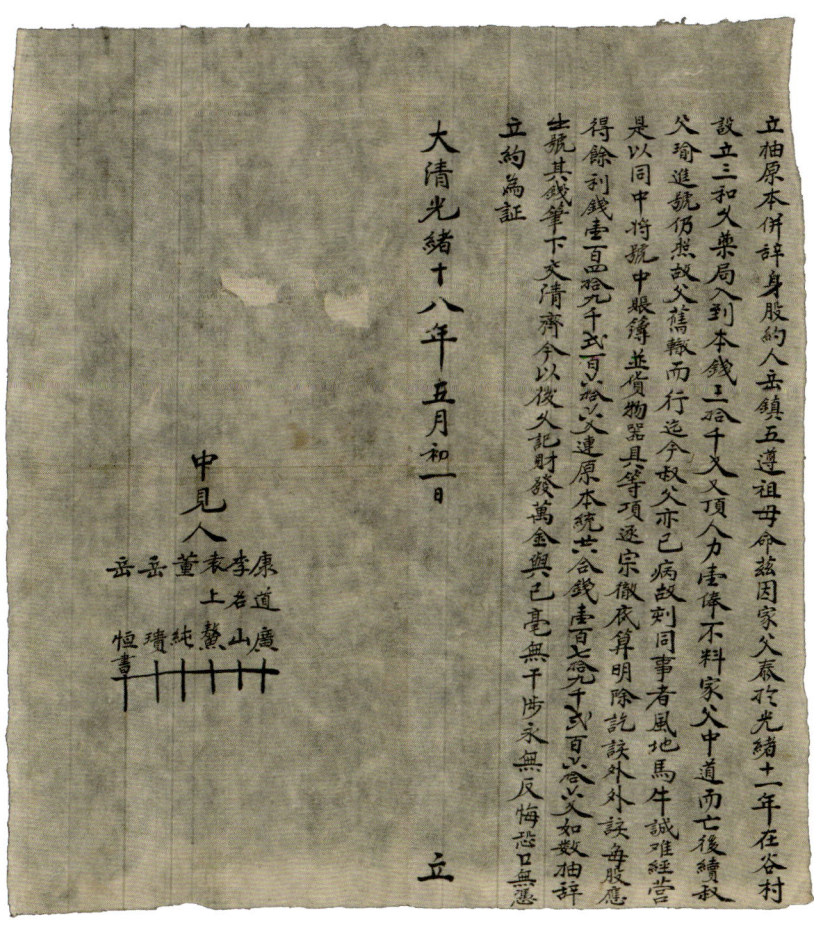

光绪十八年（1892）岳镇五退股约

Contract for Withdrawing Share by Yue Zhenwu in the 18th year of Guangxu, Qing Dynasty (1892A.D.)

尺寸：长 45 厘米　宽 46 厘米
地点：山西

立抽原本并辞身股约人岳镇五，遵祖母命。兹因家父泰于光绪十一年在谷村设立三和久药局，入到本钱三拾千文，又顶人力一俸。不料家父中道而亡，后续叔父瑜进号，仍照故父旧辙而行。迄今叔父亦已病故。刻同事者风地马牛诚难经营，是以同中将号中账簿并货物器具等项逐宗彻底算明。除讫这外外，该每股应得余利钱壹百四拾九千贰百六拾六文，连原本统共合钱壹百七拾九千贰百六拾六文，如数抽辞出号。其钱笔下交清。齐今以后，久记财发万金，与已毫无干涉。永无反悔。恐口无凭，立约为证。

大清光绪十八年五月初一日　立
　　中见人　康道广（押）　李名山（押）　袁上鳌（押）　董纯（押）　岳瑨（押）　岳恒书（押）

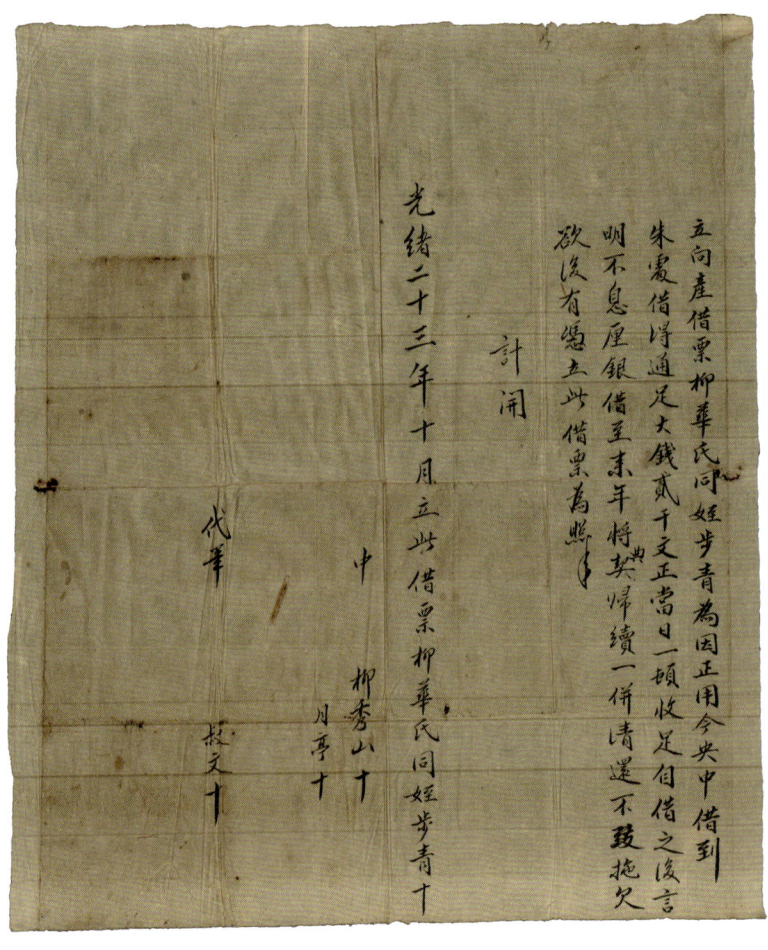

光绪二十三年（1897）柳华氏借票

Receipt for a Loan of Liu Hua's in the 23th year of Guangxu, Qing Dynasty (1897A.D.)

尺寸：长 32 厘米　宽 36 厘米
地点：不详

立向产借票柳华氏同姪步青，为因正用，今央中借到朱处借得通足大钱贰千文正，当日一顿收足。自借之后，言明不息厘银，借至来年，将典契归续一并清还，不致拖欠。欲后有凭，立此借票为照。
　　计开。
光绪二十三年十月立此借票柳华氏同姪步青（押）
　　中　柳秀山（押）　月亭（押）
　　代笔　叔　文（押）

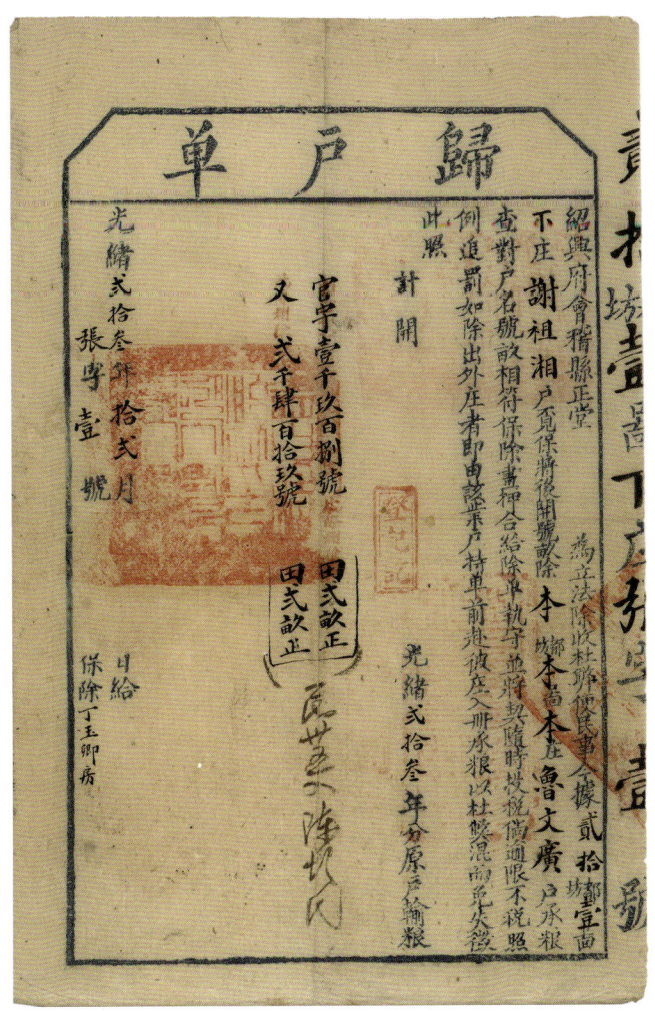

光绪二十三年（1897）
谢祖湘归户单

Bill for Rated the Tax to Xie Zuxiang in the 23th year of Guangxu, Qing Dynasty (1897A.D.)

尺寸：长 16 厘米　宽 23 厘米
地点：浙江，绍兴

归户单

绍兴府会稽县正堂，为立法除收杜弊便民事，今据贰拾都（坊）壹图下庄谢祖湘户，觅保将后开号亩除本都（坊）本图本庄鲁文广户承粮，查对户名号亩相符。保除画押，合给除单执守，并将契随时投税。倘逾限不税，照例追罚。如除出外庄者，即由该业户持单前赴彼庄入册承粮，以杜弊混而免失征。此照。

计开：

官字壹千玖百捌号　　　田贰亩正
又　贰千肆百拾玖号　　田贰亩正。

光绪贰拾叁年分原户输粮。

光绪贰拾叁年拾贰月　日给。

张字壹号。　　　　　保除丁玉卿房。

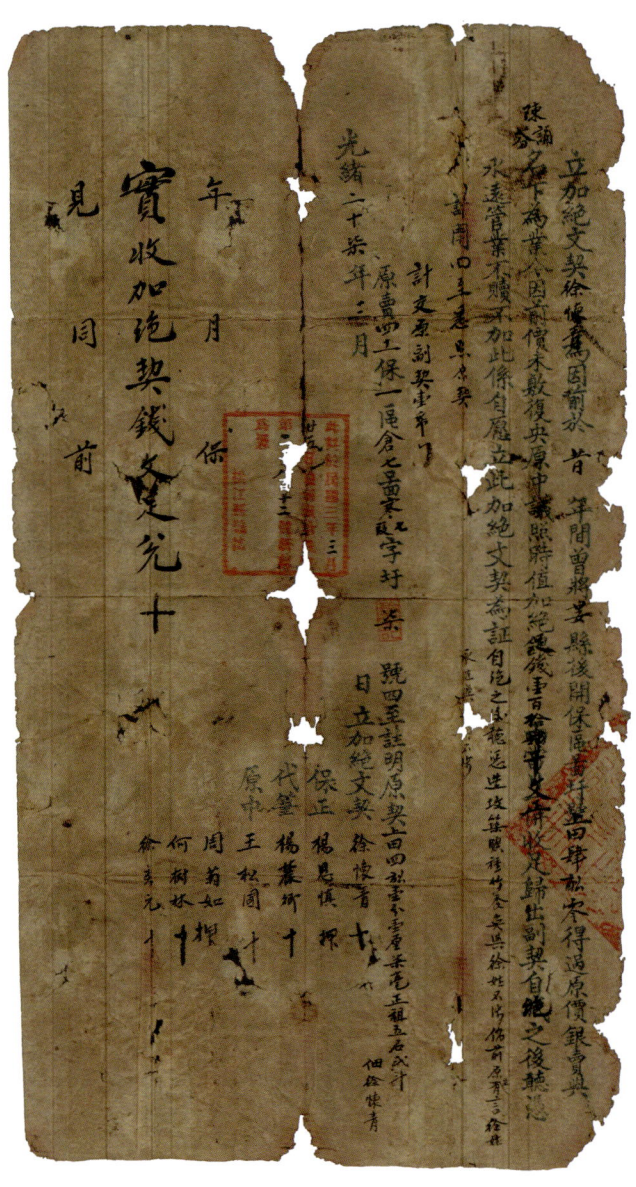

光绪二十七年（1901）
徐怀青加绝文契

Supplementary Agreement for Selling Land of Xu Huaiqing in the 27th year of Guangxu, Qing Dynasty (1901A.D.)

尺寸：长48厘米 宽26厘米
地点：江苏，松江

立加绝文契徐怀青，为因前于昔年间曾将娄县后开保区图圩号上田四亩零得过原价银卖与陈诵芬名下为业，令因前价未敷，复央原中议照时值加绝银足钱壹百拾肆千文正，当日一并收足归出副契。自绝之后，听凭永远管业，不赎不加。此系自愿，立此加绝文契为证。自绝之后听凭造坟筑圹种竹养鱼，与徐姓不涉。倘前原主有言，徐姓承值，与□□不涉。

  计开：四至悉照原契。
  计交原副契壹纸。
  原卖四十一保一区仓七图寒七段字圩柒号四至注明原契上田四亩壹分壹厘柒毫正，租五石贰斗。佃徐怀青。
光绪二十七年三月日立加绝文契徐怀青（押）
  保正 杨恩慎（押）
  代笔 杨历卿（押）
  原中 王松圃（押） 周菊如（押）
     何树林（押） 徐秀元（押）
  年 月 保
  实收加绝契钱文足兑（押）
  见 同 前。

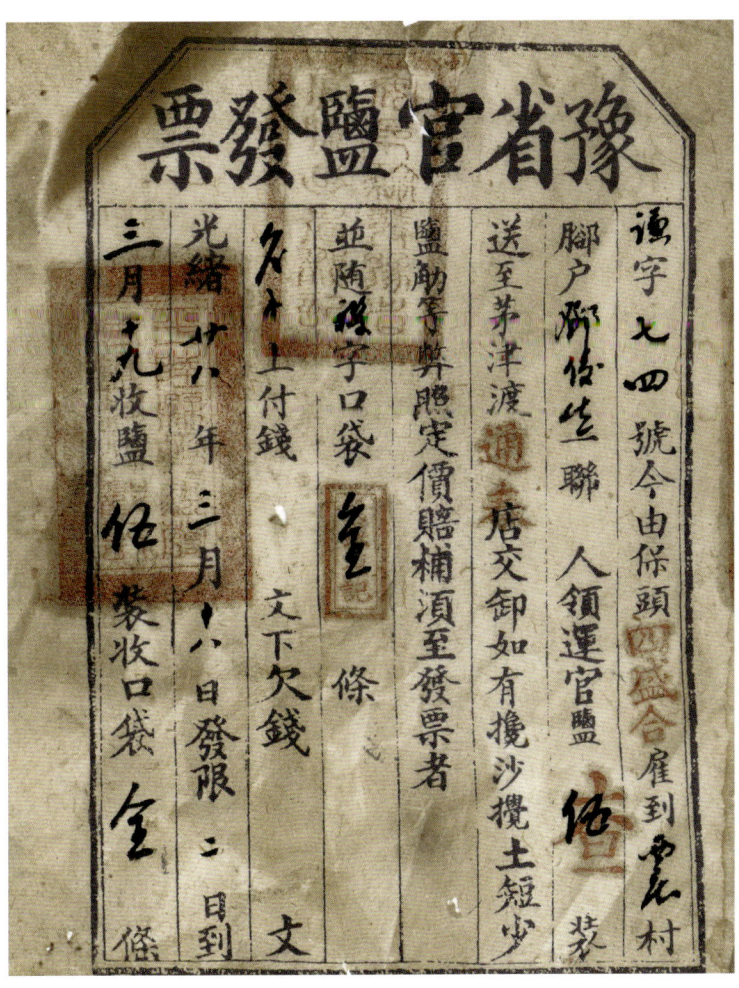

光绪二十八年（1902）四盛合豫省官盐发票
Si Shenghe's Official Certificate of Salt of Henan Province in the 28 year of Guangxu, Qing Dynasty (1902A.D.)

尺寸：长 19.5 厘米　宽 26 厘米
地点：河南，平陆

　　豫省官盐发票
谦字七四号，今由保头四盛合雇到西庄村脚户邓俊生一联人领运官盐伍装送至茅津渡通春店交卸，如有挍沙搅土短少盐觔等弊，照定价赔补。须至发票者。
　　并随禄字口袋□条。□上付钱　　文下欠钱　　文。
光绪廿八年三月十八日发限二日到三月十九收盐伍装收口袋□条。

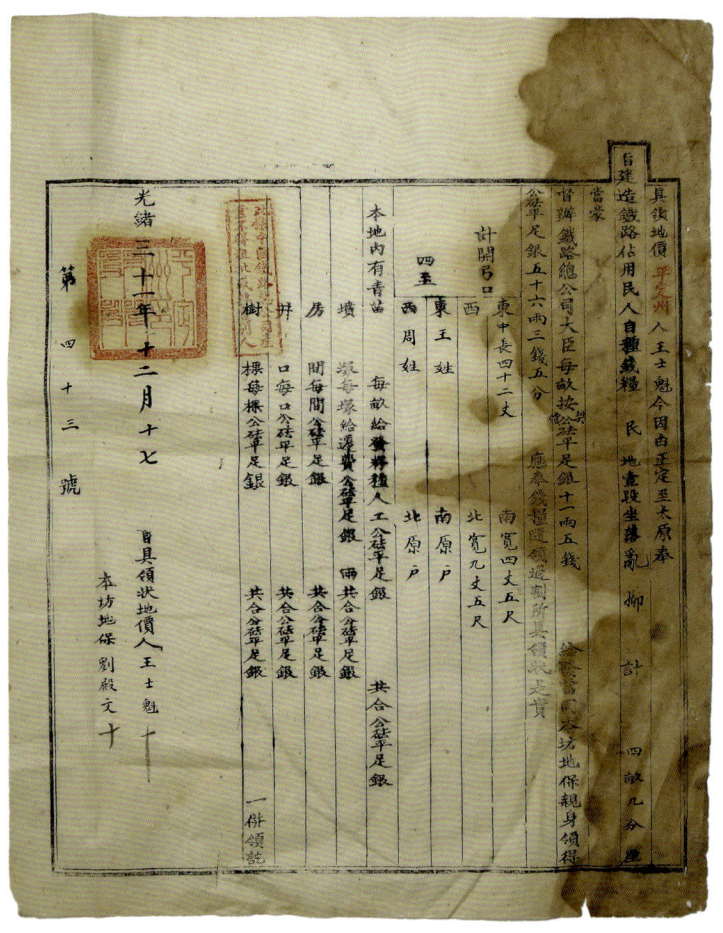

光绪三十一年（1905）王士魁领地价银状

Deed for Receiving Land Price of Wang Shikui
in the 31 year of Guangxu, Qing Dynasty (1905A.D.)

尺寸：长 43 厘米　宽 54 厘米
地点：山西，平定

具领地价平定州人王士魁，今因由正定至太原奉旨建造铁路占用民人自种钱粮民地壹段，坐落乱柳，计四亩九分厘。当蒙督办铁路总公司大臣每亩按契价公砝平足银十一两五钱给发。当同本坊地保亲身领得公砝平足银五十六两三钱五分。应奉钱粮随领过割。所具领状是实。

　　计开：弓口　东中长四十二丈　南宽四丈五尺　西　北宽九丈五尺。四至：东王姓，南原户，西周姓，北原户。
　　本地内有青苗，每亩给发籽种人工公砝平足银，共合公砝平足银。
　　　　坟冢每冢给迁费公砝平足银两，共合公砝平足银。房间每间公砝平足银，共合公砝平足银。
　　　　井口每口公砝平足银，共合公砝平足银。树棵每棵公砝平足银，共合公砝平足银。
　　一并领讫。

光绪三十一年十二月十七日具领状地价人　王士魁（押）
　　　　　　　　　　　　本坊地保　刘殿文（押）
　　第四十三号。
　　（加盖：平定州印）

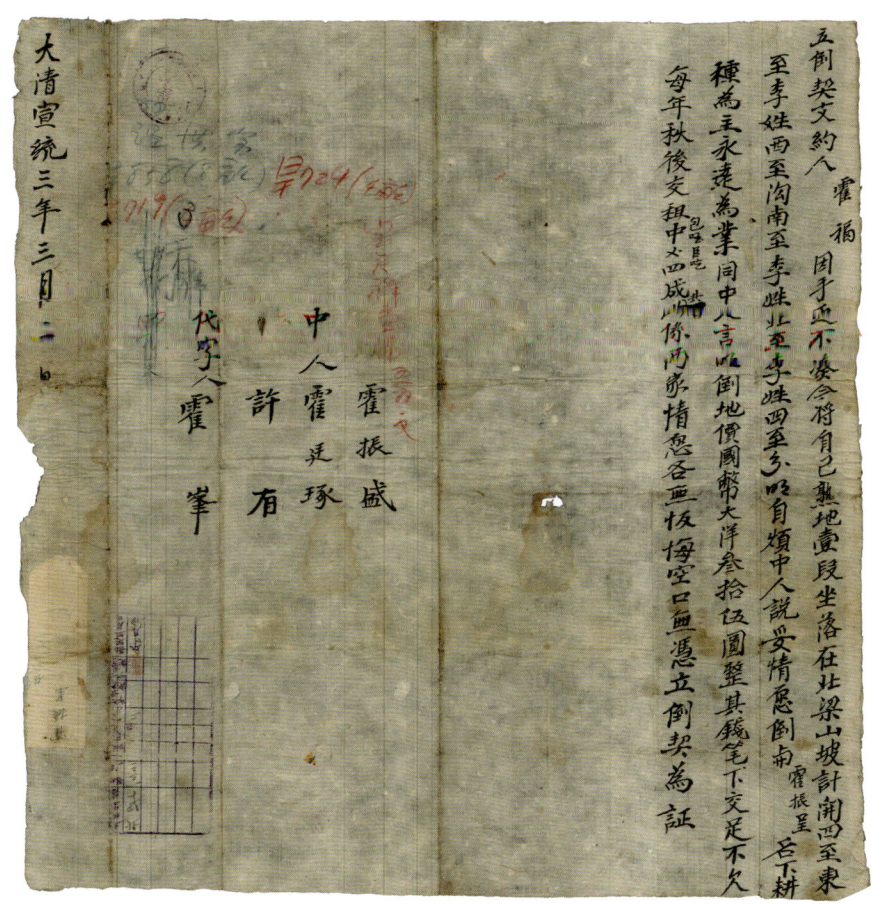

宣统三年 (1911) 霍福倒契

Deed for Reselling Land of Huo Fu in the 3rd year of Xuantong, Qing Dynasty (1911A.D.)

尺寸：长 49 厘米　宽 51 厘米
地点：不详

立倒契文约人霍福，因手乏不凑，今将自己熟地壹段，坐落在北梁山坡，计开四至：东至李姓、西至沟、南至李姓、北至李姓，四至分明，自烦中人说妥，情愿倒与霍振呈名下耕种为主，永远为业。同中人言明倒地价国币大洋叁拾伍元整。其钱笔下交足不欠。每年秋后交租（包国臣吃）中钱四成（共一百）。此系两家情愿，各无反悔。空口无凭，立倒契为证。

　　中　人　霍振盛　霍廷琢　许有
　　代字人　霍峯
大清宣统三年三月二日。

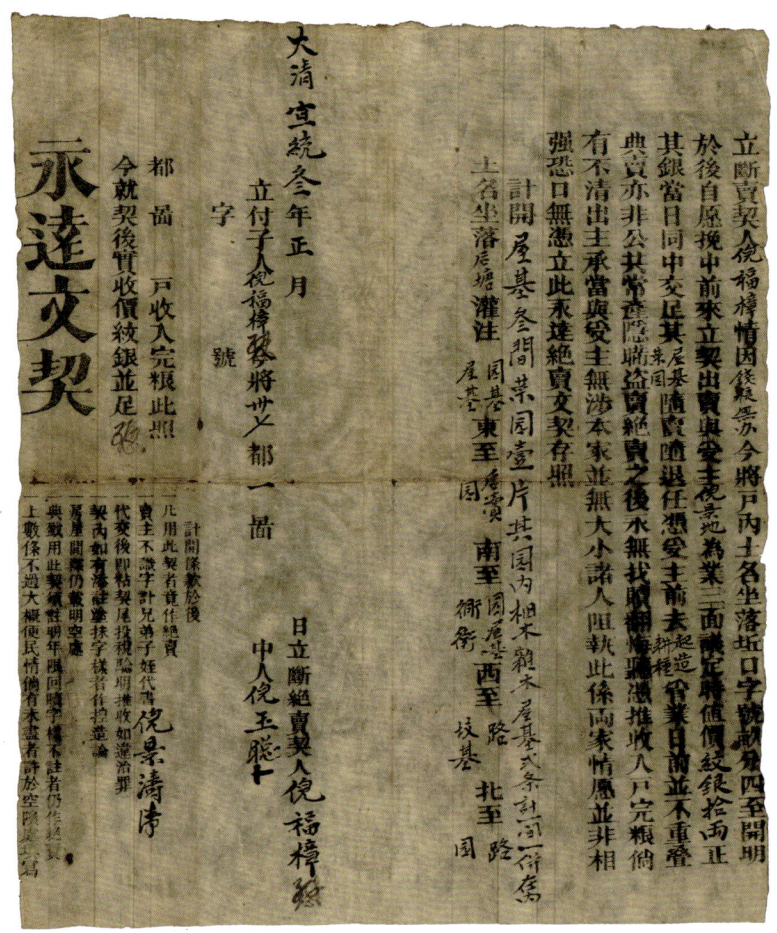

宣统三年 (1911) 倪福樟卖屋契

Deed for Selling Room of Ni Fuzhang in the 3rd year of Xuantong, Qing Dynasty (1911A.D.)

尺寸：长 37 厘米　宽 45 厘米
地点：不详

立断卖契人倪福樟，情因钱粮无办，今将户内土名坐落垢口字号亩分四至开明，于后自愿挽中前来立契，出卖与受主倪景地为业。三面议定时值价纹银拾两正。其银当日同中交足，其屋基菜园随卖随退，任凭受主前去起造耕种管业，日前并不重叠典卖，亦非公共常产隐瞒盗卖。绝卖之后，永无找赎翻悔，听凭推收入户完粮。倘有不清，出主承当，与受主无涉。本家并无大小诸人阻执。此系两家情愿，并非相强，恐口无凭，立此永远绝卖文契存照。

　　计开：屋基三间，菜园一片。其园内柚木杂木屋基二条计一间一并在内。

　　土名坐落后塘灌注园基屋基，东至后渎园，南至园屋基衙街，西至路坟基，北至路园。

大清宣统三年正月　　日立断绝卖契人倪福樟（押）。

　　立付子人倪福樟（押）今将卅七都一图　中人倪玉聪（押）。

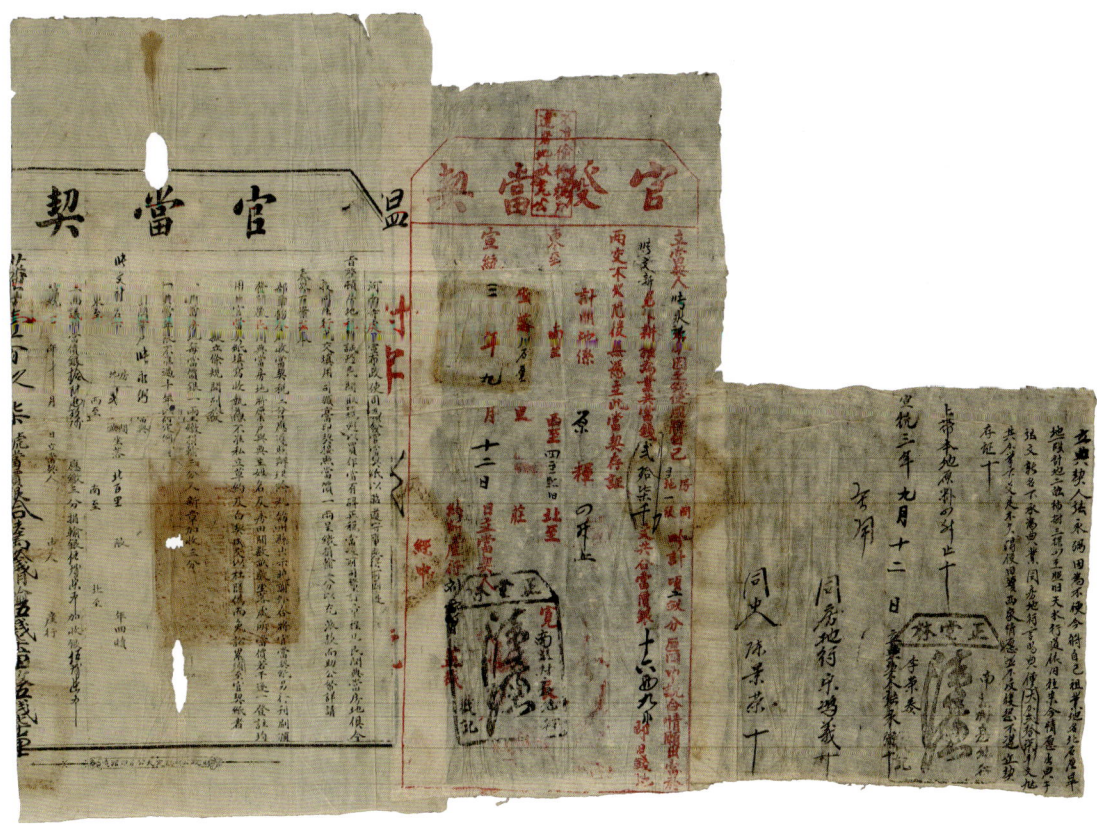

宣统三年（1911）张永弼官当契连三契

Official Pawn Deed for Selling Land of Zhang Yongbi
in the 3rd year of Xuantong, Qing Dynasty (1911A.D.)

尺寸：长 72 厘米　宽 51 厘米
地点：不详

　　官发当契
立当契人张永弼，今因乏钱使用，将自己旱地一段畛计　顷二亩　分　厘同中说合，情愿出当与张文新名下耕
种为业，共当钱贰拾柒千文，共合当价银十六两九钱，即日钱地两交不欠。恐后无凭，立此当契存证。
　　计开，地系原粮四升正。
　　东至　南至　西至　北至四至照旧。　宽　长。
　　坐落　北石厘　庄。
宣统三年九月十二日立当契人
　　约所产行　刘□□（章）。
　　经中。
　　典契（略）
　　官当契（略）

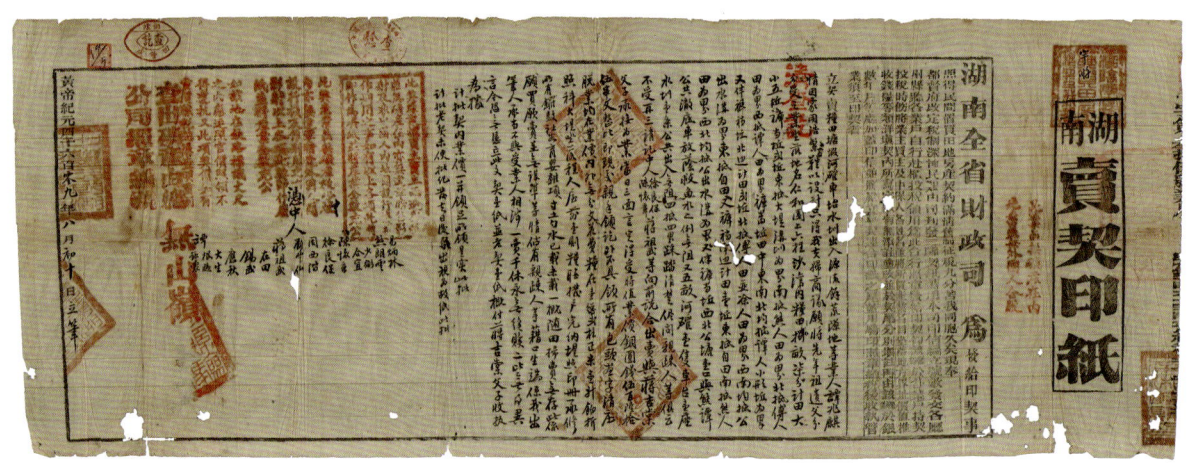

皇帝纪元四千六百零九年(1911) 谭兆麟卖粮田契

Deed for Selling Land of Tan Zhaoling
in the 3rd year of Xuantong, Qing Dynasty (1911A.D.)

尺寸：长 86 厘米 宽 31 厘米
地点：湖南，湘阴

  湖南卖契印纸

  湖南全省财政司为发给印契事。照得民间置买田地房产契约，满清旧制征税九分，苦我同胞久矣。现奉都督府改定税制，深恤民艰，由司刊发三联契纸，盖用本司印信，编立号数，发交各厅州县，听各业户自行赴柜投税领用。为此合行照章发给印契，仰该□于各业户持契投税时，饬将业主买主及中保人各姓名并将所买产业名目坐落地方界址价值推收钱粮等类详填契内，所写□□有无添注涂改，并于契尾分别填注，再由该□于银数年月等处加盖印信，并将原立草契连合印纸之尾盖用骑印，照章纳税后收执管业，须至印契者。

  立契卖粮田塘塅河管车垱水圳出入源流余荒隙地等业人谭兆麟，情因家用浩繁难以设计，只得我夫妇商议，愿将先年祖遗父分受之业，坐落地名仁和园上六柱沙湾内粮田捌亩柒分，计田大小五坵裤当坵二坵，东抵大堤沟圳为界，南抵熊人田为界，北抵傅人田为界，西抵谭人田为界。裤当坵田中，东南北均抵谭人小形坵为界，又半裤裆坵北边，计田二坵，北抵傅人田并涂人田为界，西南均抵公出水沟为界，东抵自田，又裤裆南边计田一坵，东抵自田，南抵熊人田为界，西北均抵公出水沟为界，又伴裤当坵西北公塘一口，与熊谭公共澈底车放荫救鱼水二例无阻，又五亩河管一只，车台一座，水圳一条，公共出入无阻。四抵四界，踩踏清楚，尽问亲踈人等俱云不受，再三请托中人徐良宝、陈怀章、蒋祖武等向前说合，出卖与蒋吉棠父子承接为业。当日三面言定得受时值业价铜元钱伍百陆拾伍串文整，此即现交亲手领讫，外不俱领。所有包头画字清庄脱业均在业价内，外无分文花费。粮在一总二柱正米壹升饷折照科。大堤坐落程人屋前，壹则粮□拔户完纳，堤照印册承修。所有锣鼓社□育婴杂项寸土勺水已载未载，一概随田扫卖无存。此系愿买愿卖，并无谋准等情。倘有亲疏人等藉口生端，系我出笔人承当，不与受业人相涉。一卖千休，永无续赎二比，无得异言。今恐无凭，立此文契一纸并老契一纸概付蒋吉棠父子收执为据。

    计批，契内业价一并领足，所领是实，此批。

    计批，老契未便批记业去，日后寻出视为故纸，此批。

    凭中人 易炳林 熊朗云 熊少弼 熊合宜 陈怀康 徐良宝 周西阶

        刘中仙 蒋祖武 蒋在田 蒋锡武 蒋应秋 蒋大生 谭根飚 谭泳裳

皇帝纪元四千六百零九年八月初十日立笔。

第二篇 民国契约

鸦片战争之后，西学开始东渐。清末新政之后，西式新学中的制度成分开始落地生根。契约制度作为民法学中债法的重要内容开始在中国谱写新的篇章。中国传统契约在这个阶段，也开始了自己高效的转型之路。从民国契约实物看，这一时期的契约发展有以下几个特点：第一，传统契约文本在原有私契行为范围内得到了延续使用，比如买卖、租赁、典当，以及婚姻、分家和继承等领域。第二，在新兴的实业和服务业领域，西式契约文本得到了填补空白式的应用，比如银行业契约。第三，中国的契约精神开始按照西式典范重新塑造。民国时期，法律届精英们的主要工作追求就是制订中国的六法全书，并于民国末期完成。与此过程相伴，西式的平等、自愿、等价有偿、公序良俗等契约精神开始重塑中国的契约精神。由于以上契约精神与新的社会制度需求相吻合，并且与传统契约制度强调『白纸黑字』的信用精神不相矛盾，外加司法制度的整体保证，它们很快就融入到中国的契约生活中去了。

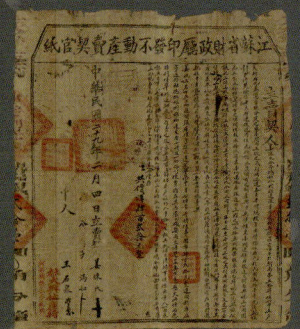

DEEDS IN THE REPUBLIC OF CHINA

After the Opium War, Western learning began to spread in China. After the New Deal in the late Qing Dynasty, the system features in new Western learning began to take root in China. As an important content of the Civil Law on debt, the contract system began a new chapter in its history of evolution. At this stage, traditional Chinese deeds also underwent efficient transformation, with the following characteristics. First, the traditional contract text continued to be used in the sphere of preparing private deeds, such as the sale, lease, pawn, marriage, separation and inheritance. Second, in the emerging fields of industry and services, such as banking, Western practice of "fill in the blanks" in the contract forms was adopted. Third, the emerging spirit of contracting in China was shaped in conformity with the Western-style model. In the period of the Republic of China, a main task of the legal elite was to formulate the Six Laws of China; these were finished by the end of the Republic of China era. Meanwhile, the concepts of equality, voluntary action, equivalence and compensation, public order and good norms began to shape the contract spirit in China. The contract spirit soon took root in China because it coincided with the demand of the new social system, and was consistent with the traditional contract system with its emphasis of trustworthiness ("black words on white paper"), along with the overall guarantee of the judicial system.

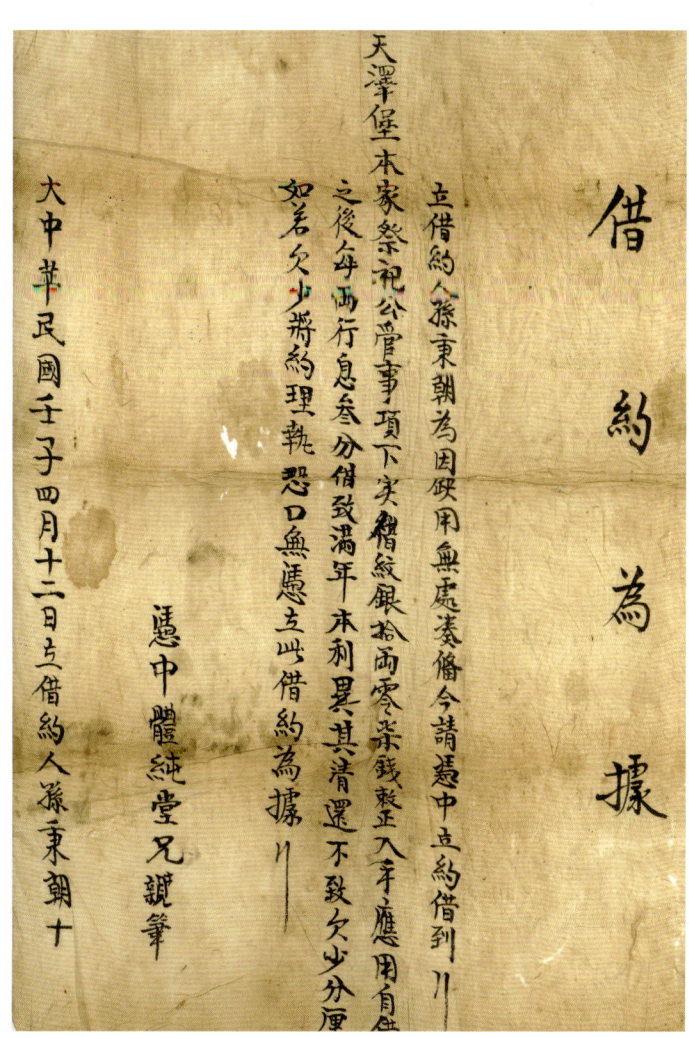

民国壬子年（1912）孙秉朝借约

Deed for Borrowing of Sun Bingchao in the 1st year of the Republic of China (1912A.D.)

尺寸：长 36 厘米　宽 49 厘米
地点：云南，蒙化

借约为据

立借约人孙秉朝，为因缺用无处凑备，今请凭中立约，借到天泽堡本家祭祀公管事项下，实借纹银拾两零柒钱整入手应用。自借之后每两行息叁分，借致满年，本利（异其）[一起]清还，不致欠少分厘。如若欠少，将约理执。恐口无凭，立此借约为据。

凭　中　体纯堂兄亲笔
大中华民国壬子四月十二日立借约人孙秉朝（押）

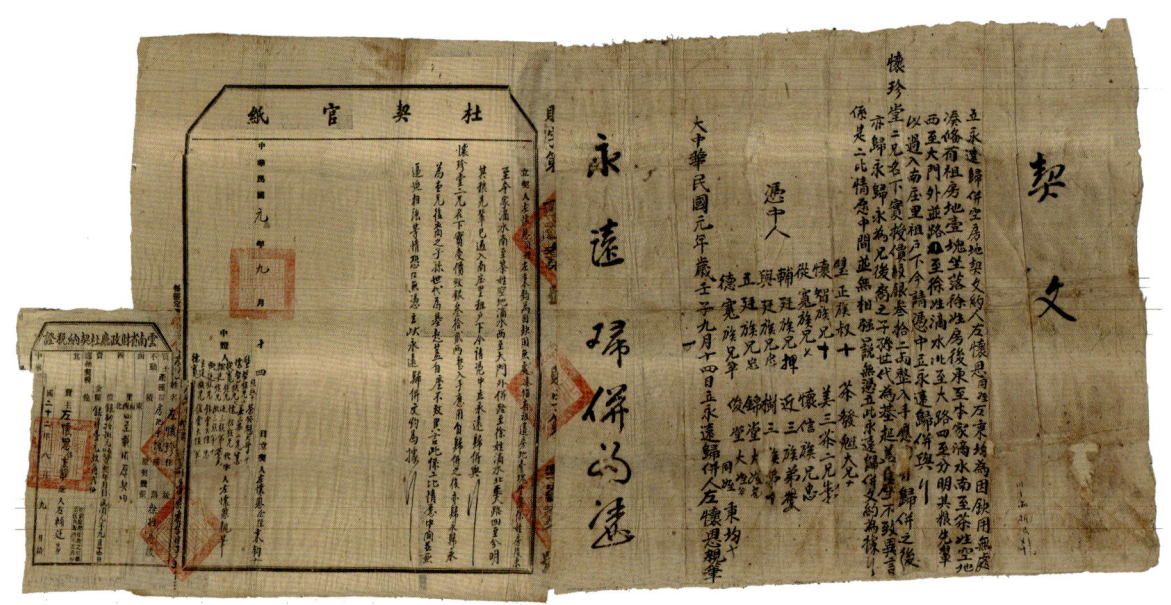

民国元年（1912）左怀恩归并空房地连三契

Deed for Returning Housing Land of Zuo Huaien
in the 1st year of the Republic of China (1912A.D.)

尺寸：长 109 厘米　宽 51 厘米
地点：云南，蒙化

契文

立永远归并空房地契文约人左怀恩同侄左秉均，为因缺用无处凑备，有祖房地一块坐落徐姓房后，东至本家滴水，南至茶姓空地，西至大门外并路至徐姓滴水，北至大路，四至分明。其粮先辈以过入南庄里祖户下。今请凭中立永远归并与怀珍堂二兄名下，实授价纹银叁拾二两整入手应用。自归并之后亦归永归永为兄后裔之子孙世代为基，起盖自座，不致异言。系是二比情愿，中间并无相强。口说无凭，立此永远归并文约为据。

凭中人　壁正族叔（押）　茶发魁大兄（押）　怀智族兄（押）　姜三茶二兄（押）　从宽族兄（押）
　　　　怀信族兄（押）　辅廷族兄（押）　近三族弟（押）　与廷族兄（押）　树三族弟（押）
　　　　立廷族兄（押）　锦堂大姪（押）　德宽族兄（押）　俊堂大姪（押）

大中华民国元年岁壬子九月十四日立永远归并人左怀恩亲笔　同姪秉均（押）。

　　永远归并为凭。

　　杜契官纸（略）

　　云南省财政厅杜契纳税证（略）

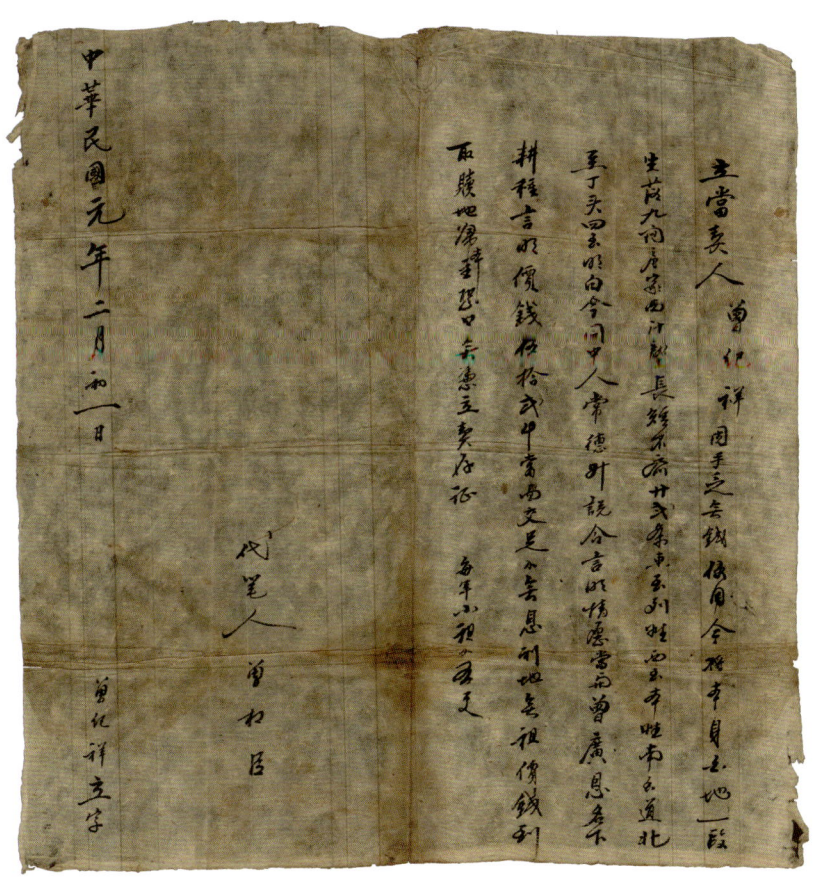

民国元年（1912）曾纪祥当契

Deed for Pawning Land of Zeng Jixiang in the 1st year of the Republic of China (1912A.D.)

尺寸：长 48 厘米　宽 50 厘米
地点：不详

立当契人曾纪祥，因手乏无钱使用，今将本身□地一段坐落九间房家西，计垄长短不齐廿二条，东至刘姓，西至水处，南至道，北至丁头，四至明白。今同中人常德升说合言明，情愿当与曾广恩名下耕种。言明价钱伍拾贰千，当面交足。钱无息利，地无租价。钱到取赎，地归本主。恐口无凭，立契存证。每年小租钱五文。
　　代笔人　曾相臣
中华民国元年二月初一日　曾纪祥立字。

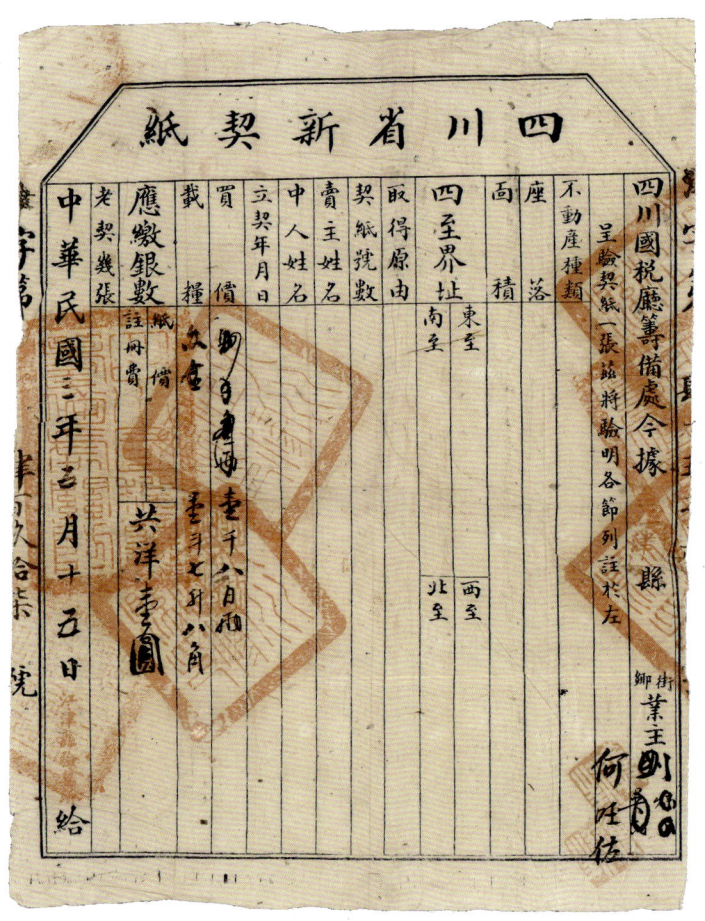

民国三年（1914）何国佐新契纸

New Deed of He Guozuo in the 3rd year of the Republic of China (1914A.D.)

尺寸：长23厘米 宽30厘米
地点：四川，江津

四川省新契纸

四川国税厅筹备处，今据　县　乡（街）业主何国佐呈验契纸一张，兹将验明各节列注于左：
　　（座落、四至等表格内容略）
　　买价　　壹千八百两
　　载粮　　壹斗七升八角
　　应缴银数　　纸价、注册费　共洋壹元
中华民国三年正月十五日 江津县验契所给。
　　（加盖：四川江津县印）

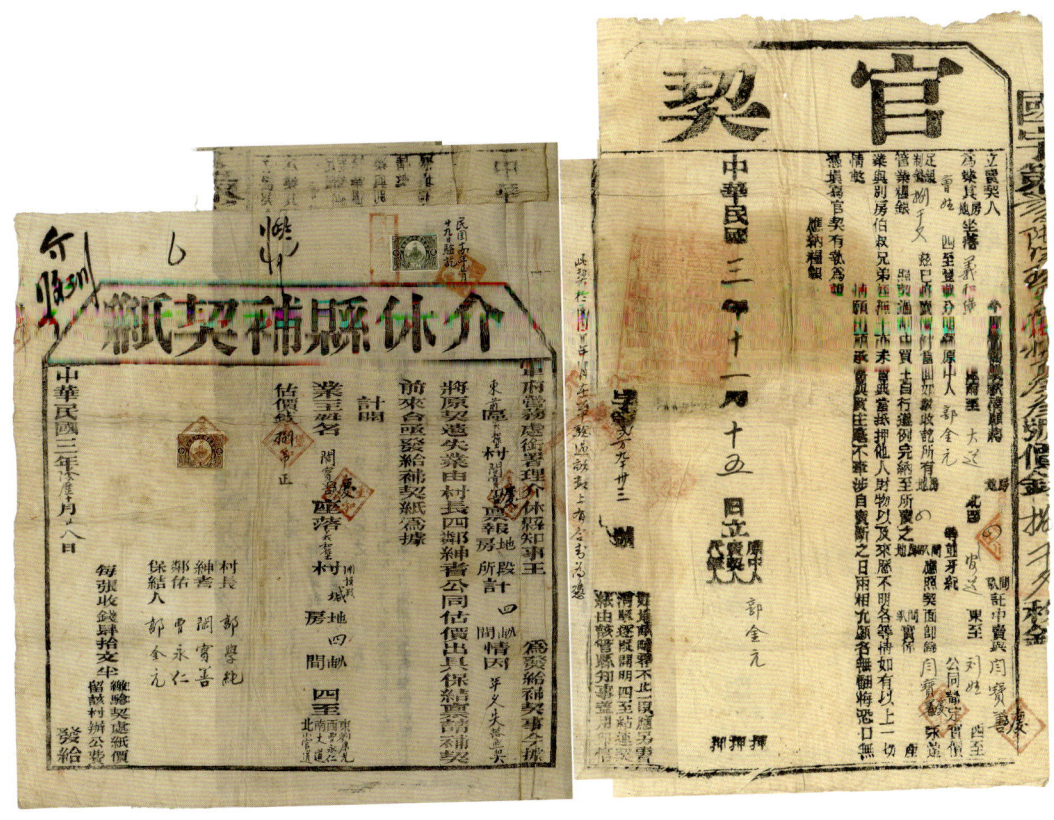

民国三年（1914）阎宝庆补契纸连三契

Supplementary Deed of Yan Baoqing in the 3rd year of the Republic of China (1914A.D.)

尺寸：长 68 厘米　宽 52.5 厘米
地点：山西，介休

介休县补契纸

军府营务处衔署理介休县知事王。　为发给补契事。今据东前区义和堡村阎宝庆禀报地段计四亩，情因年久失落旧契，将原契遗失。业由村长四邻绅耆公同估价出具保结，禀请补契前来，合亟发给补契纸为据。

计开：

业主姓名：阎宝庆。　　　库海，义和堡村。　　　城地，四亩。

四至：东刘康见，西曹永仁，南人道，北小宫道。

估价：钱捌吊正。

　　　村长　郭学纯　　　绅耆　阎宝善　　　邻佑　曹永仁　　　保结人　郭金元。

　　　每张收钱肆拾文半　缴验契处纸价　留该村办公费。

中华民国三年阴历十月廿八日　发给。

官契（略）

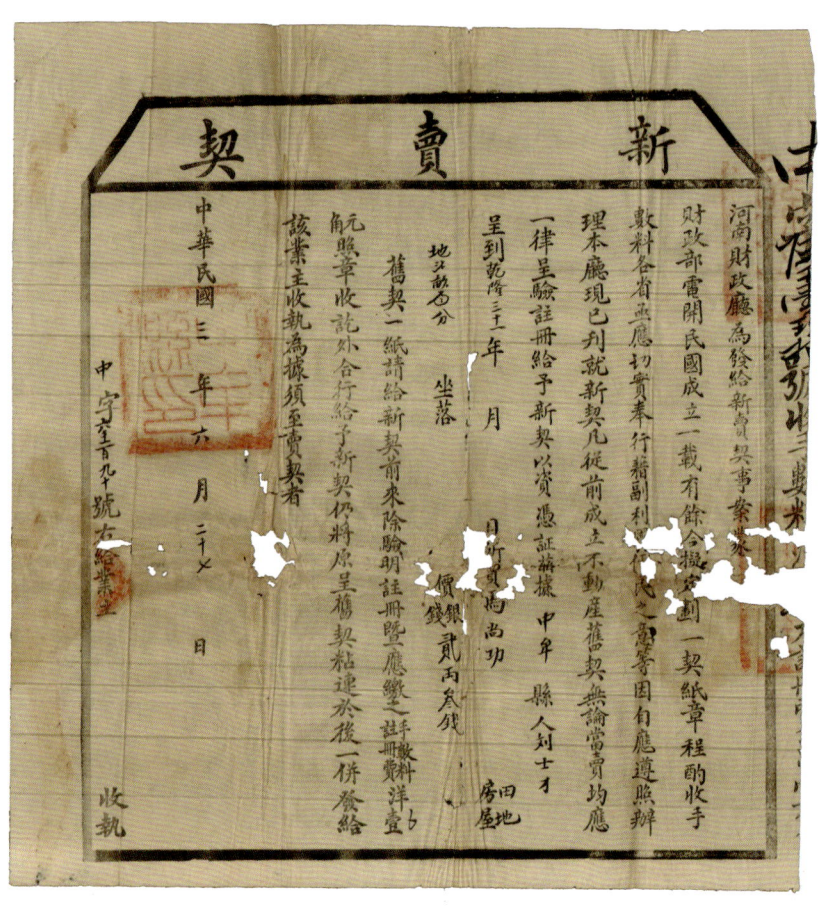

民国三年（1914）刘士才新卖契

New Selling Deed of Liu Shicai in the 3rd year of the Republic of China (1914A.D.)

尺寸：长 32 厘米　宽 33 厘米
地点：河南，中牟

新卖契

河南财政厅为发给新卖契事。案蒙财政部电开。民国成立一载有余，今拟定划一契纸章程，酌收手数料，各省亟应切实奉行，藉副利国便民之意等因。自应遵照办理。本厅现已刊就新契，凡从前成立不动产旧契，无论当卖均应一律呈验注册给予新契，以资凭证。兹据。中牟县人刘士才呈到乾隆三十一年　月　日所买马尚功田地，地七亩0分。坐落。价银钱贰两叁钱。旧契一纸。请给新契前来。除验明注册暨应缴之手数料注册费，洋零元壹角照章收讫外，合行给予新契。仍将原呈旧契粘连于后，一并发给该业主收执为据。须至卖契者。

中华民国三年六月二十七日。

中字六千一百九十号右给业主　收执。

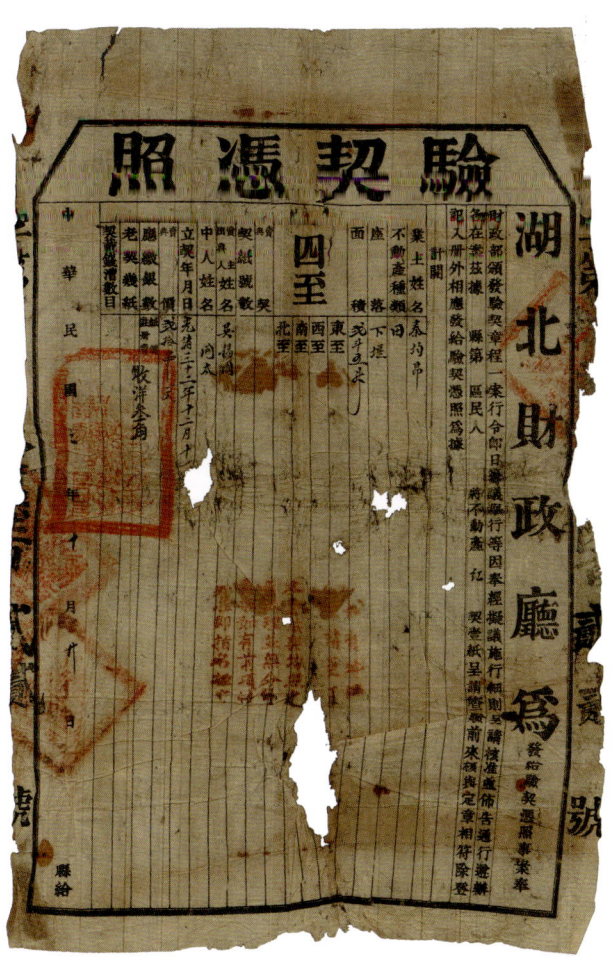

民国三年（1914）
秦均昂户验契凭照

Certificate of Certifying Deed of Qing Junang in the 3rd year of the Republic of China (1914A.D.)

尺寸：长 30 厘米　宽 47 厘米
地点：湖北

验契凭照
湖北财政厅为发给验契凭照事。案奉财政部颁发验契章程一案，行令即日筹议举行等因。奉经拟议施行细则，呈请核准并布告通行遵办。各在案。兹据　县第　区民人　将不动产红契一纸呈请查验，前来核与定章相符除登记入册外相应发给验契凭照为据。

　　计开：

　　业主姓名：秦均昂

　　不动产种类：田

　　坐落：下堰

　　面积：贰斗五升

　　（四主、卖契契纸号数略）

　　卖主、出典人姓名：吴杨国

　　中人姓名：开太

　　立契年月日：光绪三十二年十二月十一日

　　卖价：贰拾串文

　　纸价、注册费：收洋叁角

中华民国三年十月廿日　县给。

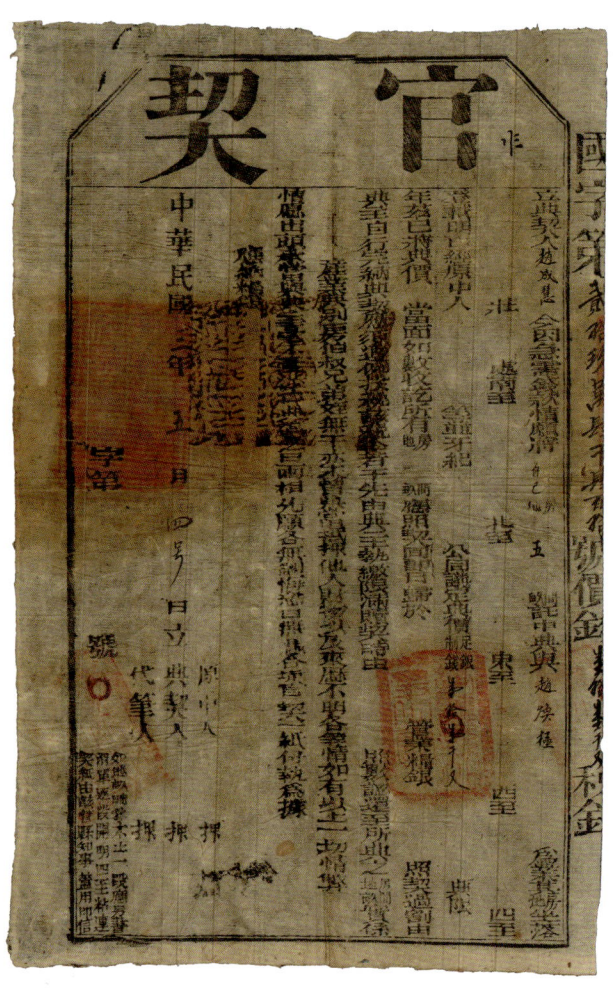

民国三年（1914）赵成慧典地契

Deed for Pawning Land of Zhao Chenghui in the 3rd year of the Republic of China (1914A.D.)

尺寸：长 32 厘米　宽 51 厘米
地点：不详

　　官契
立典契人赵成慧，今因急需钱款，情愿将自己地五亩托中典与赵焕极为业。其地坐落　庄处，南至　北至　东至　西至，四至登载明白。经原中人　等并牙纪　公同议定典价制钱壹拾壹千文，典限　年。兹已将典价　当面如数收讫。所有地亩应照契同即日归于　管业，粮银照契过割由典主自行完纳。典契应须遵例投税。该税金若干先由典主执缴，限满赎契时由　照数认还。至所典之地亩，实系　产业，与别房伯叔兄弟姪无干，亦未曾典当抵押他人财物以及来历不明各等情。如有以上一切情弊，　情愿出头承当，与典主毫不牵涉。自典之日，两相允愿，各无翻悔，恐口无凭，合填官契一纸，付执为据。

　　应纳粮银。
中华民国三年五月四号日立
　　原中人　（押）
　　典契人　（押）
　　代笔人　（押）
　　字第　号。

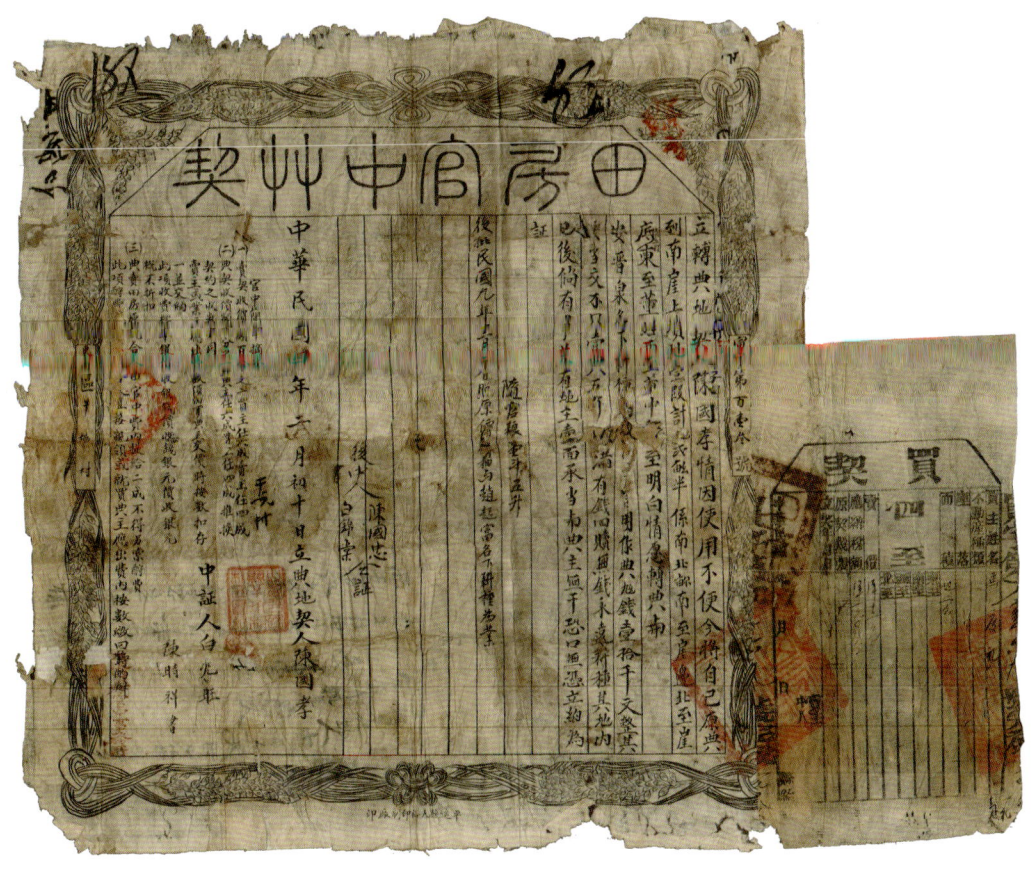

民国四年（1915）陈国孝转典地连二契

Transferred Mortgage Deed of Chen Guoxiao in the 4th year of the Republic of China (1915A.D.)

尺寸：长 51 厘米　宽 40 厘米
地点：山西，平遥

田房官中草契

立转典地契人陈国孝，情因使用不便，今将自己原典到南崖上坟地一段计地二亩半，系南北亩，南至崖边、北至崖底、东至董姓、西至董中口口，四至明白。情愿转典与安晋泉名下耕种口。言明作典价钱壹拾千文整，其口当交不欠，一典五年，口满有钱回赎，无钱永远耕种。其地内已后倘有争差，有地主一面承当，与典主无干。恐口无凭，立约为証。

随官粮一斗五升。

后批，民国九年十二月二十八日照原价口口与赵起富名下耕种为业。

后中人　陈国忠　白锦棠　仝証

中华民国四年二月初十日立典地契人　陈国孝
中证人　白允旺
陈时祥书

买契（略）

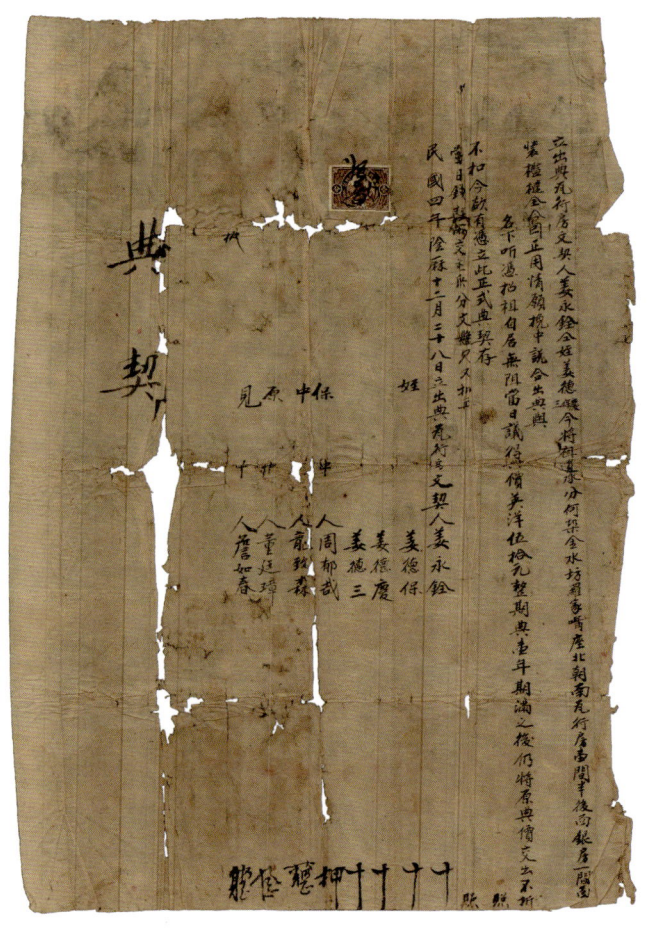

民国四年（1915）
姜永铨出典瓦行房契

Deed for Pawning Tile-roofed House of Jiang Yongquan in the 4th Year of the Republic of China (1915A.D.)

尺寸：长 32 厘米　宽 46 厘米
地点：不详

立出典瓦行房文契人姜永铨仝姪姜德保、姜德庆、姜德三，今将祖遗承分何垛金水坊罗家嘴座北朝南瓦行房一间半，后面银房一间，面装槛楗全。今因正用，情愿挽中说合出典与　名下听凭招租自居无阻，当日议得典价英洋伍拾元整，期典一年，期满之后，仍将原典价交出，不折不扣。今欲有凭，立此正式典契存照。

　　当日钱契两交，并无分文悬欠又扣，再照。

民国四年阴历十二月二十八日立出
典瓦行房文契人　姜永铨
　　　　　姪　姜德保（押）
　　　　　　　姜德庆（押）
　　　　　　　姜德三（押）
　　　保中人　周郁哉（押）
　　　中　人　龙致森（押）
　　　原中人　董廷璋（押）
　　　见中人　詹如春（押）
　　　典契

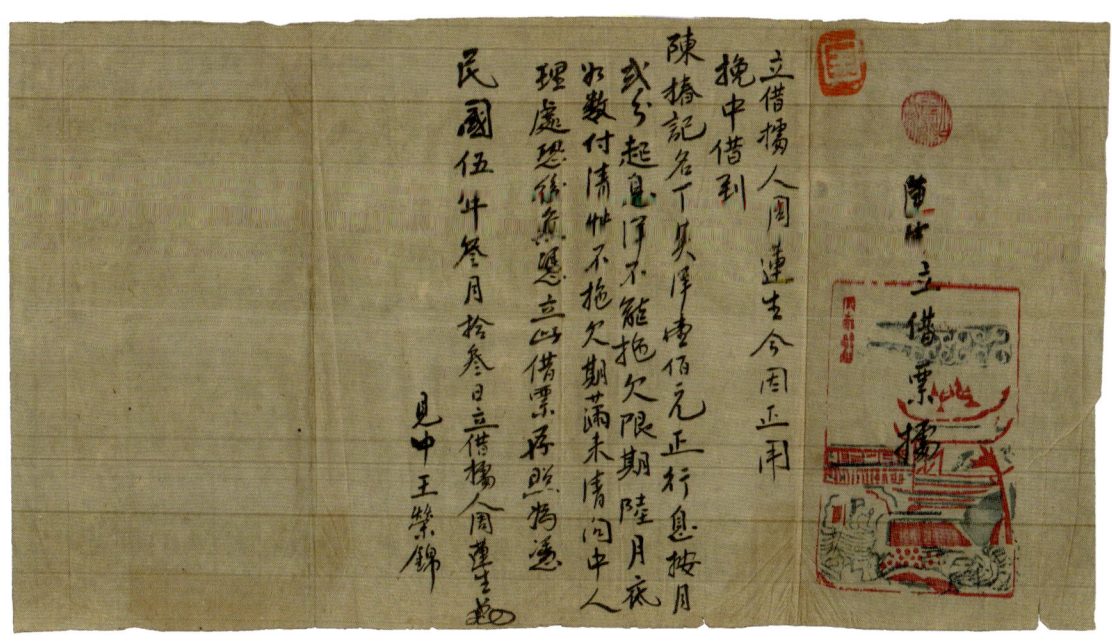

民国五年（1916）周莲生借据

Borrowing Note of Zhou Liansheng in the 5th Year of the Republic of China (1916A.D.)

尺寸：长 43 厘米　宽 23 厘米
地点：不详

莲生立借票据

立借据人周莲生，今因正用，挽中借到陈椿记名下英洋壹佰元正，行息按月二分起息。洋不能拖欠，限期六月底如数付清，决不拖欠。期满未清，问中人理处。恐后无凭，立此借票存照为凭。
民国五年叁月拾叁日立借据人　周莲生（押）
　　　　　　　见　中　王荣锦

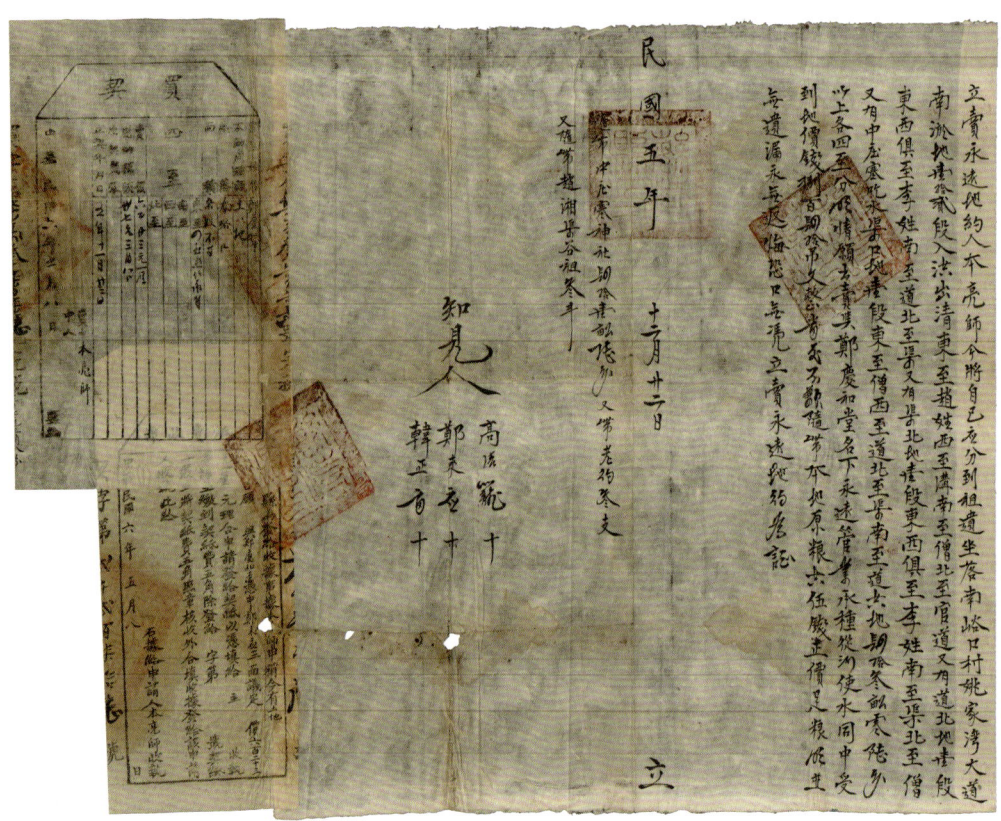

民国五年（1916）本亮师卖地连二契

Deed for Selling Land of Ben Liangshi in the 5th Year of the Republic of China (1916A.D.)

尺寸：长59厘米　宽43厘米
地点：山西，繁峙

立卖永远地约人本亮师，今将自己应分到祖遗坐落南峪口村姚家湾大道南淤地壹拾贰段入洪出清，东至赵姓，西至沟，南至僧，北至官道。又有道北地壹段，东西俱至李姓，南至道，北至渠。又有渠北地壹段，东西俱至李姓，南至渠，北至僧。又有中庄塞吃水渠口地壹段，东至僧，西至道，北至渠，南至道。共地肆拾叁亩零陆分，以上各四至分明。情愿出卖与郑庆和堂名下永远管业承种，从河使水。同中受到地价钱捌百肆拾吊文整，当交不欠。随带本地原粮共伍钱正。价足粮明，并无遗漏，永无返悔。恐口无凭，立卖永远地约为证。

民国五年十二月廿二日立

　　随带中庄塞神社肆拾叁亩陆分，又带老约叁支又随带赵湘渠谷租叁斗。

　　知见人　高清笼（押）　郑来应（押）　韩正富（押）。

　　买契（略）

　　（加盖：繁峙县印）

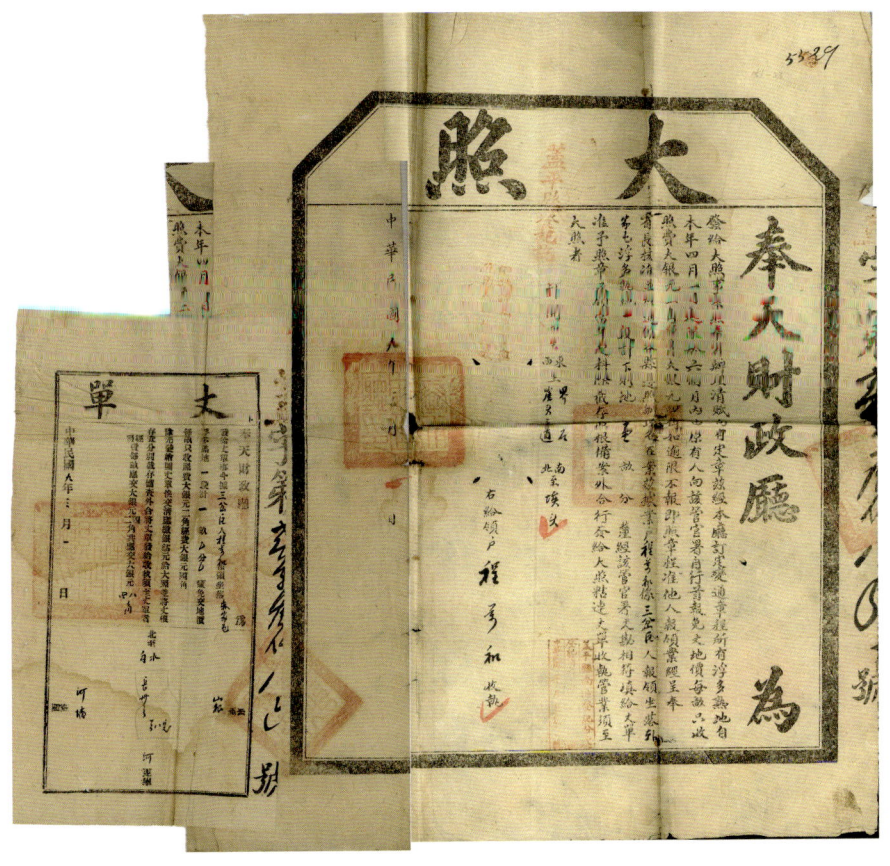

民国九年（1920）程万和大照

Big Certificate of Cheng Wanhe in the 11th year of the Republic of China (1920A.D.)

尺寸：长 54.5 厘米　宽 53.5 厘米
地点：奉天

　　大照

奉天财政厅为发给大照事。案照奉省办理清赋，向有定章。兹经本厅订定变通章程，所有浮多熟地自本年四月一日起，限于六个月内由原有人向该管官署自行首报免丈地价。每亩只收照费大银元二角，经费大银元四角。如逾限不报，即照章程准他人报领。业经呈奉省长核准，并经通饬各县遵照办理。各在案。兹据业户程万和，系三岔区人，报领举落韩家屯浮多熟地一段，计下则地壹亩　分　厘。经该管官署丈勘相符，填给丈单，准予照章承领，当年起科。除截存照根备案外，合行发给大照粘连丈单收执管业，须至大照者。

　　　　　　　东　界　石　南
　　计开四至　　至　　　　至　埃头
　　　　　　　西　崖头毛道　北

　　右给领户　程万和　收执

中华民国九年三月　日。

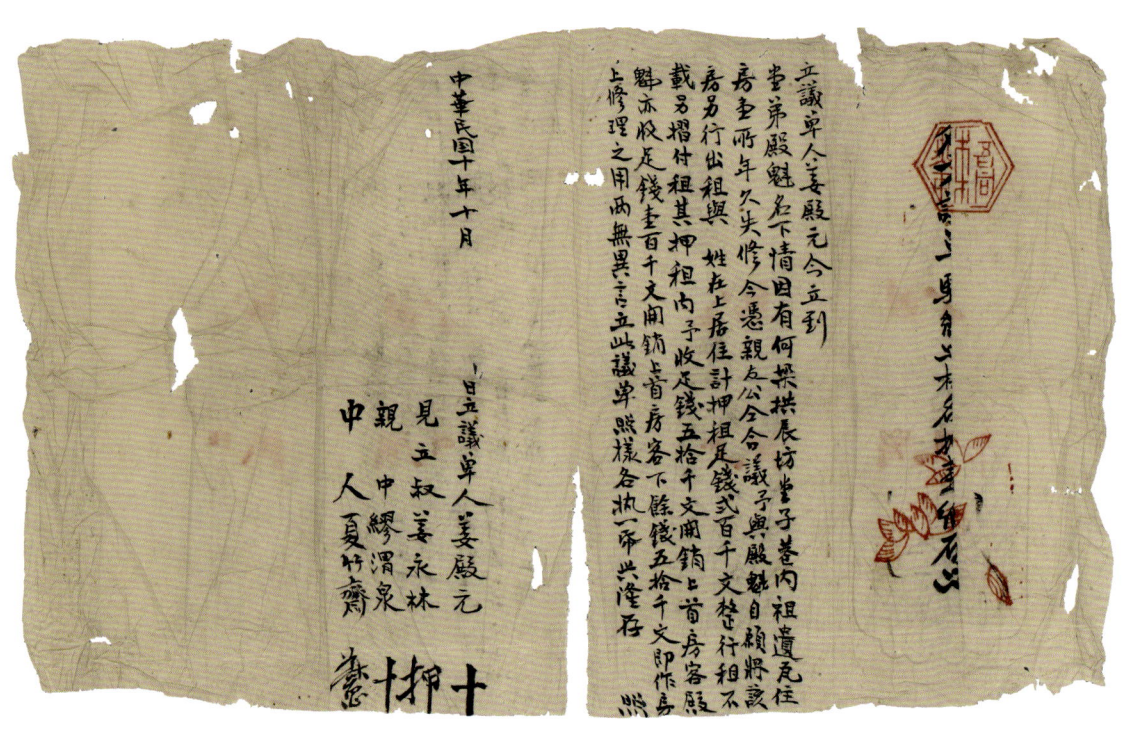

民国十年（1921）姜殿元租房议单

Agreement for Rent House by Jiang Dianyuan
in the 10th Year of the Republic of China (1921A.D.)

尺寸：长 35 厘米 宽 22 厘米
地点：不详

立议单人姜殿元，今立到堂弟殿魁名下。情因有何垛拱辰坊堂子巷内祖遗瓦住房一所，年久失修。今凭亲友公仝合议予与殿魁自愿将该房另行出租与　　姓在上居住，计押租足钱贰百千文整。行租不载，另折付租。其押租内予收足钱五拾千文开销。上首房客殿魁亦收足钱壹百千文开销。上首房客下余钱五拾千文即作房上修理之用。两无异言，立此议单，照样各执一纸，兴隆存照。

中华民国十年十月　日立议单人　姜殿元（押）
　　　　　　　　　　见立叔　姜永林（押）
　　　　　　　　　　亲　中　缪渭泉（押）
　　　　　　　　　　中　人　夏竹斋（押）

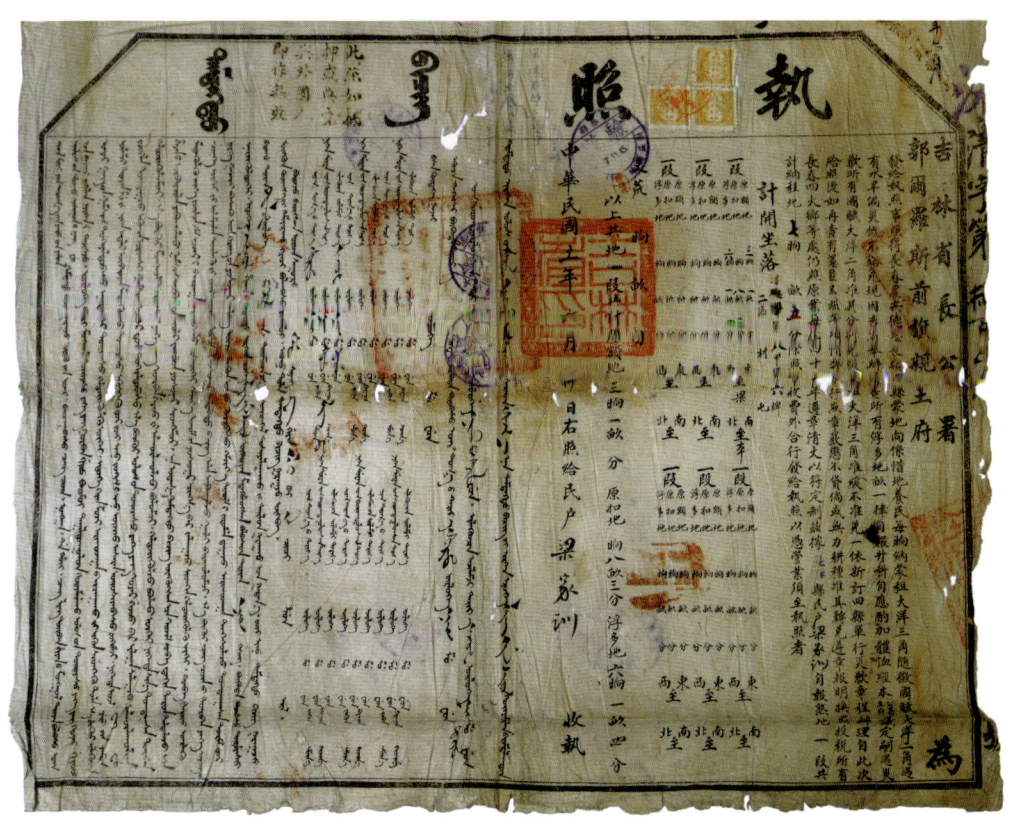

民国十一年（1922）梁家训土地执照

Land Certificate of Liang Jiaxun in the 11 Year of the Republic of China (1922A.D.)

尺寸：长 56 厘米　宽 47 厘米
地点：吉林，长春

　　执照

吉林省长公署、郭尔罗斯前旗亲王府　　为发给执照事。照得。长春农安德惠长岭四县蒙地，向系借地养民，每晌纳蒙租大洋三角，随征国赋大洋二角，遇有水旱偏灾概不豁免。现因吉省举办清查，所有浮多地亩一律自报升科，自应酌加体恤。经本公署、王府议定，嗣遇歉，所有国赋大洋二角，准其分别免缓。蒙租大洋三角，准缓不准免。一依新订四县单行灾歉章程办理。自此次给照后，如再查有隐匿不报等项情弊，定行照章严惩不贷。倘或无力耕种，准其转兑，遵章报明，换照投税。所有长春四大乡等处，仍照原案，每届四十五年，遵章清丈，以符定制。兹据长春县民户梁家训，自报熟地一段，共计纳租地七晌　　亩五分，除照章收费外，合行发给执照，以凭管业，须至执照者。

　　计开坐落　乡第八甲第六牌二区　村　屯。

　　（四至略）

　　以上地一段共计原额地三晌一亩　分　原扣地　晌八亩三分　浮多地六晌一亩四分。

中华民国十一年六月卅日右给民户梁家训　收执。

　　（加盖：吉林省印）

　　蒙文契（略）

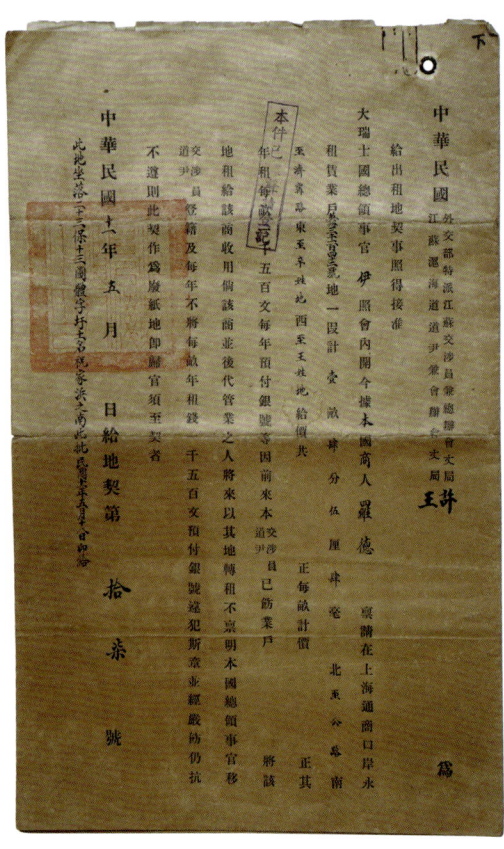 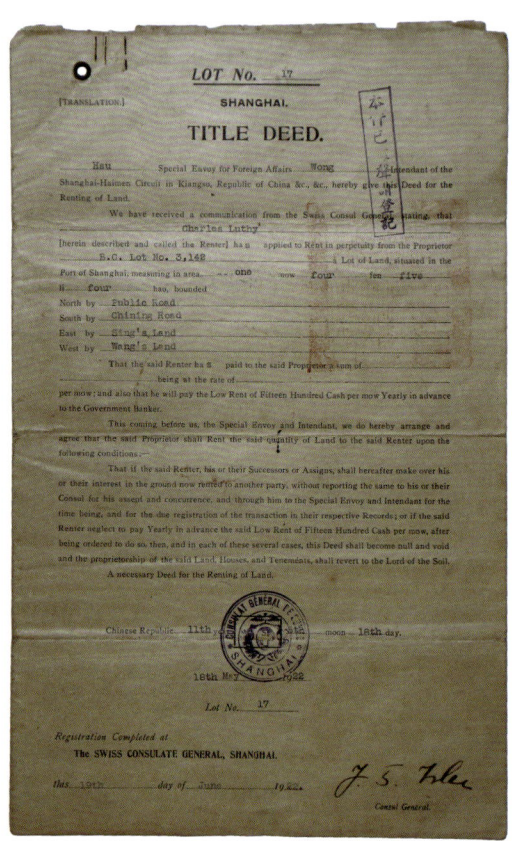

民国十一年（1922）罗德上海道契

Shanghai Title Deed of Luthy in the 11th Year of the Republic of China (1922A.D.)

尺寸：长 34 厘米 宽 21.3 厘米
地点：江苏，上海

中华民国外交部特派江苏交涉员兼总办会丈局许、江苏沪海道道尹兼会办会丈局王为

　　给出租地契事。照得。接准

大瑞士国总领事官伊照会内开。今据本国商人罗德秉请，在上海通商口岸永租赁业户英册三千一百四十二号地一段，计壹亩肆分伍厘肆毫。北至公路，南至济宁路，东至辛姓地，西至王姓地。给价共　　正，每亩计价　　正。其年租每亩一千五百文，每年预付银号等因前来。本交涉员、道尹已饬业户　　将该地租，给该商收用。倘该商并后代管业之人将来以其地转租，不禀明本国总领事官移交涉员、道尹登籍，及每年不将每亩年租钱一千五百文预付银号，违犯斯章，并经严饬仍抗不遵，则此契作为废纸，地即归官。须至契者。

中华民国十一年五月　　日给地契第拾柒号。

　　此地坐落二十三保十三图体字圩土名祝家浜之南，此批。民国十一年五月十八日印给。

　　英文契（略）

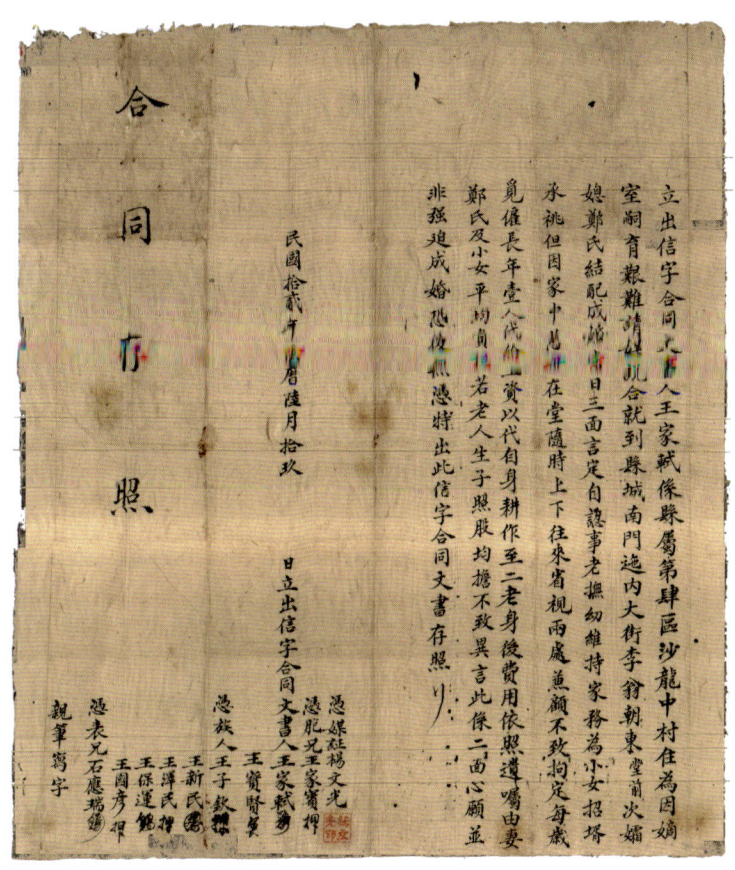

民国十二年（1923）王家轼出信字合同

Contract of Wang Jiashi Being Adopted into the Bride's Family in the 12th Year of the Republic of China (1923A.D.)

尺寸：长 45 厘米　宽 50 厘米
地点：不详

立出信字合同文书人王家轼，系县属第四区沙龙中村住。为因嫡室嗣育艰难，请媒说合，就到县城南门迤内大街李翁朝东堂前次婿媳郑氏结配成婚。当日三面言定，自认事老抚幼维持家务，为小女招（堉）[婿]承祧。但因家中慈母在堂，随时上下往来省视，两处兼顾不致拘定。每岁觅雇长年一人代给工资以代自身耕作。仝二老身后费用，依照遗嘱由妻郑氏及小女平均负担。若老人生子，照股均担不致异言。此系二面心愿，并非强迫成婚。恐后无凭，特出此信字合同文书存照。

民国十二年阴历六月十九　日立出信字合同文书人　王家轼（押）

凭媒证　杨文光（章）

凭胞兄　王家宝（押）

凭族人　王宝贤（押）　王子钦（押）　王新民（押）　王泽民（押）　王保运（押）　王国彦（押）

凭表兄　石应瑞（押）

亲笔写字。

合同存照。

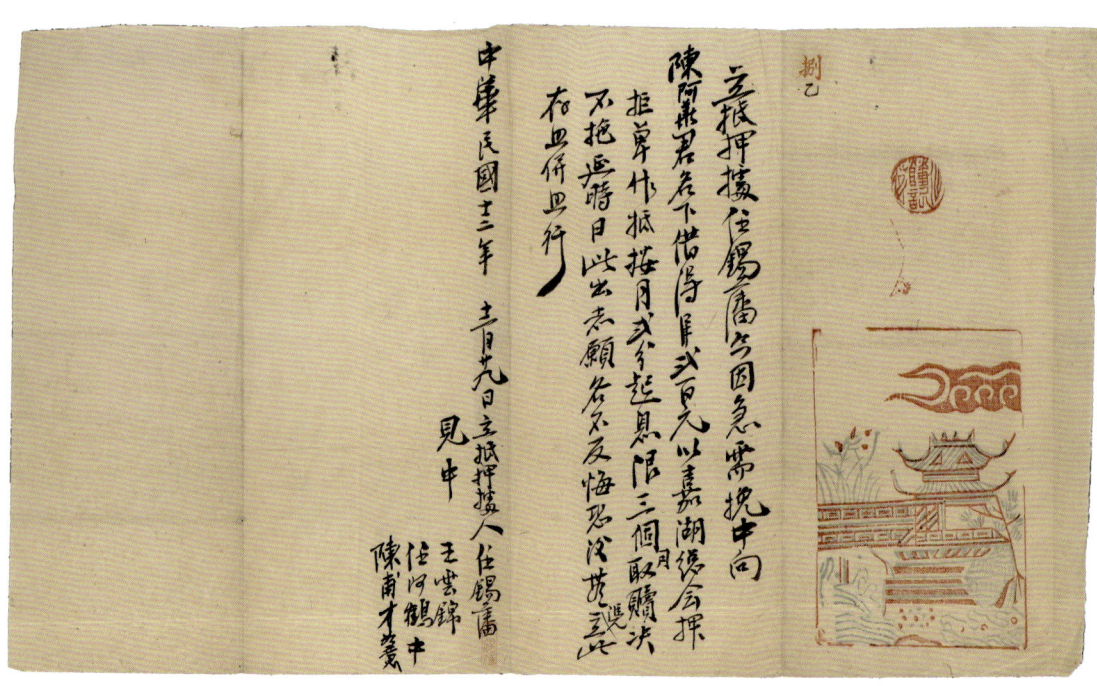

民国十三年（1924）任锡藩抵押据

Mortgage Note of Ren Xifan in the 13 year of the Republic of China (1924A.D.)

尺寸：长 31 厘米　宽 23 厘米
地点：不详

立抵押据任锡藩，今因急需，挽中向陈阿萧君名下借得洋二百元，以嘉湖总会押拒单作抵。按月二分起息，限三个月取赎，决不拖延时日。此出志愿，各不反悔。恐后无凭，立此存照并照。

中华民国十三年十二月廿九日立抵押据人　任锡藩（章）
　　　　　　见　中　王云锦
　　　　　　　　　　任阿鹤（押）
　　　　　　　　　　陈甫才（押）

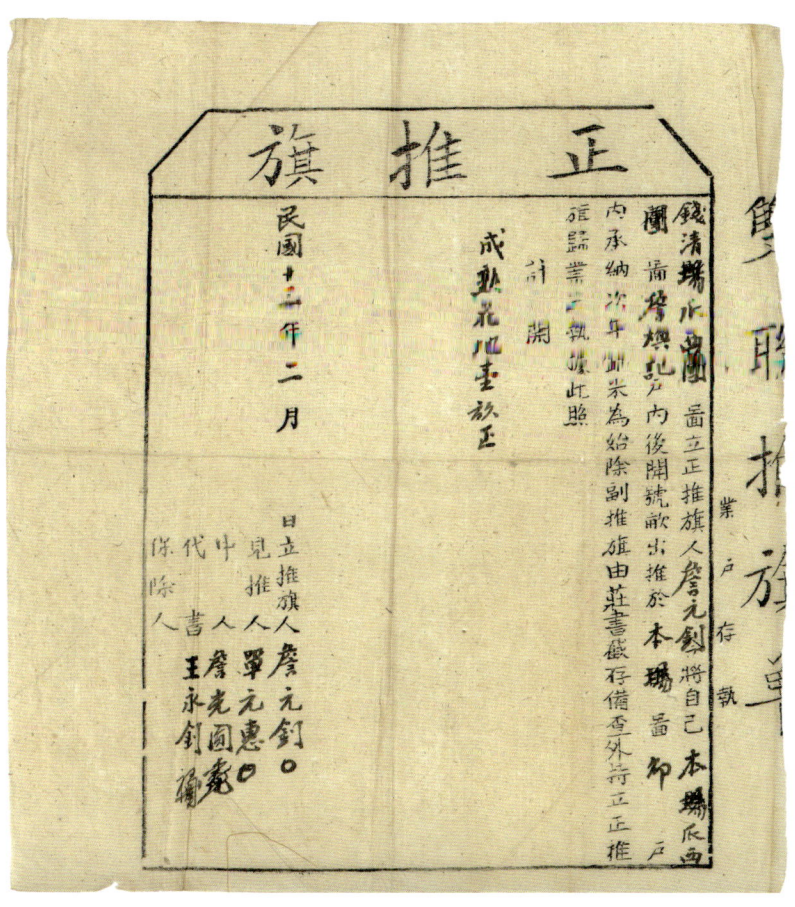

民国十三年（1924）詹元钊正推旗

Note for Transferring Tax of Zhan Yuanzhao
in the 13th Year of the Republic of China (1924A.D.)

尺寸：长 23 厘米　宽 25 厘米
地点：浙江，绍兴

　　正推旗
钱清场□西团嵒立正推旗人詹元钊，今将自己本场□西团嵒詹焕记户内，后丌号亩，出推与本场嵒邵户内承纳。次年银米为始。除副推旗由庄书截存备查外，特立正推旗归业主执据，此照。
　　计开：
　　成熟花地壹亩正。
民国十三年二月　　日立推旗人　詹元钊（押）
　　　　　　　　　　见推人　　单元惠（押）
　　　　　　　　　　中　人　　詹光圆（押）
　　　　　　　　　　代　书　　王永钊（押）
　　　　　　　　　　保除人

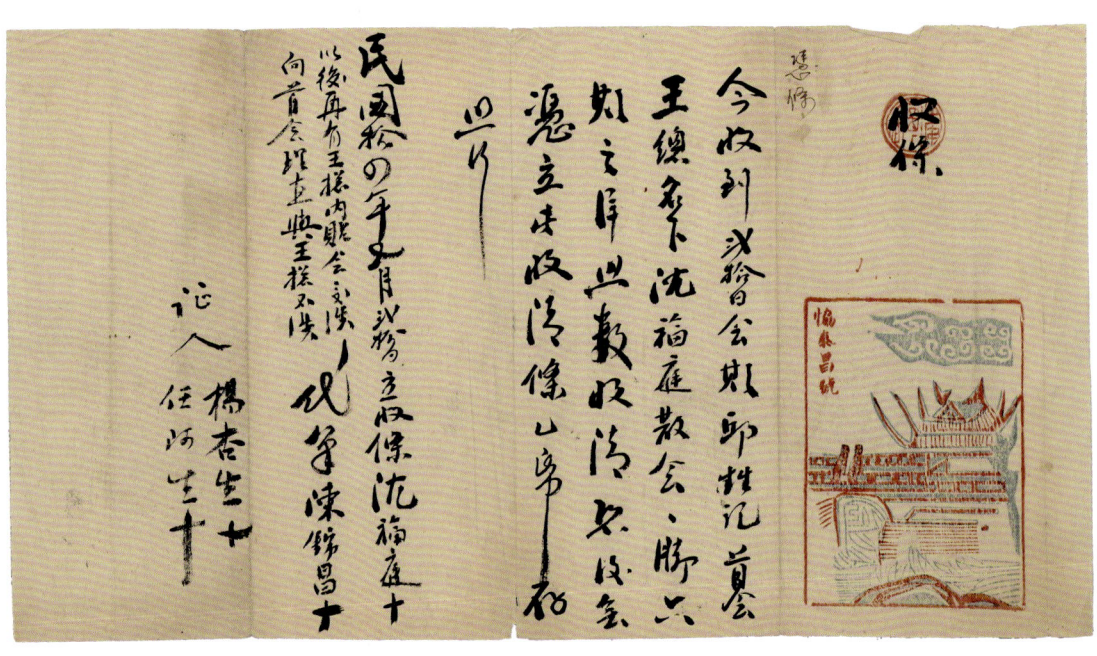

民国十四年（1925）沈福庭收条

Receipt of Shen Futing in the 14th year of the Republic of China (1925A.D.)

尺寸：长 39 厘米 宽 22 厘米
地点：浙江

　　收条

今收到二十日会期邱甡记首会王总名下沈福庭散会会脚六期之洋照数收清，恐后无凭，立此收清条一纸存照。

民国十四年七月二十日立收条　沈福庭（押）
　　　　　　　　　　　　代笔　陈锦昌（押）
　　　　　　　　　　　　证人　杨杏生（押）
　　　　　　　　　　　　　　　任阿生（押）

以后再有王总内贴会交涉向首会理直，与王总不涉。

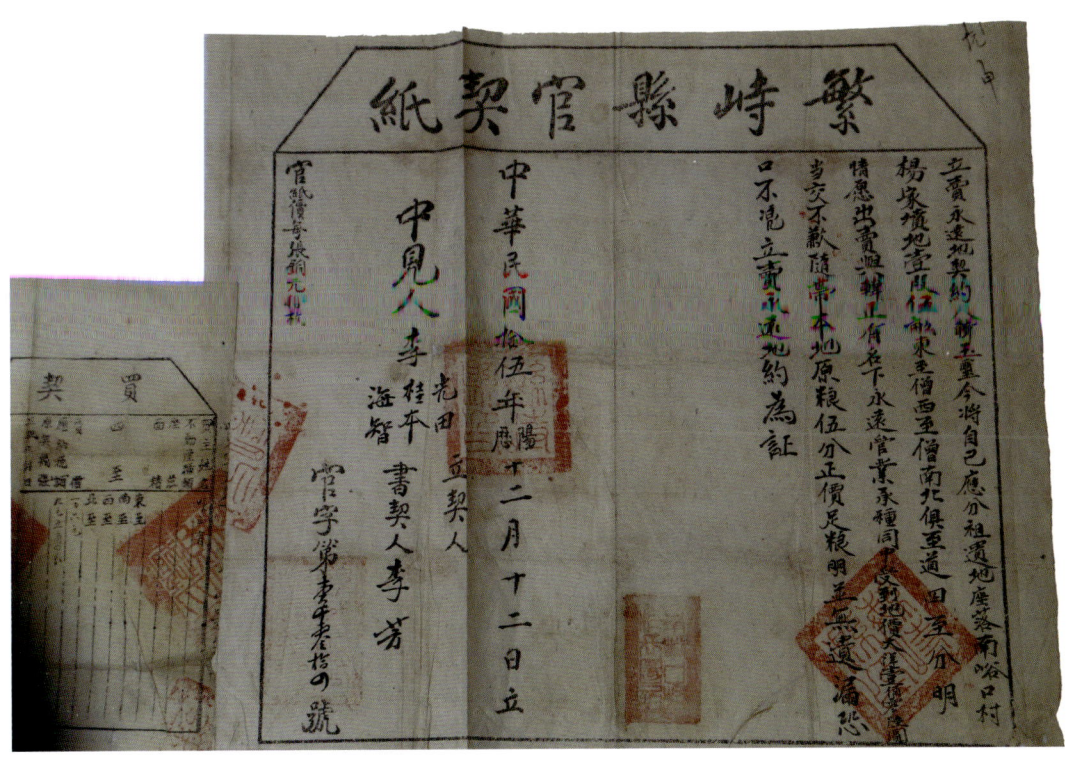

民国十五年（1926）韩玉玺卖地连二契

Deed for Selling Land of Han Yuxi in the 15th year of the Republic of China (1926A.D.)

尺寸：长57厘米　宽38厘米
地点：山西，繁峙

繁峙县官契纸

立卖永远地契约人韩玉玺，今将自己应分祖遗地，座落南峪口村杨家坟地壹段五亩。东至僧，西至僧，南北俱至道，四至分明。情愿出卖与韩正有名下永远管业承种，同中受到地价大洋壹百零陆圆，当交不欠。随带本地原粮伍分正。价足粮明，并无遗漏。恐口不凭，立卖永远地约为证。

中华民国拾五年阳历十二月十二日立

　　立契人

　　　　光田

　　中见人　李　桂本　　　书契人　李芳
　　　　　　　海智

官字第壹千零拾四号。
官纸价每张铜元拾枚。
买契（略）
（加盖：繁峙县印）

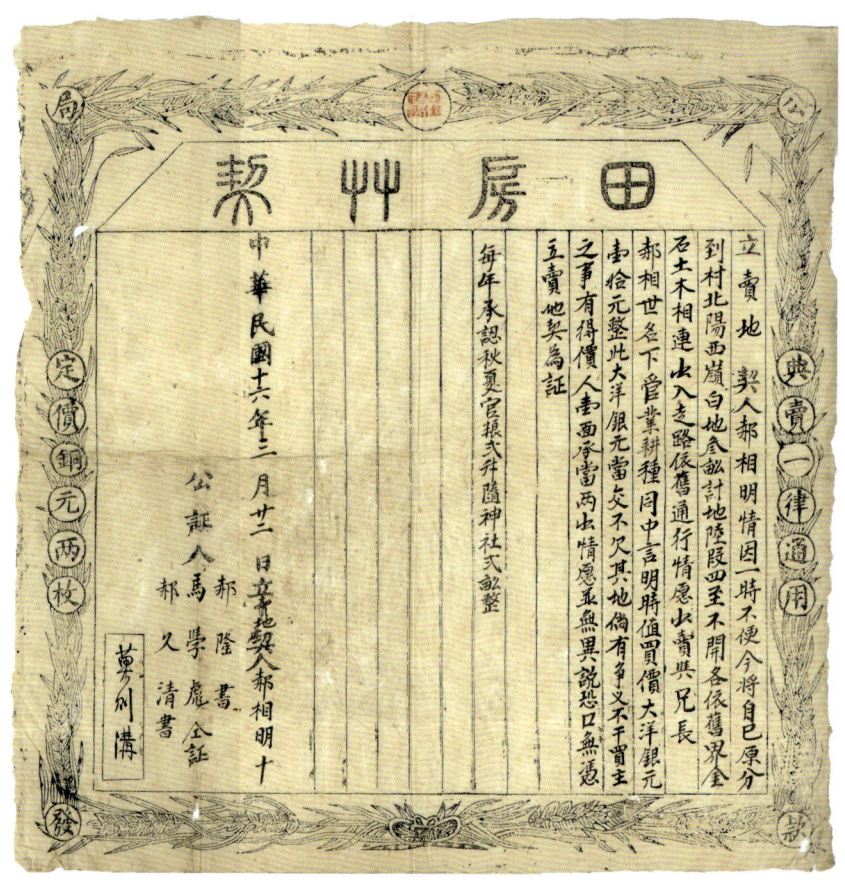

民国十六年（1927）郝相明卖地契

Deed for Selling Land of Hao Xiangming in the 16th Year of the Republic of China (1927A.D.)

尺寸：长 40.5 厘米　宽 40.5 厘米
地点：不详

　　田房草契
立卖地契人郝相明，情因一时不便，今将自己原分到村北阳西岭白地叁亩计地陆段，四至不开，各依旧界金石土木相连，出入走路依旧通行。情愿出卖与兄长郝相世名下管业耕种。同中言明时值买价大洋银元壹拾元整。此大洋银元当交不欠。其地倘有争议，不干买主之事，有得价人壹面承当。两出情愿，并无异说。恐口无凭，立卖地契为证。
　　每年承认秋夏官粮贰升随神社贰亩整。
中华民国十六年三月廿二日立卖地契人　郝相明（押）
　　　　　　　公证人　马学彪　仝证
　　　　　　　　　　　郝隆书
　　　　　　　　　　　郝久清　书
菓则沟

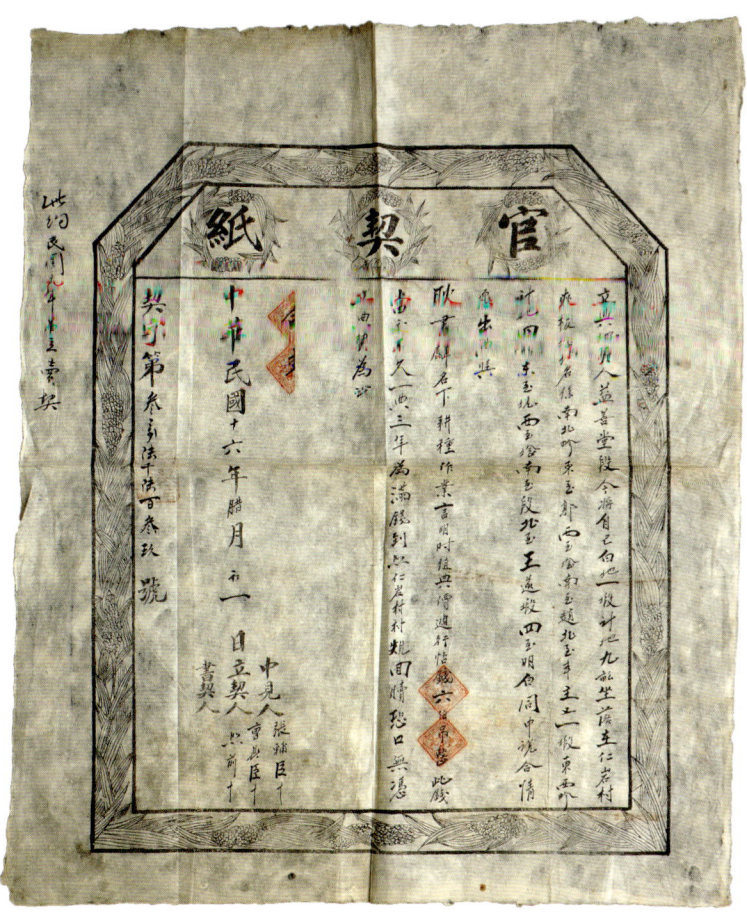

民国十六年（1927）益善堂典地契

Pawn Deed of Yishantang in the 16th Year of the Republic of China (1927A.D.)

尺寸：长 48 厘米　宽 55 厘米
地点：不详

官契纸

立典地契人益善堂段，今将自己白地一段，计地九亩，坐落在仁岩村夹板垴地名。系南北畛，东至郭，西至垴，南至权，北至本主。又一段东西畛，计地四亩，东至坑，西至垴，南全段，北至王。逐以四至明白，同中说合，情愿出典与耿书麟名下耕种作业。言明时值典价周行帖钱八佰吊整，此钱当交不欠，一典三年为满，钱到照仁岩村村规回赎。恐口无凭，立典契为证。

　　　　　中见人　张辅臣（押）　曹鼎臣（押）
中华民国十六年腊月初一日立契人　照　前（押）
　　　　　　　　　　书契人
契字第叁万陆千陆百叁玖号。

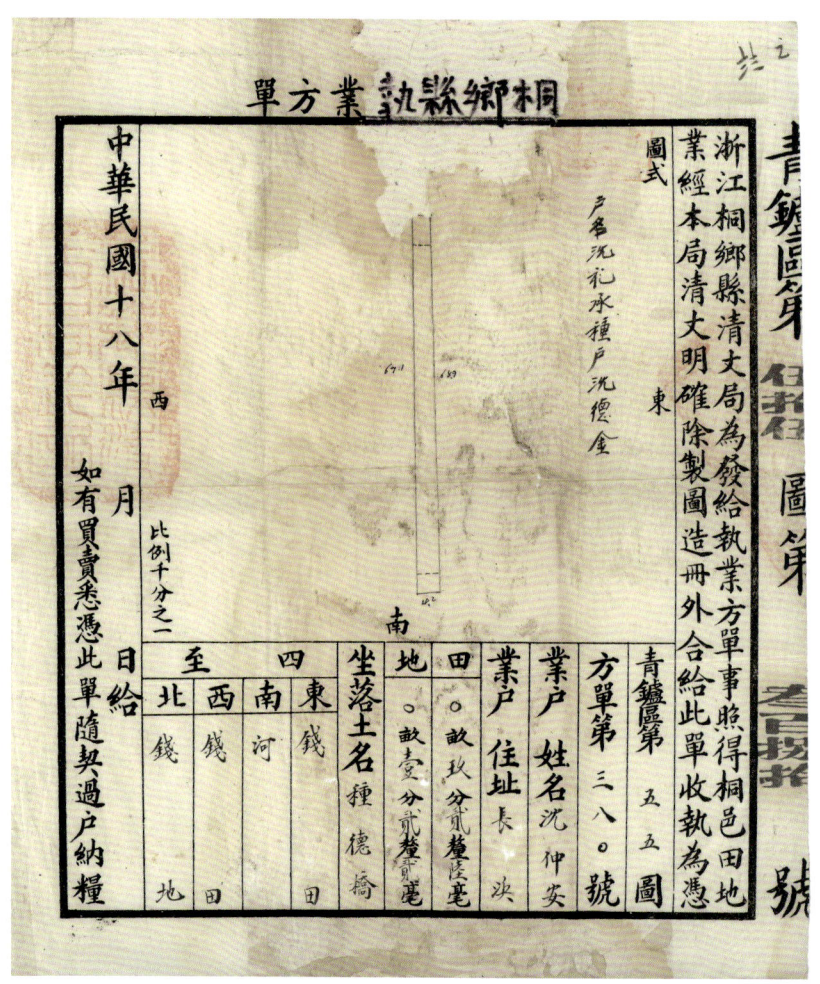

民国十八年（1928）沈仲安桐乡县执业方单

Shen Zhongan's Certified Note issued by Tongxiang county in the 18th Year of the Republic of China (1928A.D.)

尺寸：长 25 厘米　宽 29.5 厘米
地点：浙江，桐乡

☒业方单

浙江桐乡县清丈局为发给执业方单事。照得。桐邑田地业经本局清丈明确，除制图造册外，合给此单，收执为凭。

（图式略）

青鑪区第五五图，方单第三八〇号，业户姓名沈仲安，业户住址长浜。田〇亩玖分贰厘陆毫，地〇亩壹分贰厘贰毫。坐落土名种德桥，四至：东钱田、南河、西钱田北钱地。

中华民国十八年　月　日给。

如有买卖悉凭此单随契过户纳粮。

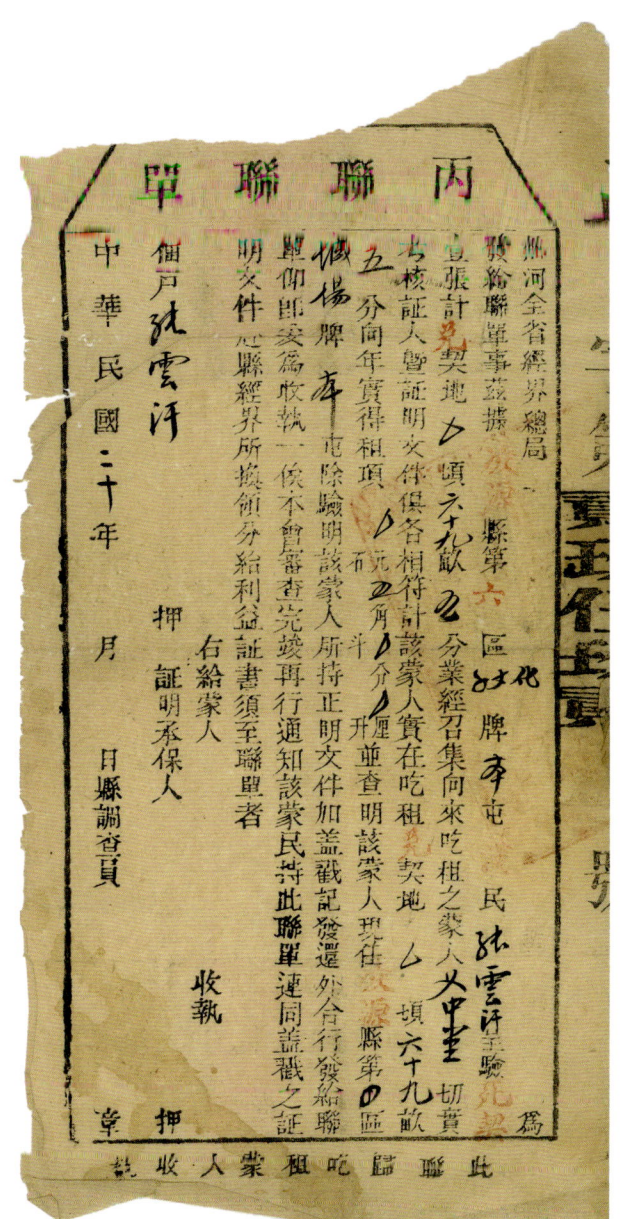

民国二十年（1928）
张云汗验契丙联联单

Copy C of Certificate of Zhang Yunhan in the 20th Year of the Republic of China (1928A.D.)

尺寸：长 15.8 厘米　宽 29 厘米
地点：热河，凌源

丙联联单

热河全省经界总局为发给联单事。兹据凌源县第六区化文□牌本屯民　张云汗呈验死契壹张，计兑契地〇顷六十九亩五分。业经召集向来吃租之蒙人义中兰切实考核，证人暨证明文件俱各相符。计该蒙人实在吃租兑契地〇顷六十九亩五分，向年实得租项〇元五角〇分〇厘，并查明该蒙人现住凌源县第四区城场牌本屯。除验明该蒙人所持证明文件加盖戳记发还外，合行发给联单，仰即妥为收执。一俟本会审查完竣，再行通知该蒙民持此联单连同盖戳之证明文件赴县经界所换领分给利益证书。须至联单者。

右给蒙人　收执
佃户　张云汗押　证明承保人　押
中华民国二十年　月　日县调查员　章。

此联归吃租蒙人收执。

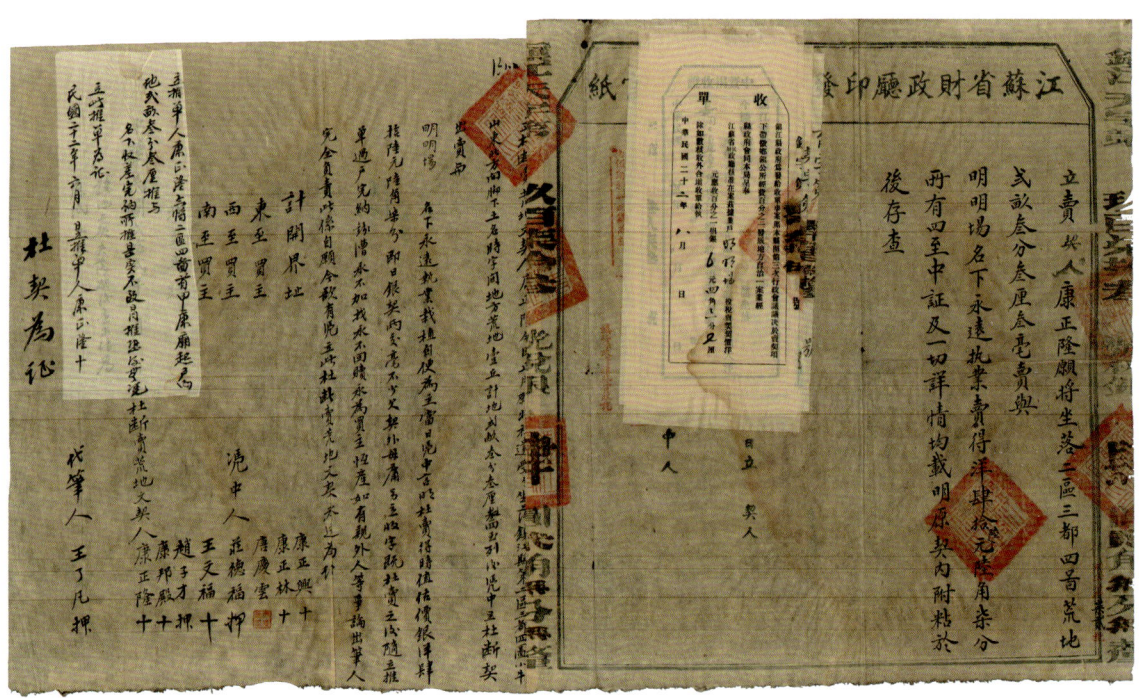

民国二十二年（1933）康正隆卖荒地连二契

Deed for Selling Wasteland of Kang Zhenglong
in the 22th Year of the Republic of China (1933A.D.)

尺寸：长 82 厘米　宽 47 厘米
地点：江苏，镇江

江苏省财政厅印发不动产卖契官纸

立卖契人康正隆，愿将坐落二区三都四图荒地二亩三分三厘三毫卖与明明场名下永远执业，卖得洋肆拾陆元陆角柒分，所有四至中证及一切详情均载明原契内，附粘于后存查。（后略）

　　收单

镇江县政府为发给收单事案。照本县开第三次行政会议议决，于卖契项下带征乡镇公所经费百分之一发展地方自治一案。业经县政府会同本局呈奉江苏省民财政厅核准在案。兹据业户明明场投税卖契契价洋　　元，应收百分之一捐银〇元四角三分七厘。除如数核收外，合填收单给执。

中华民国二十二年八月　日。

　　草契（略）

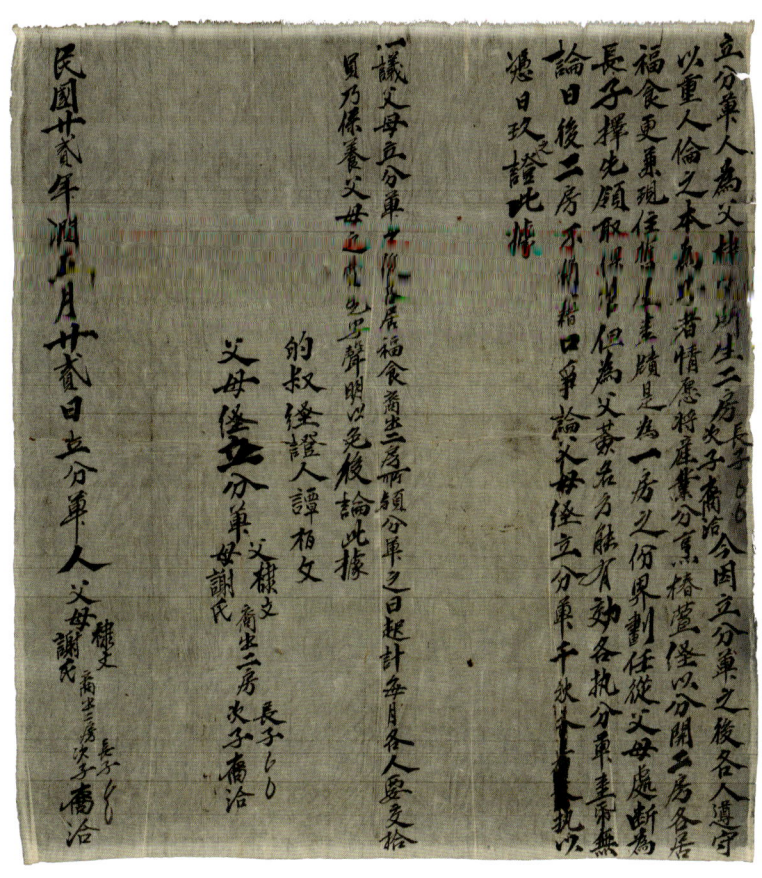

民国二十二年（1933）谭裔洽兄弟分单

Deed of Settlement of Tan Yiqia and his brothers
in the 22th Year of the Republic of China (1933A.D.)

尺寸：长53厘米　宽57厘米
地点：不详

立分单人为父棣文所生二房长子△△次子裔洽。今因立分单之后，各人遵守，以重人伦之本。为子者情愿将产业分亨椿萱，经以分开二房，各居福食。更兼现住旧屋壹膛，是为一房之份，界划任从父母处断，为长子择先领取保管，但为父签名方能有效。各执分单一纸，无论日后，二房不得藉口争论，父母经立分单，千秋□□□执以凭日久之证，此据。

议父母立分单之后，各居福食裔出二房，所领分单之日起，计每月各人要交拾元，乃系养父母之费。先字声明，以免后论。此据。

　　的叔经证人谭柏文。

　　父母经立分单父棣文、母谢氏，裔出二房，长子△△、次子裔洽。

民国廿贰年闰五月廿贰日立分单人父棣文、母谢氏，裔出二房长子△△、次子裔洽。

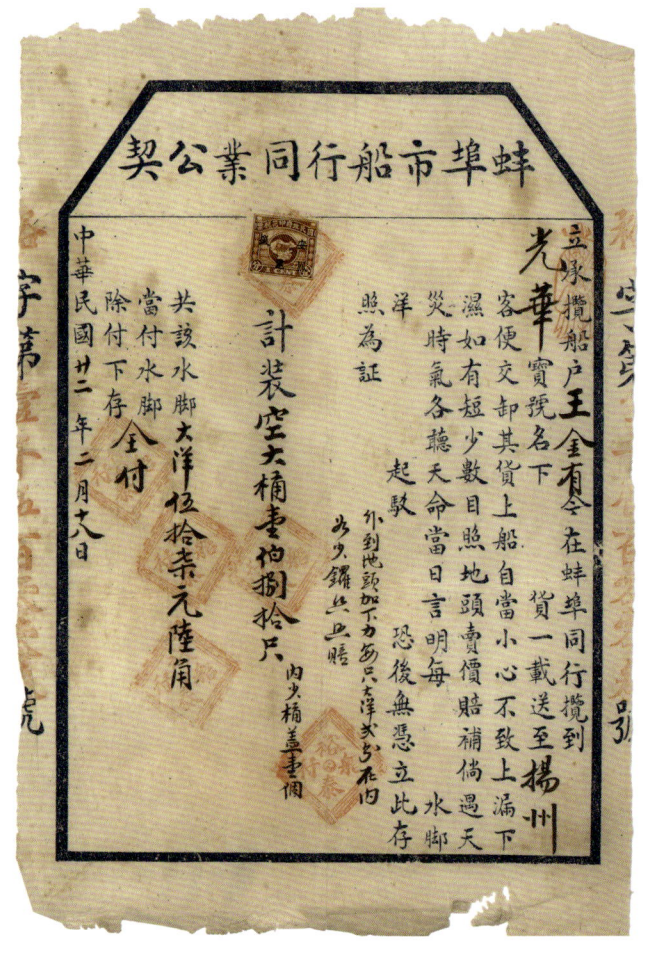

民国二十二年（1933）
王金有蚌埠市船行同业公契

Wang Jinyou's Public Deed of Shipping Guild in the 22th Year of the Republic of China (1933A.D.)

尺寸：长28厘米 宽18厘米
地点：安徽，蚌埠

蚌埠市船行同业公契
立承揽船户王金有，今在蚌埠同行揽到光华宝号名下。　货一载送至扬州，客便交卸。其货上船自当小心，不致上漏下湿。如有短少数目，照地头卖价赔补。倘遇天灾时气，各听天命。当日言明每　水脚洋　起驳。　恐后无凭，立此存照为证。
　　计装空大桶壹佰捌拾只，内少桶盖壹个。
　　共该水脚大洋伍拾柒元陆角。
　　当付水脚　除付下存　全付。
中华民国廿二年二月十八日。
　　裕字第壹千五百零叁号。
　　外到地头加下力每只大洋贰分在内，如少螺丝照赔。

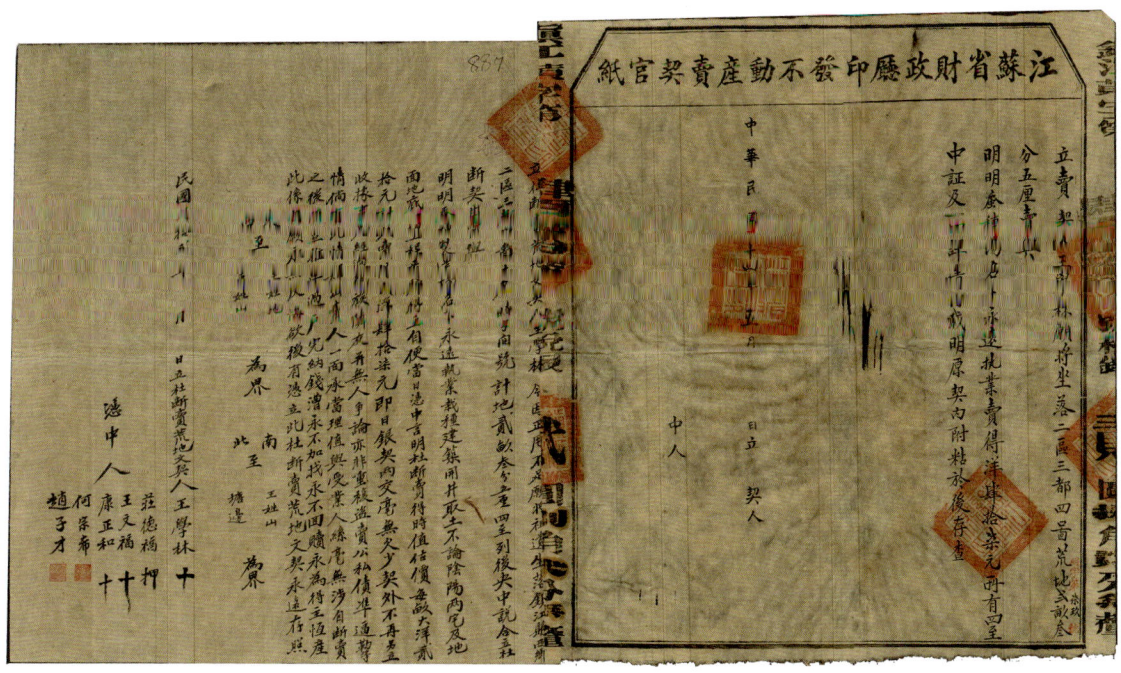

民国二十二年（1933）王学林杜断卖荒地文契连二契

Deed for Selling Wasteland of Wang Xuelin in the 22th Year of the Republic of China (1933A.D.)

尺寸：长82厘米　宽47厘米
地点：江苏，镇江

立杜断卖荒地文契人王学林，今因正用不足，愿将祖遗坐落镇江县西乡二区三都四图，土名时字间号，计地二亩三分五厘，四至列后。央中说合，立杜断契出卖与明明蚕种制造厂名下，永远执业栽种建筑开井取土，不论阴阳两宅及地面地底，一切工程悉归得主自便。当日凭中言明，杜断卖得时值估价每亩大洋贰拾元计，共卖得大洋肆拾柒元。即日银契两交，毫无欠少，契外不再另立收据。事先经过亲族邻友并无人争论，亦非重复盗卖，公私债准逼勒等情。倘有此情，归出卖人一面承当理值，与受业人丝毫无涉。自断卖之后，随立推单过户完纳钱粮，永不加找，永不回赎，永为得主恒产。此系自愿，永无反悔。欲后有凭，立此杜断卖荒地文契永远存照。

　　东至　王姓地　　　　南至　于姓山　为界
　　西至　康姓山　为界　北至　塘边
民国二十二年　　月　　日立杜断卖荒地文契人　王学林（押）
　　　　　　　　　　　　凭中人　庄德福（押）　王文福（押）　康正和（押）
　　　　　　　　　　　　　　　　何宗希（章）　赵子才（章）

江苏省财政厅印发不动产卖契官纸（略）

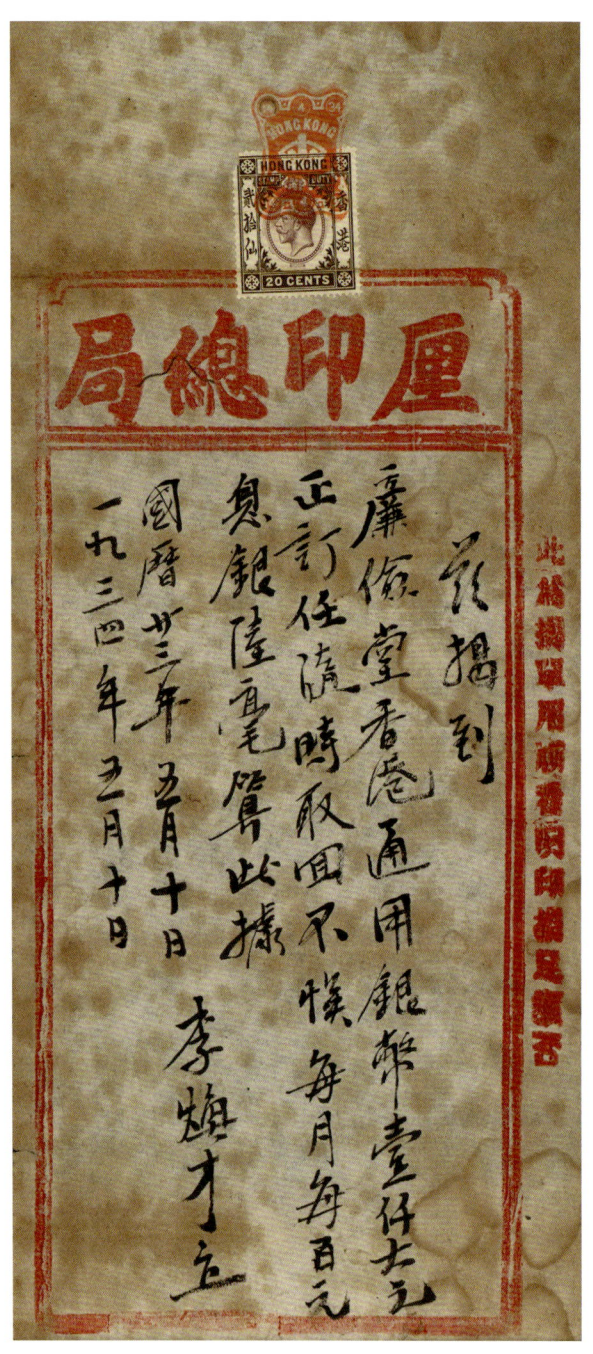

民国二十三年（1934）
廉俭堂揭约

Loan Agreement of Lianjiantang in 1934

尺寸：长 33.5 厘米　宽 13.3 厘米
地点：香港

  厘印总局
  兹揭到
廉俭堂香港通用银币壹仟大元正。订任随时取回不误，每月每百元息银陆毫算。此据。
国历廿三年五月十日　李焕才立。
一九三四年五月十日。

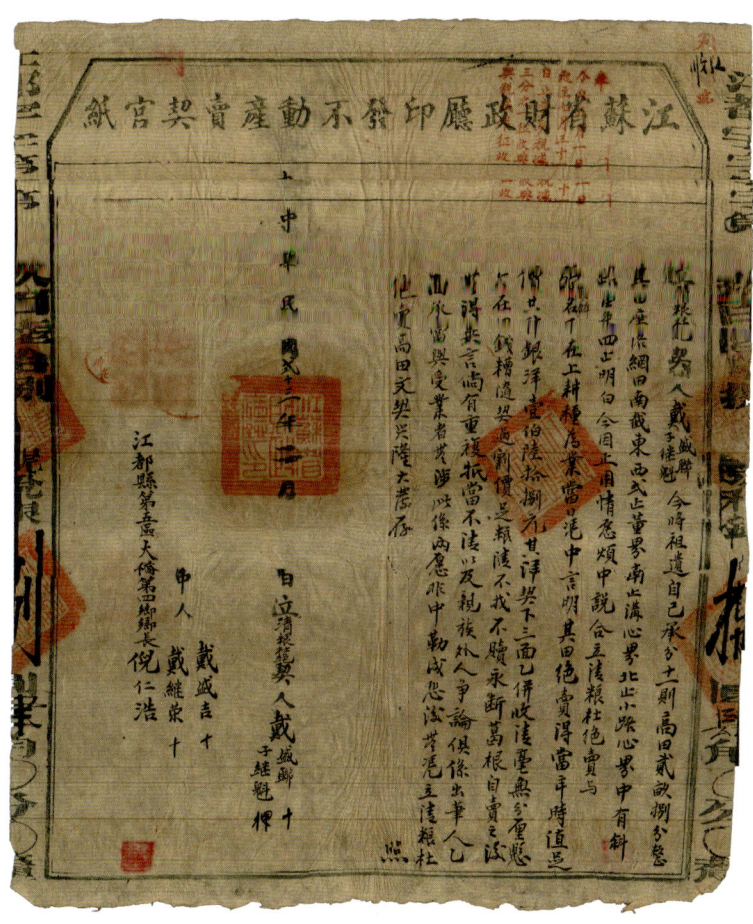

民国二十三年（1934）戴盛联同子立清粮杜绝卖高田文契

Deed for Selling Land of Dai Shenglian and his son in the 23th Year of the Republic of China (1934A.D.)

尺寸：长41厘米 宽44厘米
地点：江苏，江都

江苏省财政厅印发不动产卖契官纸

立清粮杜绝契人戴盛联、子戴继魁，今将祖遗自己承分土一则高田二亩八分整，其田坐落纲田南截。东西贰止董界，南止沟心界，北止小路心界，中石斜路一条，四止明白。今因正用，情愿凭中说合，立清粮杜绝卖与张家麟名下在上耕种为业。当日凭中言明，其田绝卖得当年时值足价共计银洋一百六十八元。其洋契下三面一并收清，毫无分厘悬欠。在田钱糟随契过割，价足粮清，不找不赎，永断葛根。自卖之后，无得异言。倘有重复抵当不清以及亲族外人争论，俱系出笔人一面承当，与受业者无涉。此系两愿，非中勒成。恐后无凭，立清粮杜绝卖高田文契，兴隆大业存照。

中华民国二十三年二月　日立清粮杜绝契人　戴盛联（押）　子继魁（押）
　　　　　　　　　　　　　　　中　人　戴盛吉（押）　戴继荣（押）
　　　　　　　江都县第五区大桥第四乡乡长　倪仁浩（章）。

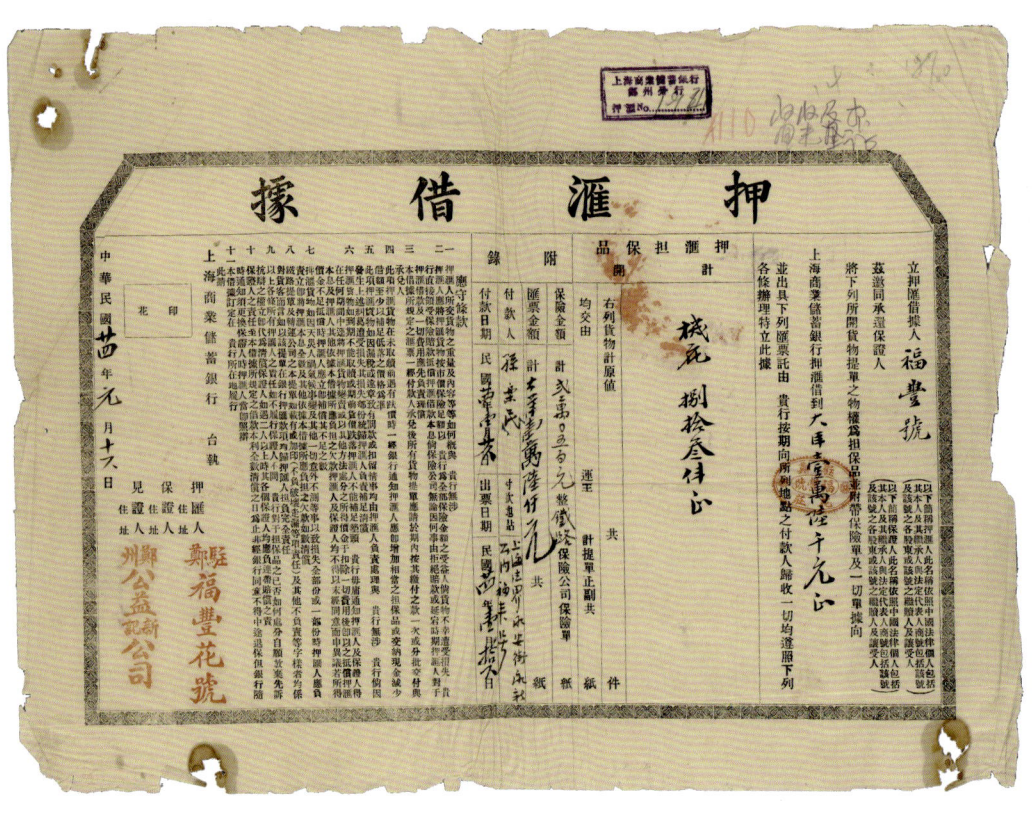

民国二十四年（1935）福丰号押汇借据

Draft Bill of Fufeng Firm in the 24th Year of the Republic of China (1935A.D.)

尺寸：长36厘米 宽26厘米
地点：河南，郑州

押汇借据

立押汇借据人福丰号（以下简称押汇人，此名称依照中国法律个人包括其本人及其继承人与法定代表人，商号包括该号及该号之各股东或该号之继赎人及让受人）

兹邀同承环保证人 （以下简称保证人，此名称依照中国法律个人包括其本人及其继承人与法定代表人，商号包括该号及该号之各股东或该号之继赎人及让受人）

将下列所开货物提单之物权为担保品，并附带保险单及一切单据，向上海商业储蓄银行押汇，借到大洋一万六千元正，并出具下列汇票，托由贵行按期向所列地点之付款人归收。一切均遵照下列各条办理，特立此据。

押汇担保品计开：机花八十三件正

右列货物计原值 共 件
均交由 运至 计提单正副共 纸

保险金额：
计贰万零五百元整 铁路保险公司保险单 纸
汇票金额：计大洋壹万陆千元 共 纸
付 款 人：孙乐民
付款地点：上海法界永安街永新公内福丰号
付款日期：民国廿四年一月廿六日
出票日期：民国廿四年一月十六日
应守条款（略）
上海商业储蓄银行 台执
押汇人住址 驻郑福丰花号
保证人住址
见证人住址 郑州公益新记公司
中华民国廿四年元月十六日。

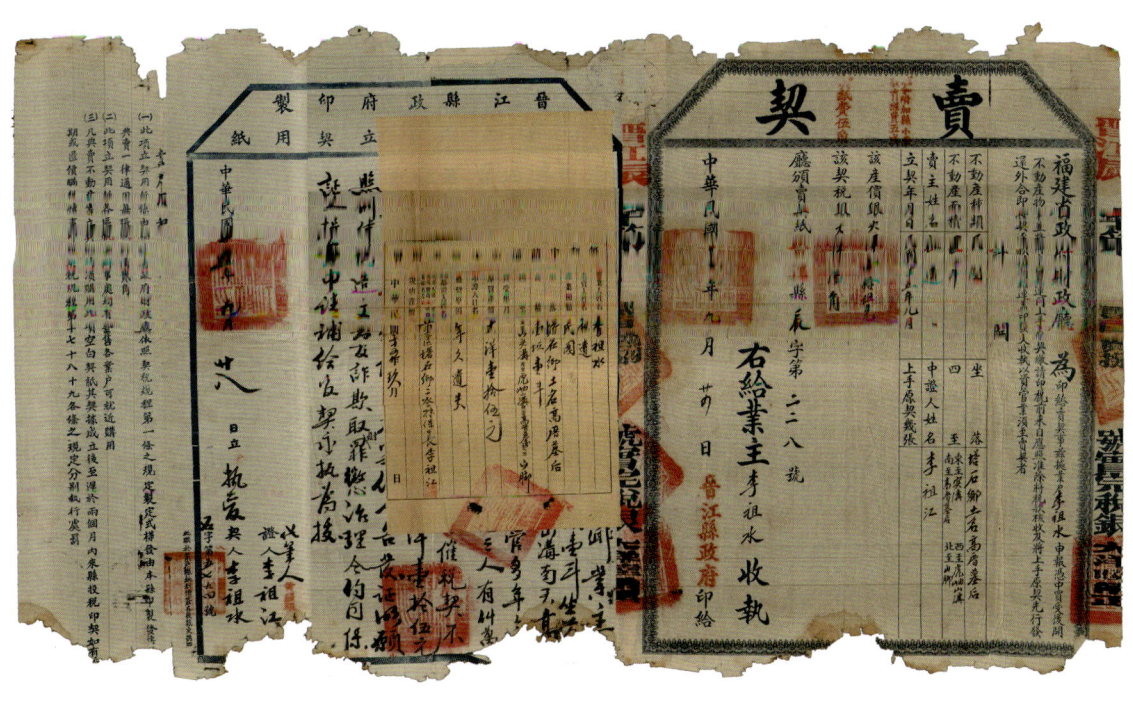

民国二十五年（1936）李祖水卖园连二契

Selling Deed of Li Zushui in the 25th Year of the Republic of China (1936A.D.)

尺寸：长82厘米　宽45厘米
地点：福建，晋江

卖契

福建省政府财政厅为印给卖契事。兹据业户李祖水申报，凭中买受后开不动产物业，并将所立白契连同上手原契缴请印税前来。自应照准。除将税款核收及将上手原契先行发还外，合即按契逐款填明粘连盖印发交收执，以资管业。须至卖契者。

计开：

不动产种类	民园	坐落	塔石乡土名高厝墓后
不动产面	一坵一斗	四至	东至实沟　南至高厝墓后　西至虎岫山沟　北至山脚
卖主姓名	祖遗	中证人姓名	李祖江
立契年月日	民国二十五年九月	上手原契几张	
该产价银	大洋壹拾五元		
该契税银	大洋六角		
厅颁卖契纸	晋江县辰字第二二八号		

右给业主李祖水收执。

中华民国廿五年九月廿四日晋江县政府印给。

（加盖：晋江县政府印）

草契（略）

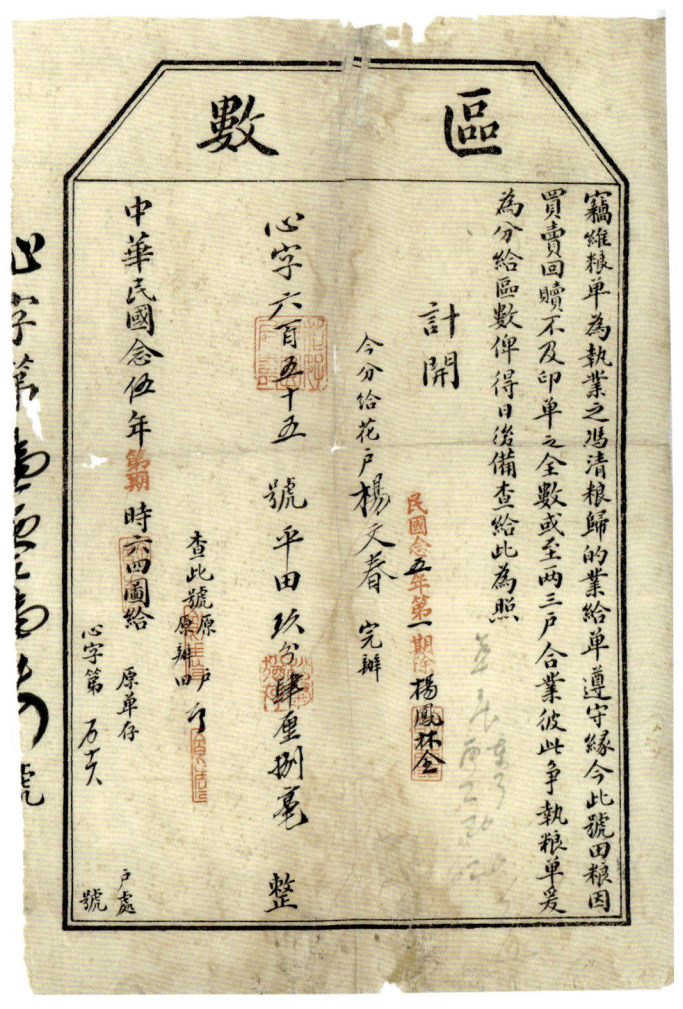

民国廿五年（1936）
杨文春区数

Amounts Notice of Yang Wenchun in the 25th Year of the Republic of China (1936A.D.)

尺寸：长 18 厘米　宽 25 厘米
地点：不详

区数

窃维粮单为执业之凭，清粮归的业给单遵守。缘今此号田粮因买卖回赎不及印单之全数，或至两三户合业，彼此争执。粮单爰为分给区数，俾得日后备查。给此为照。

计开：

今分给花户杨文春完办。

心字六百五十五号平田玖分肆厘捌毫整。

　　　　原户

查此号

　　　　原办田

中华民国念五年第一期时六四图给。

　　原单存　户处

　　心字第☐号。

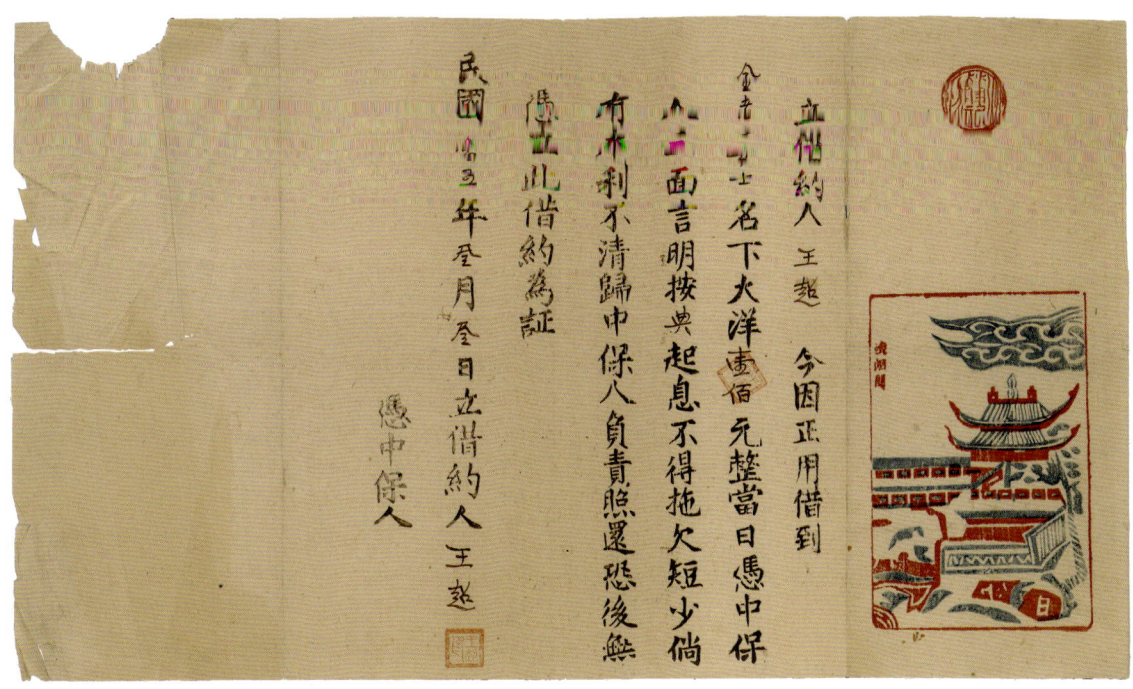

民国廿五年（1936）王超借约

Borrowing Agreement of Wang Chao in the 25th Year of the Republic of China (1936A.D.)

尺寸：长 37 厘米　宽 22 厘米
地点：不详

立借约人王超，今因正用，借到金老二女士名下大洋壹佰元整。当日凭中保人三面言明，按典起息，不得拖欠短少。倘有本利不清，归中保人负责照还。恐后无凭，立此借约为证。

民国念五年叁月叁日立借约人　王超（章）
　　　　　　　凭中保人

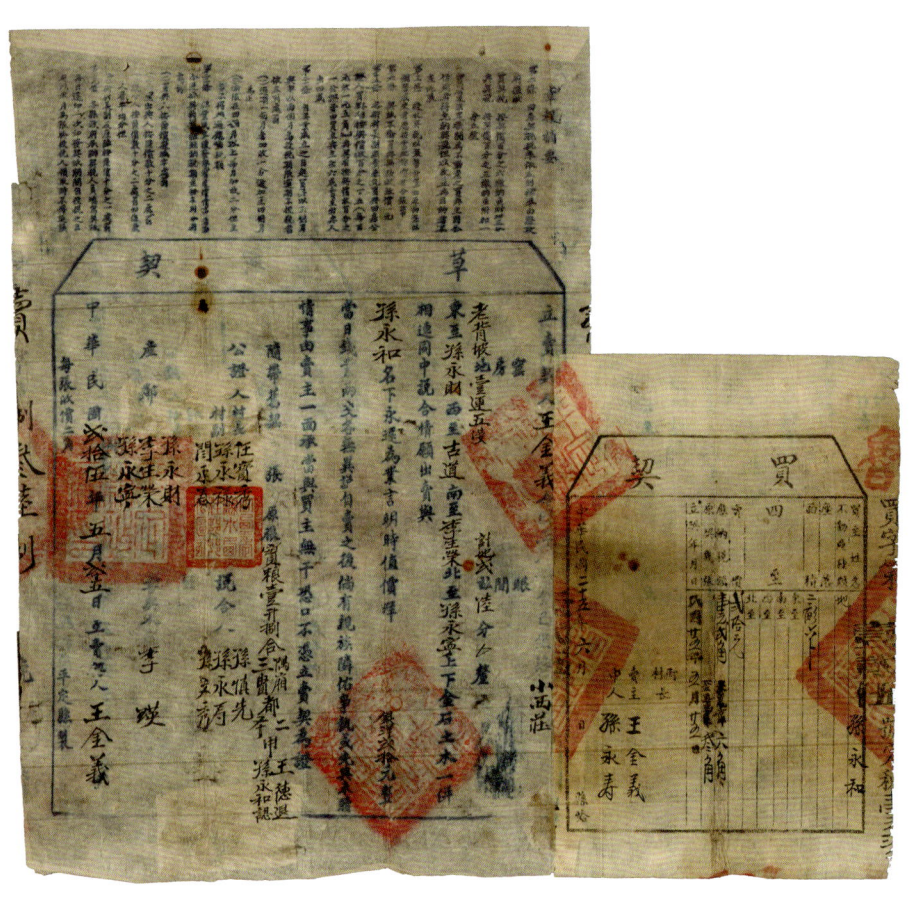

民国二十五年（1936）王金义卖地连二契

Deed for Selling Land of Wang Jinyi in the 25th Year of the Republic of China (1936A.D.)

尺寸：长 40 厘米　宽 37 厘米
地点：山西，平定

　草契
立卖契人王金义，今因正用，将自己坐落小西庄老背坡地壹连五□，计地二亩六分零厘。东至孙永财，西至古道，南至李生荣，北至孙永宁。上下金石土木一并相连，同中说合情愿出卖与孙永和名下永远为业。言明时值价洋　　银洋贰拾元整。当日钱业两交，各无异说。自卖之后，倘有亲族邻佑争执，或先典未赎情事，由卖主一面承当，与买主无干。恐口不凭，立卖契为证。

　　　　　　　　　　　　隔厢　　二　　王德退
　　随带旧契　　张原粮实粮壹升捌合　　　都　甲
　　　　　　　　　　　　　　　　　　　三贤　本　孙永和认
　公证人村长　任宝秀　　　　　村副　孙永禄　闫承春　　说合人　孙慎先　孙永寿　孙文秀
　产邻　　　孙永财　李生荣　孙永宁　　　　　　　　　书契人　李瑛
中华民国贰拾五年五月贰拾五日　立卖契人王金义。
　　　每张收价贰角　　　　　　平定县制。

　　买契（略）

民国二十五年（1936）向凤楼分书

Deed of Settlement of Xiang Fenglou in the 25th Year of the Republic of China (1936A.D.)

尺寸：长 68 厘米　宽 24.5 厘米
地点：不详

立合同分书父凤楼，今因年迈力衰，难以督理家务。忆先考紫甸公生予等兄弟四人，予居长，予生子五，长锡珊，次锡璜，三锡珪，四锡珣，五锡瑞。惟锡瑞不幸早卒，与之冥配成室。分为恭宽信敏惠五房。予所建房屋即以西厢楼连西轩楼，授与恭房；东厢楼连东轩楼，授与宽房；以西厢房及西轩授与信房；以东厢房及东轩授与敏房；以后□平屋三间连厅堂间授与惠房，现为二老所居，将后入继有人，归其承业。正屋前圃地一大方及大门东首小屋一间，公有公用。予一生兢兢业业，幸免陨越，薄有余蓄，国币柒千元，以贰百元奉祀先考紫甸公，世世弗替。恭宽信敏惠及长孙揆观各得叁百元。以叁千元为予与汝母赡养费。四女吟璇五女吟莪年幼求学，各予教育费壹千元。本房名下之书籍及日用器具，将来再行分派。上列方法，质诸亲族皆以为然，惟愿尔辈，虽然分爨，永敦睦谊，犹如一家，承先启后，克成厥昌，立此合同分书一式五纸，各执一纸为证。

中华民国二十五年九月廿日立分书向凤楼　沈氏代（押）
　　　　　　　　　　　　长子　锡珊（签名）
　　　　　　　　　　　　次子　锡璜（签名）
　　　　　　　　　　　　三子　锡珪严氏代（签名）
　　　　　　　　　　　　四子　锡珣（签名）
　　　　　　　　　　　　五子　锡瑞母代（押）
　　　　　　　　　　代笔子婿　江槃如（押）

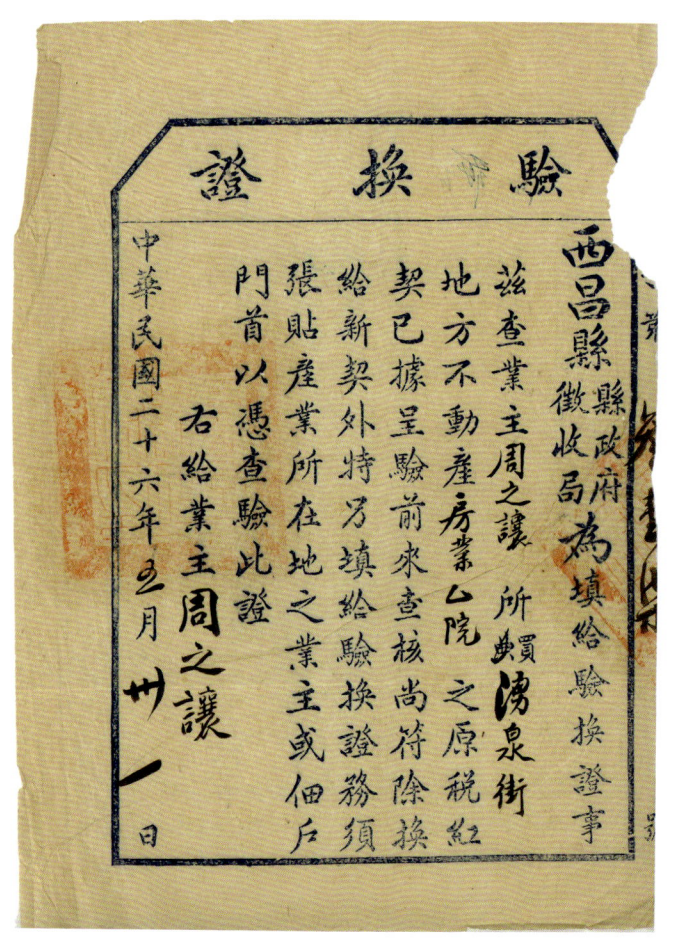

民国二十六年（1937）周之讓验换证

Certificate for Certifying and Changing Deed of Zhou Zhirang in the 26th Year of the Republic of China (1937A.D.)

尺寸：长18.5厘米　宽25.5厘米
地点：四川，西昌

验换证

西昌县县政府征收局。为填给验换证事。兹查业主周之讓所买涌泉街地方不动产房业乙院之原税红契已据承验前来查核尚符。除换给新契外，特另填给验换证。务须张贴产业所在地之业主，或佃户门首，以凭查验。此证。

右给业主周之讓。
中华民国二十六年五月卅一日。

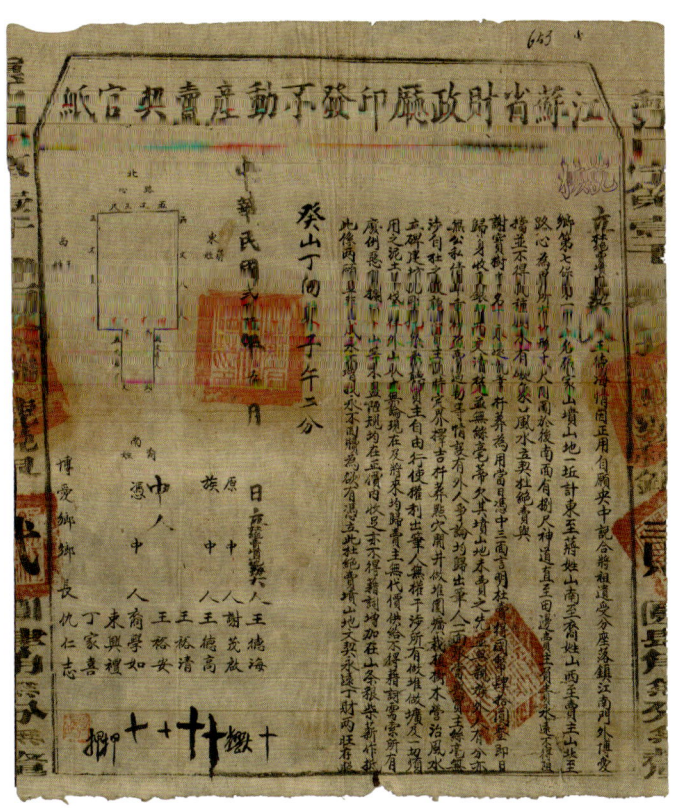

民国二十六年（1937）王德海卖坟山地官契

Official Title for Selling Tomb Hill of Wang Dehai in the 26th Year of the Republic of China (1937A.D.)

尺寸：长 40 厘米　宽 46 厘米
地点：江苏，镇江

江苏省财政厅印发不动产卖契官纸

立杜绝卖坟山地契人王德海，情因正用，自愿央中说合，将祖遗受分坐落镇江南门外博爱乡第七保第一甲土名张家山坟山地一坵，计东至蒋姓山，南至裔姓山，西至卖主山，北至路心为界，所有地形丈尺附图于后。南面有八尺神道直至田边，卖主负责永远不得阻挡，并不得栽种树木有碍象口风水。立契杜绝卖与谢宝树堂名下永远执业，扦葬为用。当日凭中三面言明，杜卖得国币肆拾圆整。即日归身收受，银契两交清楚，并无丝毫蒂欠。其坟山地未卖之先，并无亲族外人有分，亦无公私债准重复盗卖逼勒等情。设有外人争论，均归出笔人一面承当，与买主丝毫无涉。自杜之后，听凭买主随时定界，择吉扦葬点穴开井做堆重圹，栽植树木，营治风水，立碑律坊，挑岗挖筑，悉听买主自由行使权利，出笔人无权干涉。所有做堆做圹及一切须用之泥土皂垡，一律外山取土，无论现在及将来均归卖主无代价供给，不得藉词需索。所有废例必刀，拦祭上山等不尽俩规，均在正价内收足，亦不得藉词增加在山条粮柴薪作抵。此系两愿，并非曲成，永不增长，永不回赎。为欲有凭，立此杜绝卖坟山地文契，永远厂财两旺存照。

癸山丁向兼子午二分。

中华民国二十六年五月　日立杜绝卖坟山地契人　王德海（押）

　　原中人　谢茂启（押）　　　　　　族中人　王德高（押）　王裕清（押）　王裕安（押）

　　凭中人　裔学如（押）　束兴礼（押）　丁家喜（押）　　　博爱乡乡长　仇仁志（章）

　　（地形丈尺附图略）

　　（加盖：江苏省财政厅印）

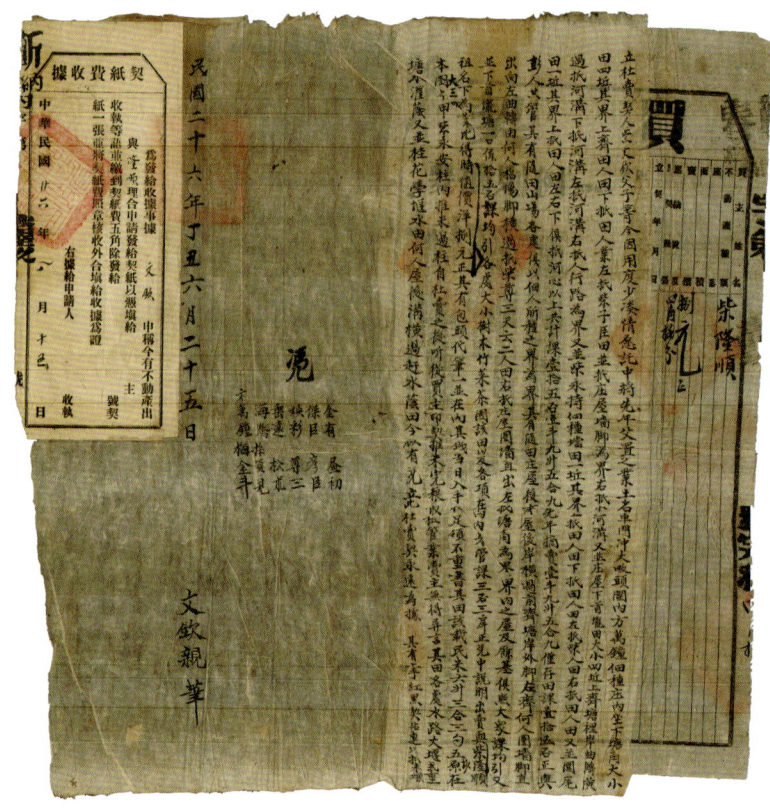

民国二十六年（1937）柴文钦父子卖田连二契

Deed for Selling Land of Chai Wenqing and his son in the 26th Year of the Republic of China (1937A.D.)

尺寸：长 49 厘米　宽 47 厘米
地点：湖北，蕲春

立杜卖契人柴文钦父子等，今因用度少凑，情愿托中将先年父置之业土名车门冲大畈头围内方万钟佃种庄内坐下塘角大小田四垅，其界上齐柴人田，下抵田人业，左抵柴子臣田并抵庄屋墙脚为界，右抵小河沟又并庄屋；下首垅田大小四垅，上齐塘里岸曲转横过抵河沟，下抵河沟，左抵河沟，右抵人行路为界；又并柴永持佃种挡田一垅，其界上抵田人田，下抵田人田，左抵柴人田，右抵田人田；又并围尾田一垅，其界上抵田人田，左右下俱抵河心，以上共计课壹拾五石壹斗九升五合九，先年摘卖壹斗九升五合九，仅存田课壹拾五石正，与彭人共管。其有随田山场各处，俱以佃人所种之界为界，其自随田庄屋后口屋后岸横过，前齐塘岸外脚，右齐何人圈墙脚直出向左曲转，由何人稻场脚横过抵柴尊三、天云二人田，右抵庄屋圈墙直出，左抵塘角为界，界内之屋及余基俱照，大众课均引。又并下首垅塘一口，系拾五石课均引。各处大小树木竹菜茶园该田以及各项在内，内身管课三石三庠正。凭中说明出卖与柴隆顺祖名下为业，比得时值价洋捌元正，其有包头代笔一并在内。其钱当日入手收足，领不重书。其田该载民米六升三合三勺五抄，原在本图大三甲柴永安柱内推米过柱。自杜卖之后，听从买主印契推米完粮，收租管业，卖主无得异言。其田各处水路大堰，二重塘水灌荫，又并桂花学堰，水由何人屋后沟横过赶水荫田。今欲有凭，立此杜卖契永远以据。其有上手红黑契粘连以抵未缴。

凭　金有　昼初　杰臣　彦臣　焕彩　尊三　垂远　松术　海腾　操顺见　方万钟　梅金斗
民国二十六年丁丑六月二十五日文钦亲笔。

买契（略）

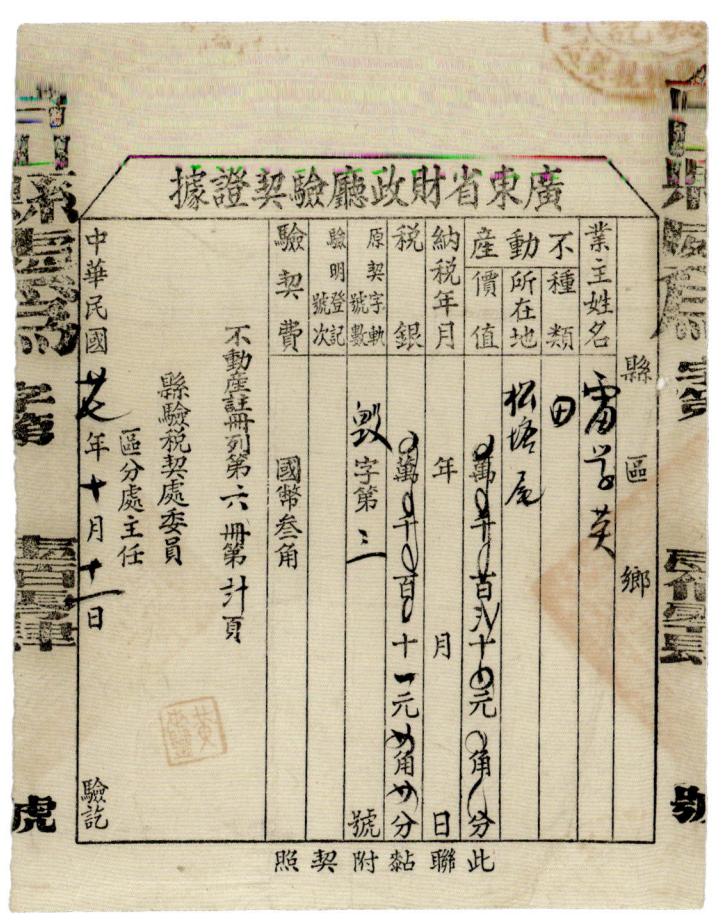

民国二十七年（1938）
雷学英验契证据

Evidence for Official Verification of Title of Lei Xueying in the 27th Year of the Republic of China (1938A.D.)

尺寸：长 17 厘米　宽 21 厘米
地点：广东，台山

广东省财政厅验契证据
业主姓名　　　雷学英
不动产种类　　田
所在地　　　　松塘尾
价值　　　　　贰十元
纳税年月　　　年　月　日
税银　　　　　一元四角四分
原契字轨号数　毁字第三号
验明登记号次
验契费　　　　国币叁角
不动产注册列第六册第四十页
县验税契处委员　（章）
区分处主任
中华民国二十七年十月十一日　验讫
此联粘附契照。

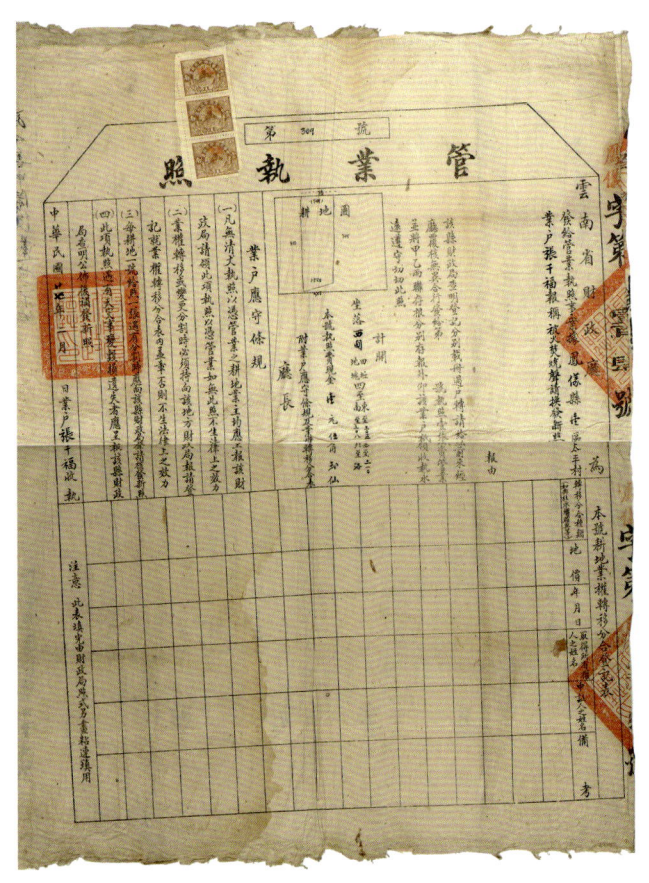

民国二十七年（1938）张千福管业执照

Land Certificate of Zhang Qianfu in the 27th Year of the Republic of China (1938A.D.)

尺寸：长 43 厘米　宽 53 厘米
地点：云南，凤仪

　　管业执照
云南省财政厅为发给管业执照事。案据凤仪县壹区太平村业户张千福报称，被火焚烧，申请换发新照。
报由该县财政局查明登记分别载册过户转请给照前来。经厅复核无异，合行发给第　　号执照壹张以资管业。
并将甲乙两联存根分别存报，外仰该业户祗领收执，永远遵守。切切此照。
　　计开
　　（耕地图略）
　　　　　　　田坵　　　　　　东至三〇五　　西至三一〇
　　坐落西甸　　　　四至
　　　　　　　地块　　　　　　南至三〇八　　北至路
本号执照费现金壹元伍角贰仙
附业户应守条规及业权转移分合表（略）
　　厅长
中华民国廿七年二月　　　日业户张千福收执。

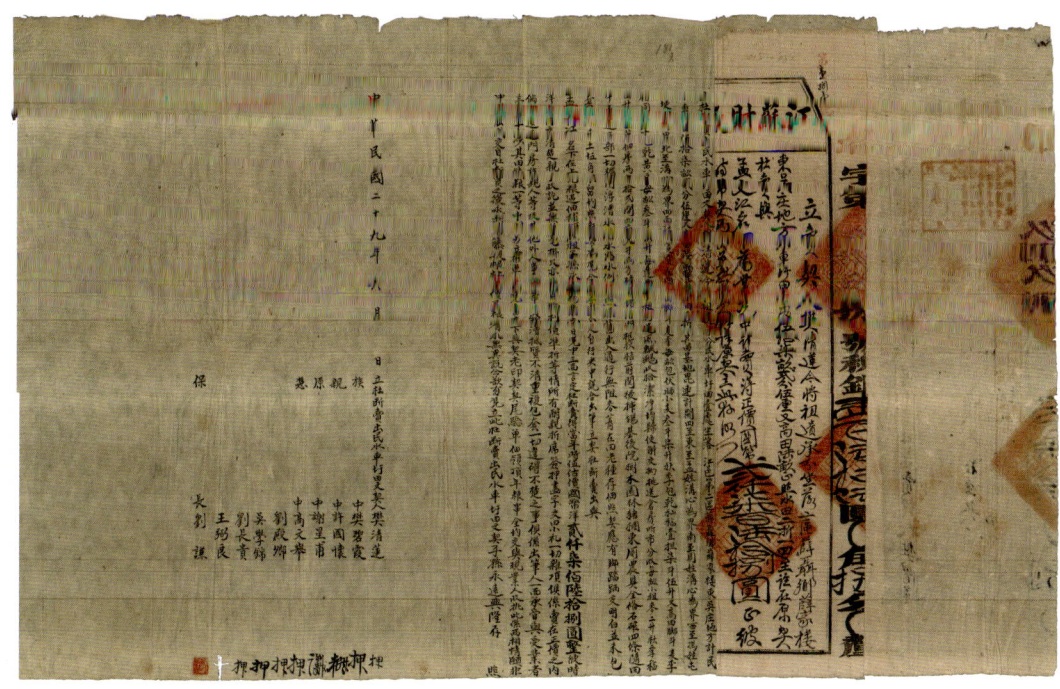

民国二十九年（1940）樊清莲杜断卖出民水车圩田连二契

Deed for Selling Land with Attachments as Waterwheel of Fan Qinglian in the 29th Year of the Republic of China (1940A.D.)

尺寸：长 78 厘米　宽 47 厘米
地点：江苏，江都

立杜断卖出民水车圩田文契人樊清莲，今将祖遗承分民水车圩田一处，坐落江邑第二区薛聂乡薛家楼东吴庄地方，计民水车圩田五拾柒亩贰分五厘。又高田陆亩整，照水田二折一。其田基地毗连，计开四至，东至孟姓沟心为界，南至周姓沟心为界，西至冯姓屯田埂心为界，北至沟心为界，四面注明宽窄在内。本田脚斗麦季每亩包伏晒小麦叁斗柒升。秋季包干籼稻壹担柒斗五升。又高田脚斗麦季相同，秋季包干黄豆每亩叁斗柒升。每逢两季，租籽过风飘扬收拾洁净，均归佃解交拷挑送仓房听市分收。每亩小租麦贰升，秋季稻肆升。在上草佃房两宅十二间，四厢天井两方砖石阶沿门框枕柝前关后插场基后院树木园林猪圈东厕农具全备。石磙四条，随田牛车篷两部，一切独用浮漕水沟水路水例，仍照原旧，出入通行无阻。麦菁在田，老种存佃。照契应有脚踏跡交明白，并末包套他人寸土。折角不留，均照新契为凭。今因正用不足，自行央中说合，出笔立契，杜断卖出与孟文江名下，在上完粮过佃补领收租，子孙永远为业。当日凭中三面言定，杜断卖得当年时值估价国币洋贰千柒百陆拾捌元整。彼时洋契两交清楚，亲手收讫，并无丝毫拉欠，亦非货物利债准折等情。所有酬亲折席签押画字交田小礼一切杂项俱系卖在正价之内。倘有远近门房族亲人等及其他外人争论蒂欠钱漕抵质不清重复包套一切违碍不楚之事，俱系出笔人一面承管，与受业者毫无干涉。其田钱粮一等中则，另立推单为凭。当交下典契老印契契尾验单佃领顶年粮串全均交与现业人收执。此系两厢情愿，非中强屈成交。自杜断卖之后，永断葛藤。拔根杜截，价足粮清，永无异说。今欲有凭，立此杜断卖出民水车圩田文契，子孙永远兴隆存照。

中华民国二十九年六月　　日立杜断卖出民水车圩田文契人樊清莲（押）
　　族中　樊碧霞（押）　　亲中　许国怀（押）　　原中　谢星甫（押）
　　凭中　高文举（押）　刘殿卿（押）　吴学锦（押）　刘长贵（押）　王弼良（押）　　保长　刘谦（章）
　　官契（略）

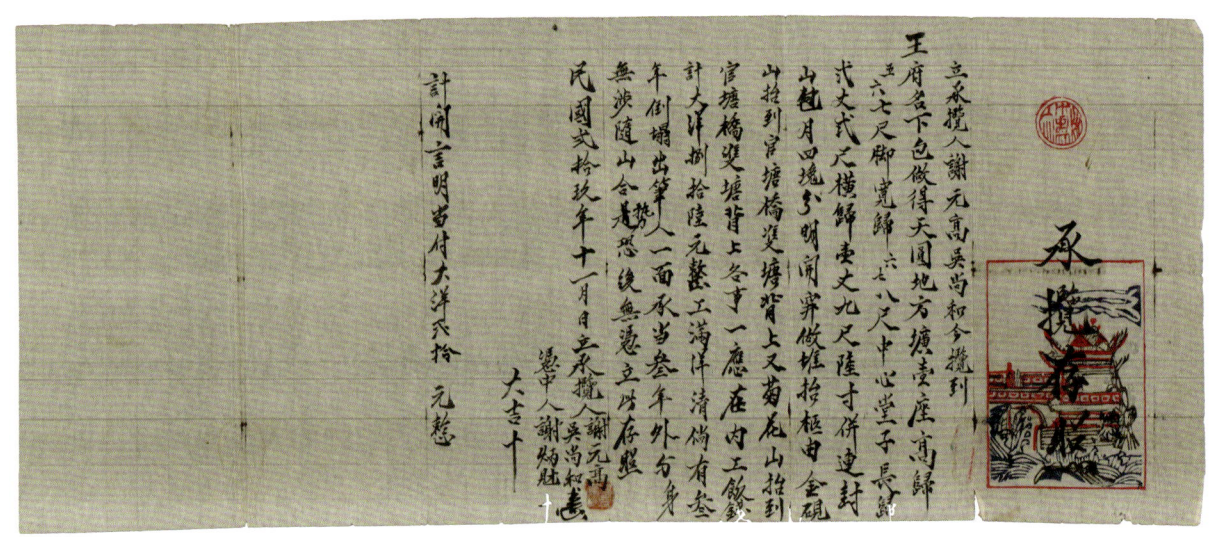

民国二十九年(1940)谢元高承揽约

Contract for Built a Tomb by Xie Yuangao
in the 29th Year of the Republic of China (1940A.D.)

尺寸：长 62 厘米　宽 25 厘米
地点：不详

承揽存照

立承揽人谢元高、吴尚和，今揽到王府名下包做得天圆地方圹一座。高归五六七尺，脚宽归六七八尺，中心堂子长归二丈二尺，横归一丈九尺六寸，并连封山包月四块分明，开穿做堆。抬柩由金砚山抬到官塘桥双塘背上，又菊花山抬到官塘桥双塘背上，各事一应在内。工饭钱计大洋八十六元整，工满洋清。倘有三年倒塌，出笔人一面承当。三年外与身无涉。随山合势。恐后无凭，立此存照。

民国二十九年十一月　　日立承揽人　谢元高（章）
　　　　　　　　　　　　　　　　　吴尚和（押）
　　　　　　　　　　　凭中人　谢炳魁（押）
　　　　　　　　　　　　　　　大　吉（押）

　　计开言明当付大洋贰拾元整。

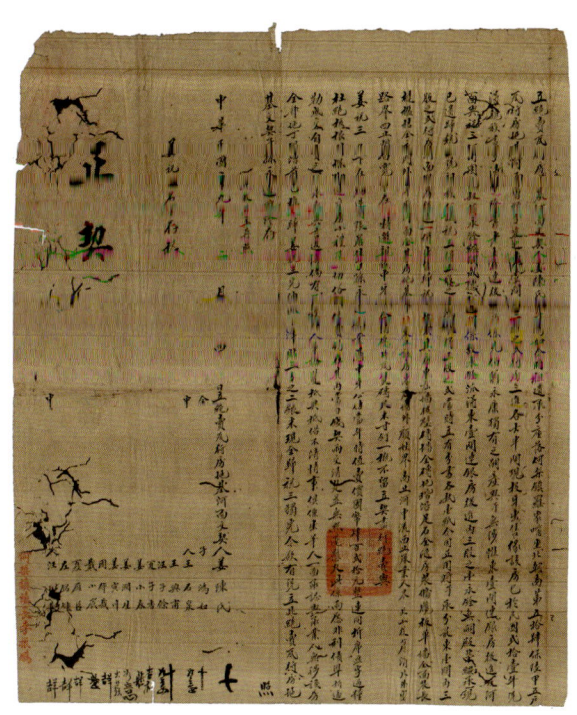

民国二十九年（1940）姜陈氏同子绝卖瓦行房地基河面文契

Deed for Selling Foundation of Jiang Chen's and her son in the 29th Year of the Republic of China (1940A.D.)

尺寸：长36厘米　宽43厘米
地点：江苏，东台

立绝卖瓦行房地基河面文契人姜陈氏同子鸿如，今将祖遗承分坐落何垛镇罗家嘴，坐北朝南第五十四保六甲五户瓦行房地基河面，曾经分定之东一间内三股之二行房三进各大半间，现投牙出售。缘该房已于民国二十一年凭得亲族划分清楚，除靠老大房连后进，乃系先伯翁永康独有之嗣产，与予无涉。惟东一间连银房后进及河面与祝三公用，因先叔翁永铨继嗣成德公之关系，故永铨派得东一间连银房后进内三股之一。永铨无嗣，殿荣继承，现已遗归祝三。凭亲族公议，祝三得三股之一，鸿庆、鸿如得三股之二，当时立有分书，各执一纸。今因正用，将予承分最东一间内三股之二行房河面银房后进，一并出售归祝三执业。其房东庙墙后壁砖墙全砖地阶沿足石全，随房装修巇板单墙全，面装长达槛桔全，店房门外草厂河面全，其房地基界址，东止该房东山墙外顾姓界，南止河中流，西止承业人界，北止后檐滴水外官路界。四址明白，宽窄在内。特邀亲族中牙说合，情愿片瓦只砖尺木寸钉一概不留，立契尽行绝卖与姜祝三名下，在上砌造开张居住，子孙永远为业。凭中牙公估当年时值卖价国币肆百贰拾元整，连同折席画字过粮杜绝拔根倒檩砌造交房小礼及一切俗例，使费均在其内。当口钱契两交清楚，并无丝毫悬欠。此系两愿，非利债准折逼勒成交。自卖之后，永无异言返悔。倘有户族外人争论以及抵典抵借不清情事，俱出笔人一面承认，与承业人无涉。该房全部地丁银漕前已推入归姜祝三完纳，派氏津贴三分之二银米现令归祝三独完。今欲有凭，立此绝卖瓦行房地基文契，子孙永远兴隆存照。

　　　　足收另立再照
中华民国二十九年二月四日立绝卖瓦行房地基河面文契人姜陈氏（押）
　　　同子　鸿如（押）
　　　中人　王石泉（押）　王兴甫（押）　汪子余（押）　夏子香（押）　姜小春（押）　姜润生（押）
　　　　　　姜寅川（押）　周郁哉（押）　戴小辰（押）　夏雁臣（押）　左铭钟（押）　汪心如（押）
　　　何垛镇镇长李振鹏。
　　　姜祝三名下存执。　　　　正契

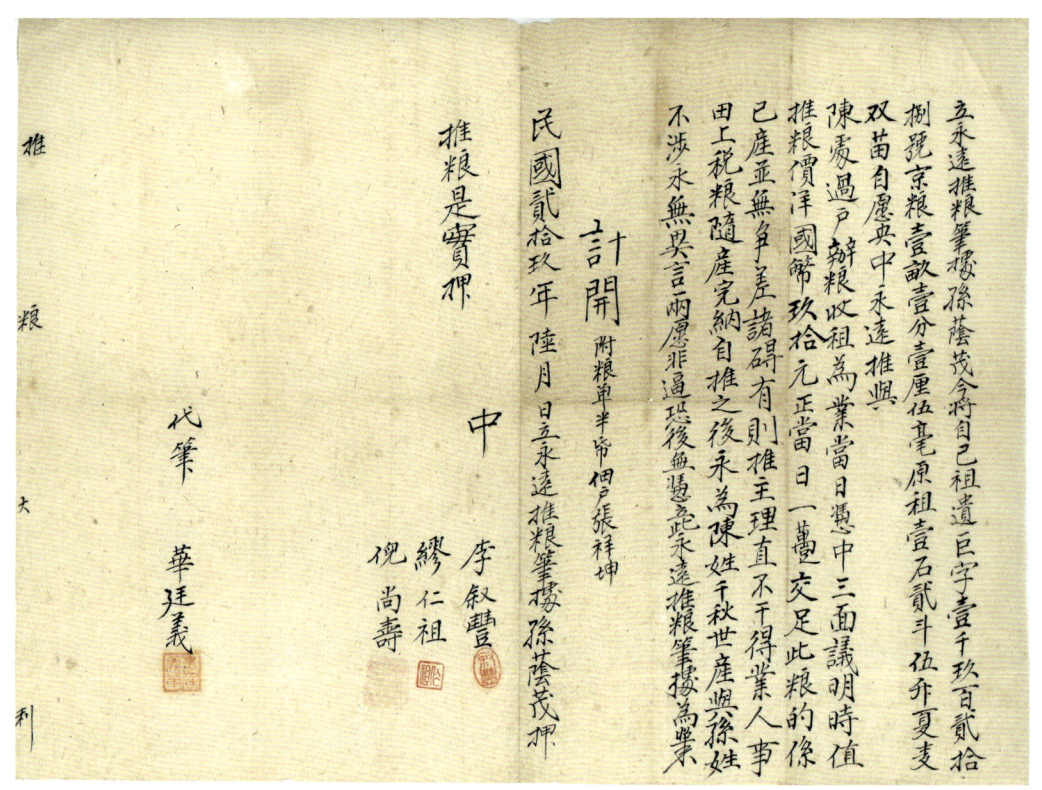

民国二十九年（1940）孙荫茂推粮笔据

Written Pledge for Transfering the Tax Grain of Sun Yinmao in the 29th Year of the Republic of China (1940A.D.)

尺寸：长 32 厘米　宽 23 厘米
地点：不详

立永远推粮笔据孙荫茂，今将自己祖遗巨字壹千玖百贰拾捌号，京粮壹亩壹分壹厘伍毫，原租壹石贰斗伍升夏麦双苗，自愿央中永远推与陈处过户办粮收租为业。当日凭中三面议明时值推粮价洋国币玖拾元正，当日一蹇交足。此粮的系己产，并无争差诸碍。有则推主理直，不干得业人事。田上税粮随产完纳，自推之后永为陈姓千秋世产，与孙姓不涉，永无异言。两愿非逼。恐后无凭，立此永远推粮笔据为照。

　　　计开　附粮单半纸佃户张祥坤
民国贰拾玖年陆月　日立永远推粮笔据　孙荫茂押
　　　　　　　　　中　李叙丰（章）　缪仁祖（章）　倪尚寿
　　　　　　　　　代笔　华廷义（章）
　　　　　　　　　推粮是实押。

　　推粮大利

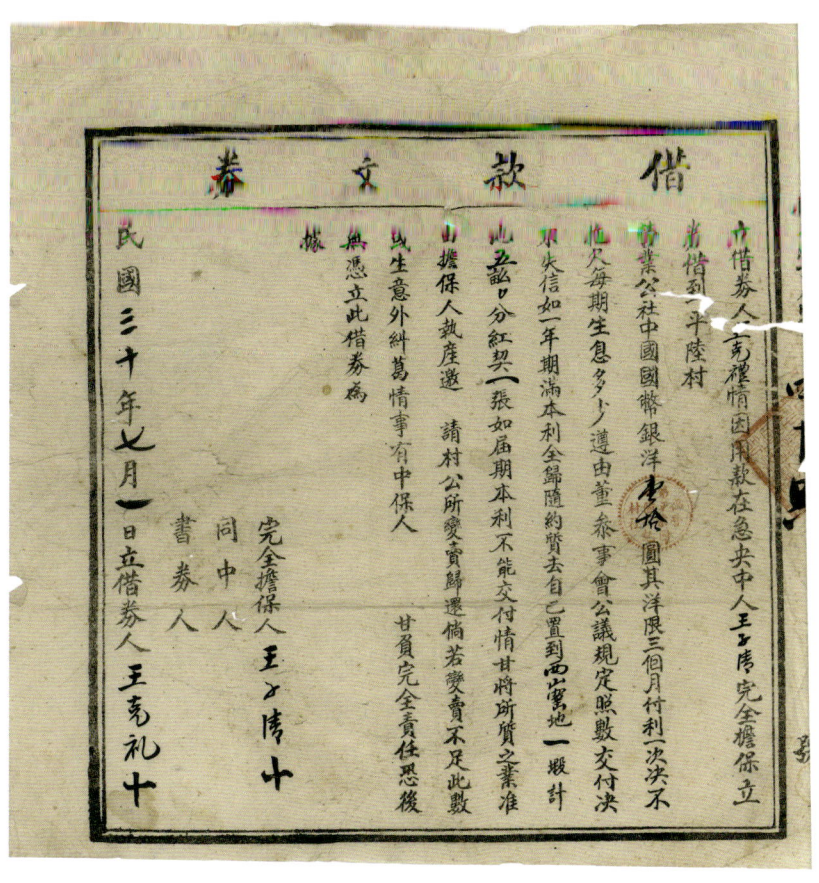

民国三十年（1941）王克礼借款文券

Loan Contract of Wang Keli in the 30th Year of the Republic of China (1941A.D.)

尺寸：长 41 厘米　宽 41 厘米
地点：不详

借款文券

立借券人王克礼，情因用款在急，央中人王子清完全担保，立券借到平陆村营业公社中国国币银洋壹拾元。其洋限三个月付利一次，决不拖欠，每期生息多少，遵由董泰事会公议规定，照数交付决不失信。如一年期满本利全归。随约质去自己置到西山岔地一段，讨地五亩零分，红契一张。如届期本利不能交付，情甘将所质之业准由担保人执产邀请村公所变卖归还。倘若变卖不足此数，或生意外纠葛情事，有中保人　甘负完全责任，恐后无凭，立此借券为据。

　　　　　完全担保人　王子清（押）
　　　　　　同中人
　　　　　　券书人
民国三十年七月一日立借券人　王克礼（押）。

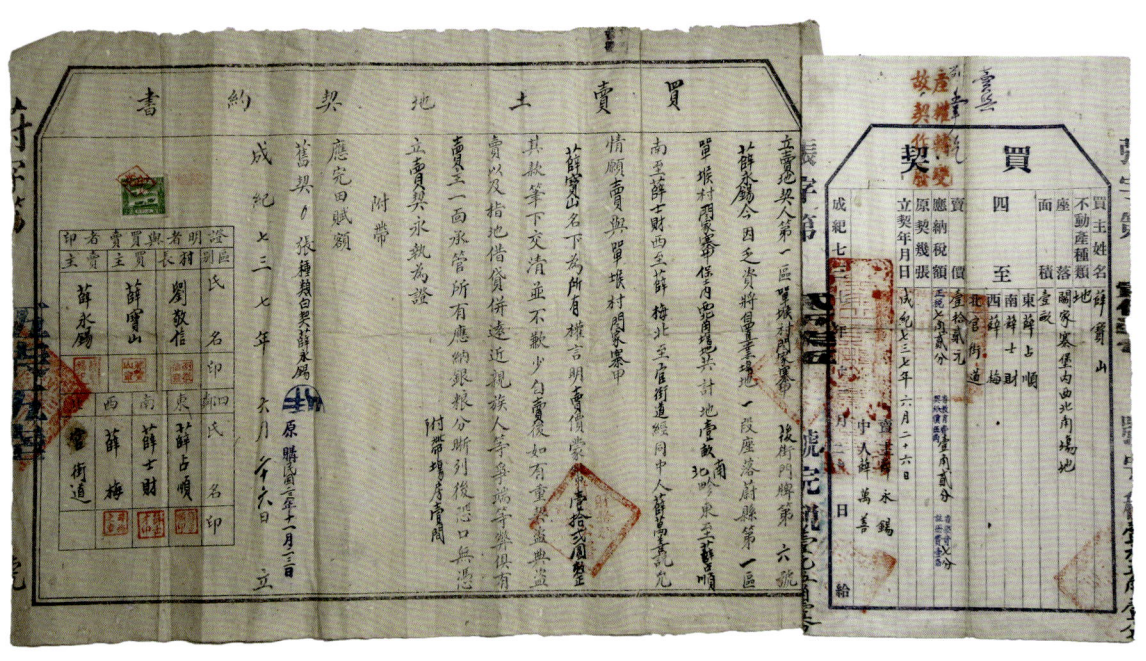

成纪七三七年（1942）薛永锡买卖土地连二契
Selling Land Deed of Xue Yongxi in 1942

尺寸：长 56 厘米　宽 30 厘米
地点：河北，蔚县

买卖土地契约书

立卖地契人第一区单堠村阎家寨后街门牌第六号薛永锡。今因乏资，将自置业场地一段座落蔚县第一区单堠村阎家寨堡内西北角场地，共计地壹亩。南北畛，东至薛占顺，南至薛士财，西至薛梅，北至官街道。经同中人薛万善说允，情愿卖与单堠村阎家寨薛宝山名下为所有权。言明卖价蒙币壹拾贰元整，其款笔下交清并不欠少。自卖后如有重契盗典盗卖以及指地借贷并远近亲族人等争端等弊，俱有卖主一面承管。所有应纳银粮分晰列后。恐口无凭，立卖契永执为证。　　　　附带场房壹间。

附带

应完田赋额。

旧契 0 张种类白契薛永锡。

原购民国二三年十一月二三日。

成纪七三七年六月二十六日立。

买契（略）

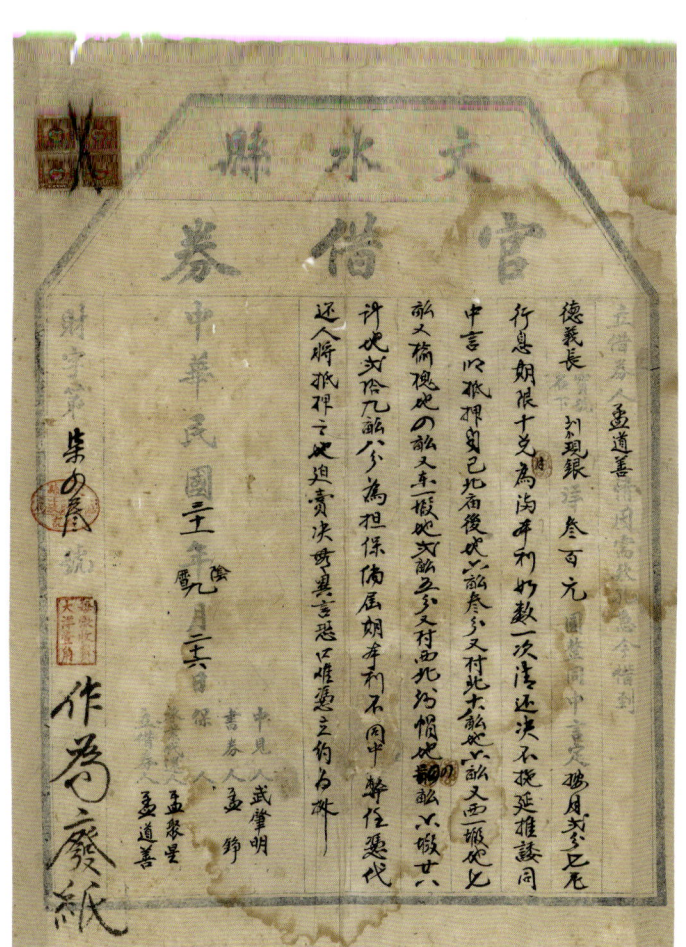

民国三十一年（1942）孟道善官借券

Official Lending Deed of Meng Daoshan in the 21th Year of the Republic of China (1942A.D.)

尺寸：长50厘米 宽37.5厘米
地点：山西，文水

文水县官借券

立借券人孟道善，情因需款孔急，今借到德义长宝号名下□□。现银洋叁百圆整。同中言定按月贰分七厘行息，期限十兑月为满，本利如数一次清还，决不拖延推诿。同中言明抵押自己北庙后地六亩叁分，又村北十八亩地六亩，又西一段地七亩，又榆槐地四亩，又东一段地贰亩五分，又村西北河帽地四亩，六段共计地贰拾玖亩八分为担保。倘届期本利不同中弊，任凭代还人将抵押之地迫卖，决无异言。恐口难凭，立约为据。

中华民国三十一年阴历九月二十六日

  中见人 武肇明
  书券人 孟 铮
  保 人
  承业代还人 孟聚星
  立借券人 孟道善
  财字第柒四叁号。

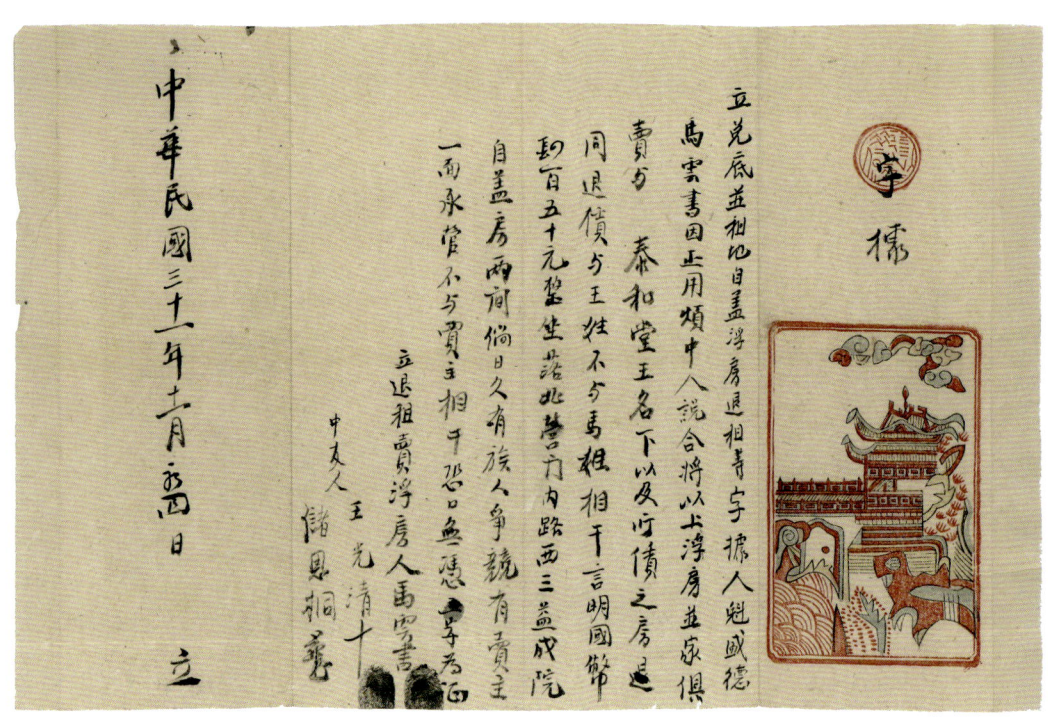

民国三十一年（1942）魁盛德等字据

Contract of Kui Shengde etc. in the 31th year of the Republic of China (1942A.D.)

尺寸：长37厘米 宽24厘米
地点：不详

　　字据
立兑底并租地自盖浮房退租等字据人魁盛德、马雲书，因正用，烦中人说合将以上浮房并家具卖与泰和堂王名下，以及所赁之房退同退赁与王姓，不与马姓相干。言明国币肆百五拾元整，坐落北营门内路西三益成院。自盖房两间。倘日久有族人争竞，有卖主一面承管，不与买主相干。恐口无凭，立字为证。
　　立退租卖浮房人　马雲书（押）
　　　　　　中友人　王光清（押）储恩桐（押）
中华民国三十一年十一月初四日　立。

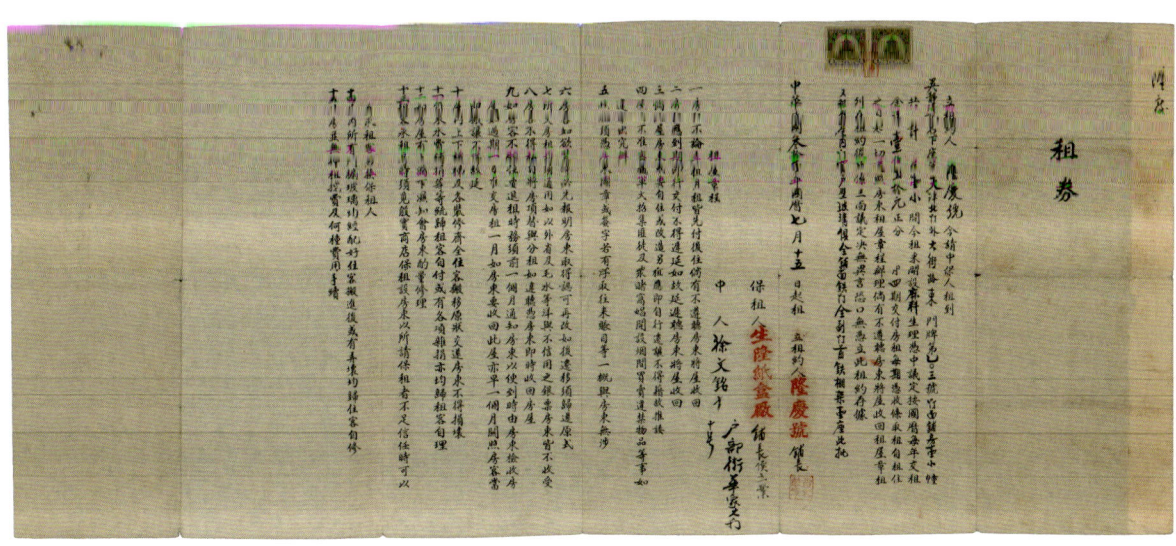

民国三十一年（1942）隆庆号租券

Rent Contract of Longqing Firm in the 31th year of the Republic of China (1942A.D.)

尺寸：长 66 厘米　宽 27 厘米
地点：天津

　　租券

立租约人隆庆号，今请中保人租到吴静涛记名下坐落天津北门外大街路东门牌第一〇三号门面铺房一小幢，共计屋一小间。今租来开设麻料生理。凭中议定，按国历每年交租金洋壹百贰拾元正，分 月四期交付房租，每期凭收条取租。自租住之日起，一切遵照房东租屋章程办理。倘有不遵，听房东将屋收回。租屋章程列在租约后。此系三面议定，绝无异言。恐口无凭，立此租约存据。

　　又，租到屋内门窗户壁玻璃俱全，铺面铁门、全副门首铁棚架一座，此批。

中华民国三十一年国立七月十五日起租　　立租约人　隆庆号铺长（章）
　　　　　　　　　　　　　　　　　　　　保租人　　生隆纸盒厂铺长保立业
　　　　　　　　　　　　　　　　　　　　中　人　　徐文铭（押）户部街华家大门十号

　　租屋章程（略）

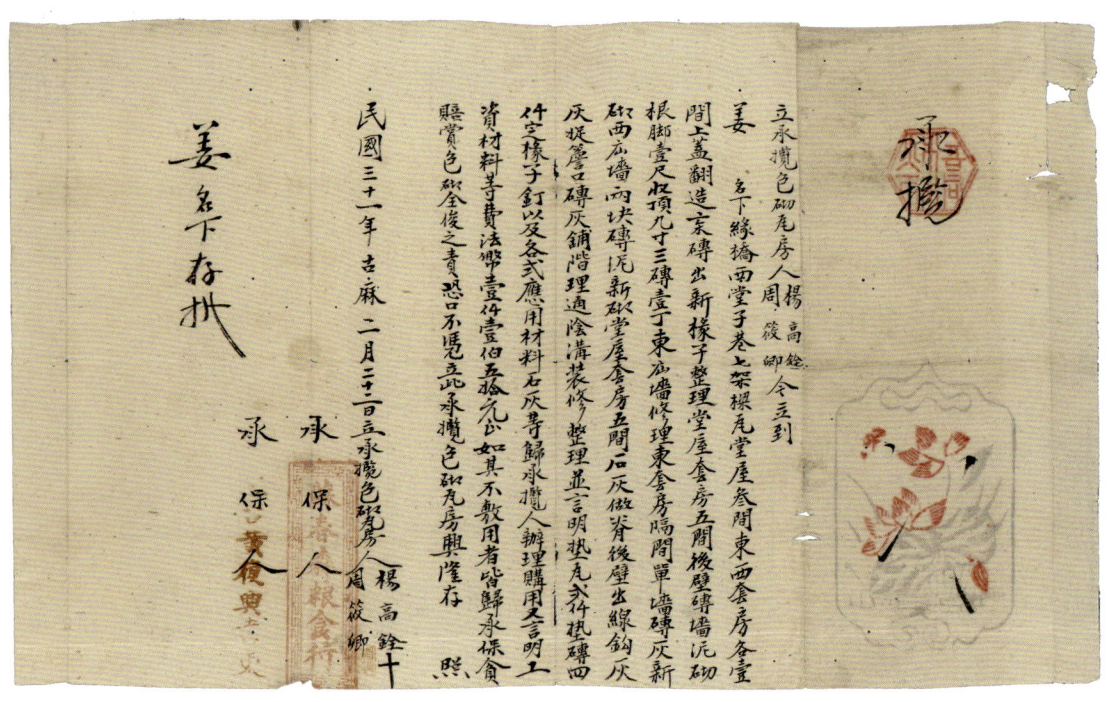

民国三十一年(1942) 杨高铨等承揽约

Hired Work Contract of Yang Gaoquan etc. in the 31th year of the Republic of China (1942A.D.)

尺寸：长 36 厘米　宽 21 厘米
地点：不详

承揽

立承揽包砌瓦房人杨高铨、周筱卿，今立到姜　名下缘桥西堂子巷七架梁瓦堂屋三间，东西套房各一间，上盖翻造，宋砖出新，椽子整理；堂屋套房五间，后壁砖墙泥砌，根脚一尺收顶，九寸三砖一丁，东庑墙修理，东套房隔间单墙砖灰新砌，西山墙两块砖泥新砌；堂屋套房五间，石灰做脊，后壁出线，钩灰灰捉簷口，砖灰铺阶，理通阴沟，装修整理。并言明垫瓦二千，垫砖四千，定椽子钉以及各式应用材料、石灰等，归承揽人办理购用。又言明工资材料等费，法币壹千壹百五拾元正。如其不敷用者，皆归承保人负赔偿、包砌全后之责。恐口不凭，立此承揽包砌瓦房兴隆存照。

民国三十一年古历二月二十二日立承揽包砌瓦房人　杨高铨（押）周筱卿（章）
　　　　　　　　　　　　　　　　　承保人　（苏春森粮食行章）
　　　　　　　　　　　　　　　　　承保人　（章）

姜名下存执。

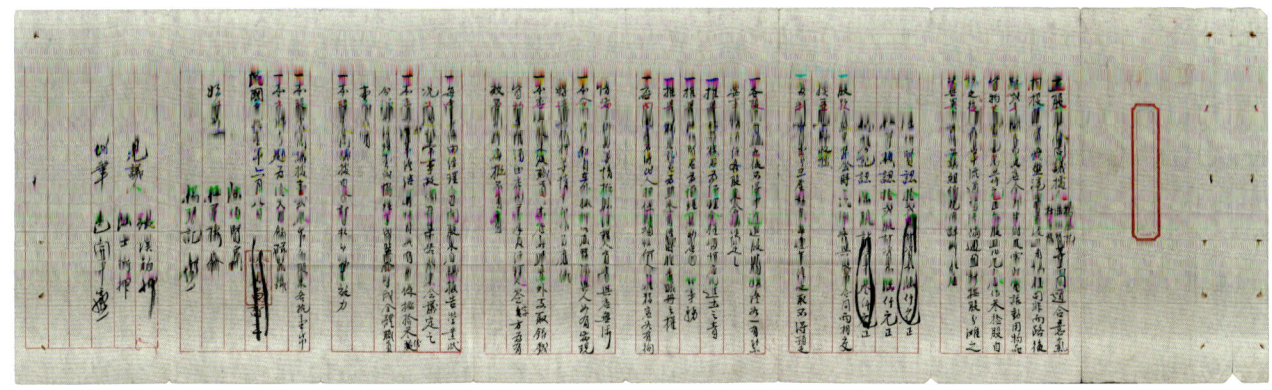

民国三十一年（1942）杨琴记等股单合同议据

Joint Stock Contract of Yang Qing's Firm in the 31th year of the Republic of China (1942A.D.)

尺寸：长 75 厘米　宽 21 厘米
地点：上海

立股单合同议据人杨琴记、陆伯贤、杜萼楼等志同道合，意气相投，集资受盘沪西曹家渡五角场极司非而路后路二号协大昌支店全部生财及电灯、电话、动用物品、货物等，集资壹万五千元正，每股五百元正，合作三十股。自认之后，作为店中流通资源。倘遇盈余，按股分摊之，绝无异言。兹将妥议组织规条详列于后：

  陆伯贤认拾贰股计资本陆千元正

  杜萼楼认拾贰股计资本六千元正

  杨琴记认陆股计资本三千元正

一、股款在股东集会时一次缴齐，与股单合同两相交换，并无临收据。

一、复利每月壹分五厘起息，每逢年终支取，不得预支。

一、各股东自认之后，不得中途退股，以期始终如一。有紧要事情须经各股东合议决定之。

一、推举杜萼楼君为经理，全权管理店内进出之责。

一、推举陆伯贤君为协理，襄助店内一切事务。

一、推举杨琴记君为监察，有随时检查账册之权。

一、店内图章不得代人担保疑项，任何人不准移宕，为有徇情发生纠葛等情，概归经理人负责，与店无涉。

一、本合同不得私自在外抵押，以及转让与人，如有发现转让与抵押等情，立即作为废纸。

一、本店各股东及职员以本店名誉在外支取银钱货物等情，须由店内盖章及经理人签字方为有效，否则本店概不负责。

一、每逢年终，由经理人召开股东会议，报告营业状况，如遇非常事故，须召集各股东会议定之。

一、本店每至年终结算账目，如有盈余按十三份分派，如经理　成，协理半成，监察半成，全体职员一成为实。

、本股单合同议据自签订日起即发生效力。

一、本股单合同议据一式三纸，各股东各执一纸。

一、本店牌号题为洽大昌锅磁器号。

民国三十一年六月八日　陆伯贤（押）杜萼楼（押）杨琴记（押）

   始终如一

     见证人　张汉初（押）陆士衡（押）

     代　笔　包开平（押）

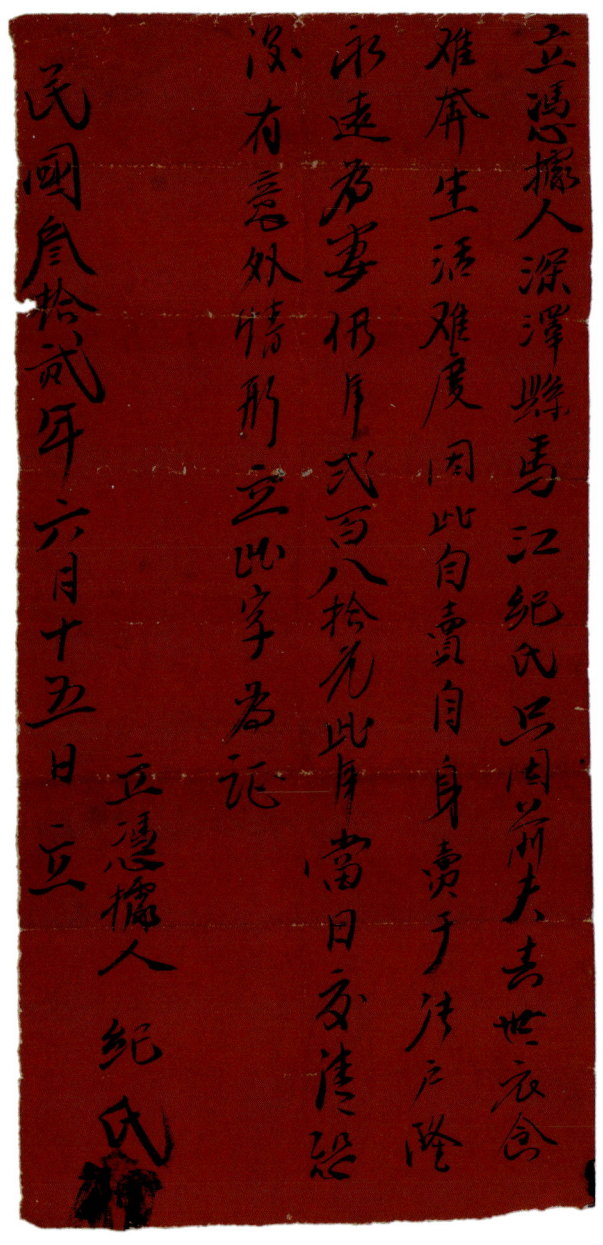

民国三十二年 (1943) 纪氏卖身据

Indenture by Which Ji sells herself in the 32th year of the Republic of China (1943A.D.)

尺寸：长 38 厘米　宽 57 厘米
地点：河北，深泽

立凭据人深泽县马江纪氏，只因前夫去世，衣食难奔，生活难度。因此自卖自身。卖于张户隆永远为妻，价洋贰百八拾元，此洋当日交清。恐后有意外情形，立此字为证。

　　　立凭据人　纪氏（押）
民国三十二年六月十五日　立。

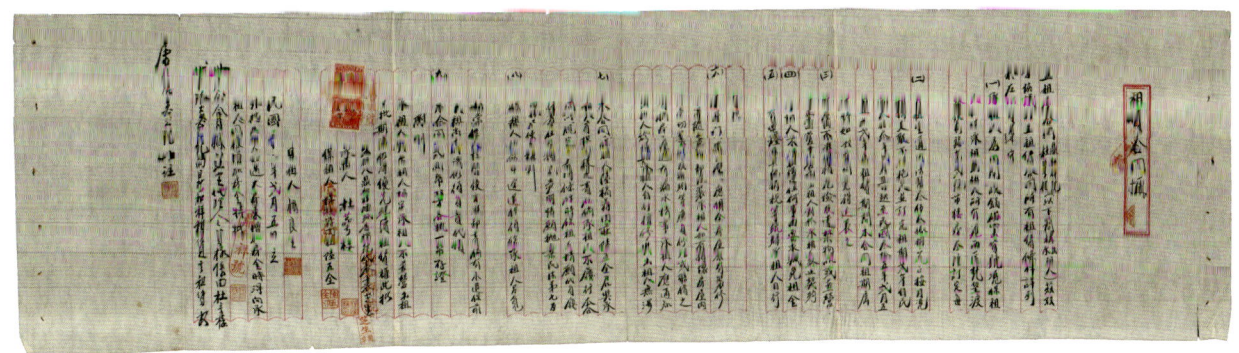

民国三十三年（1944）鼎和祥号租屋合同

Renting House Contract of Dingxianghe Firm in the 33th year of the Republic of China (1944A.D.)

尺寸：长 86 厘米　宽 22 厘米
地点：上海

租赁合同据

立租屋合同鼎和祥号（以下简称出租人）、杜荸楼（以下简称承租人），兹双方协议订立租赁合同，所有租赁条件详列于左，以资遵守：

（一）承租人为因开设锅磁窑货号，凭保租人担保承租出租人所有沪西区梵皇渡路后马路第二号市楼房三幢，订定每

（二）月租金通用法币叁百叁拾捌元正，按月凭租折支取，不得拖欠，并订定租期二年，自民国三十三年二月五日起至民国三十五年二月五日止，共二年为租赁期间。本合同租期届满时如双方同意得延长之。

（三）房屋内不准堆积危险及违禁物品或兼营不正当营业，否则出租人对于承租人终止契约。

（四）承租人不得藉口任何事由要求减免租金。

（五）所有电灯及其他捐税等统归承租人自行负担。

（六）在房门、窗、四壁一应俱全，房屋原有装修不得随意拆卸改装，承租人如有损坏房屋内外一切装修及玻璃等，应负修理或赔偿之责，倘房屋遇有漏水情事，承租人应通知出租人修理，如承租人自行擅修与出租人无涉。

（七）本合同保租人陆稿荐肉庄陆五全君与承租人负担同样之责任，倘承租人不履行本合同所规定之各项条件时，保租人情愿代负履行责任，兹预先声明情愿抛弃民法第七百四十五条之权利。

（八）保租人如欲中途退保须俟承租人另觅相当保人接替后，方准卸责。倘有未退保前欠租尚未付清仍须负责代偿。

（九）本合同一式两纸，双方各执一纸存证。

附则

承租人与出租人协定承租人不兼营出租又批期满，仍得优先继续租赁权，此批。

出租人　鼎和祥烟纸香烛号（鼎和祥号章）　代表裘芝生（章）

承租人　杜荸楼（章）

保租人　陆稿荐肉庄（陆稿荐印）　陆五全（章）

见租人　杨良生

民国三十三年贰月五日立。

外批，出租人如遇大房东增加房金时，得向承租人同样增加房金，特批。

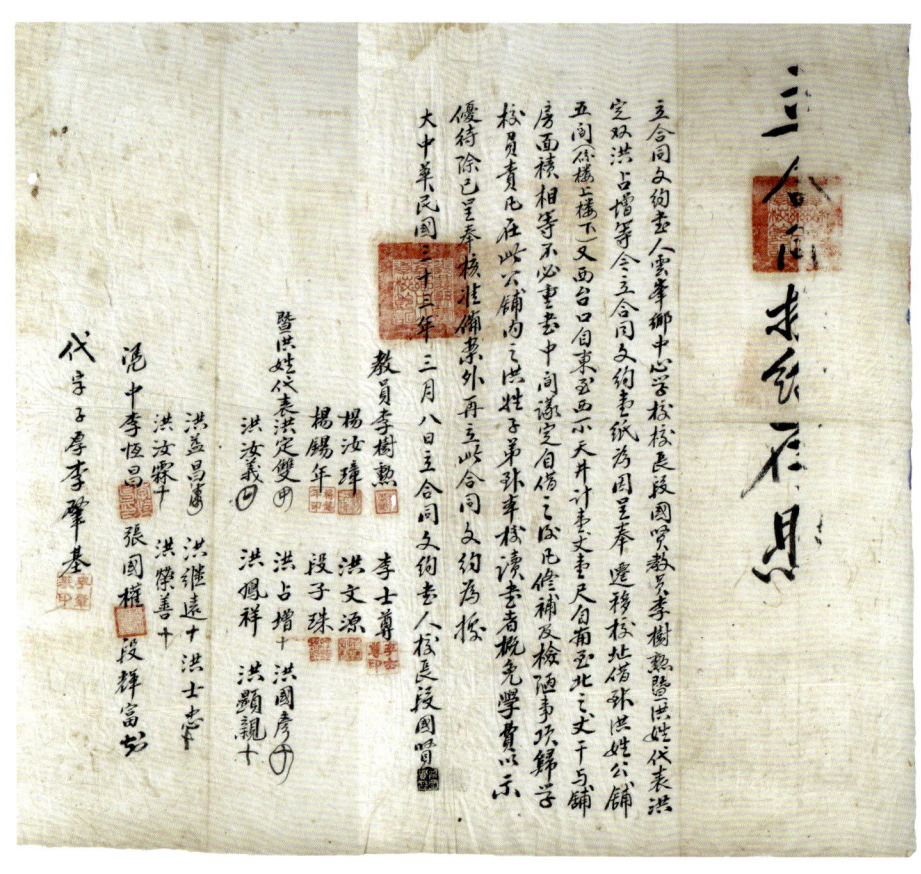

民国三十三年(1944)云峰乡中心学校合同文约

Contract of the Yunfeng Central School in the 33th year of the Republic of China (1944A.D.)

尺寸：长 50 厘米　宽 47 厘米
地点：云南，鹤庆

立合同文约书人云峰乡中心学校校长段国贤，教员李树勋暨洪姓代表洪定双洪占增等，今立合同文约壹纸。为因呈奉迁移校址，借到洪姓公铺五间（系楼上楼下）。又西台口自东至西一小天井，计壹丈壹尺，自南至北之丈干与铺房面积相等，不必重书。中间议定，自借之后凡修补及检陋事项，归学校负责。凡在此公铺内之洪姓子弟到本校读书者，概免学费，以示优待。除已呈奉核准备案外，再立此合同文约为据。
大中华民国三十三年三月八日立合同文约书人校长段国贤（章）

教员	李树勋（章）	李士尊（章）	杨汝璋（章）	洪文源（章）	杨锡年（章）	段子珠（章）
暨洪姓代表	洪定双（押）	洪占增（押）	洪国彦（押）	洪汝义（押）	洪凤祥	洪显亲（押）
	洪益昌（押）	洪继远（押）	洪士忠（押）	洪汝霖（押）	洪荣善（押）	
凭中	李恒昌（章）	张国权（章）	段辉富（押）			
代字	子厚李肇基（章）					

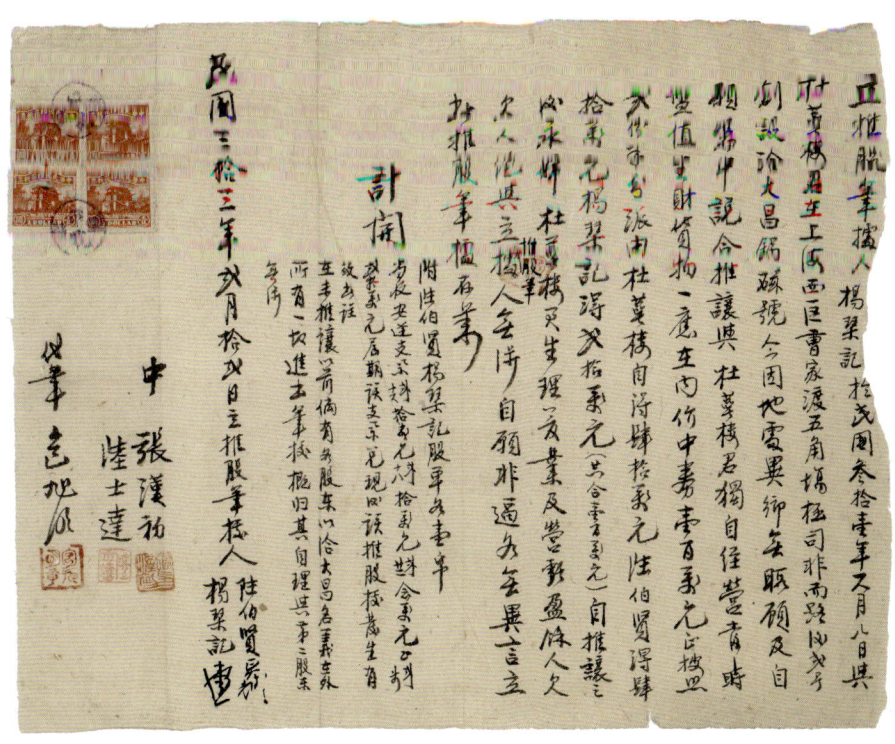

民国三十三年（1944）陆伯贤等推股笔据

Transferring Stock Contract of Lu Boxian and Yang qing's Firm in the 33th year of the Republic of China (1944A.D.)

尺寸：长30厘米　宽24厘米
地点：上海

立推股笔据人陆伯贤、杨琴记，于民国叁拾壹年六月八日与杜荨楼君在上海西区曹家渡五角场极司非而路后二号创设洽大昌锅磁号。今因地处异乡，无暇顾及，自愿凭中说合推让与杜荨楼君独自经营。当时盘值生财货物一应在内，价中券壹百万元正。按照二份半分派，由杜荨楼自得肆拾万元，陆伯贤得肆拾万元，杨琴记得贰拾万元（共合壹百万元）。自推让之后，永归杜荨楼君生理管业，及营亏盈余，人欠欠人，绝与立推股笔据人无涉。自愿非逼，各无异言。立此推股笔据存业。

　　计开：
　　　　附陆伯贤杨琴记股单各一纸。当收安送支票贰月十六日拾万元，二月十八日拾万元，贰月廿二日恣力元正。贰月廿四日贰拾万元。届期该支票兑现后，该推据发生有效，此注。
　　　　在未推让以前，倘有各股东以洽大昌名义在外所有一切进出笔据，概归其自理，与第二股东无涉。
民国三拾三年贰月拾贰日立推股笔据人　陆伯贤（押）　杨琴记（押）
　　　　　　　　　　　　　　　　中　张汉初（章）　陆士达（章）
　　　　　　　　　　　　　　　　代笔　包旭明（章）

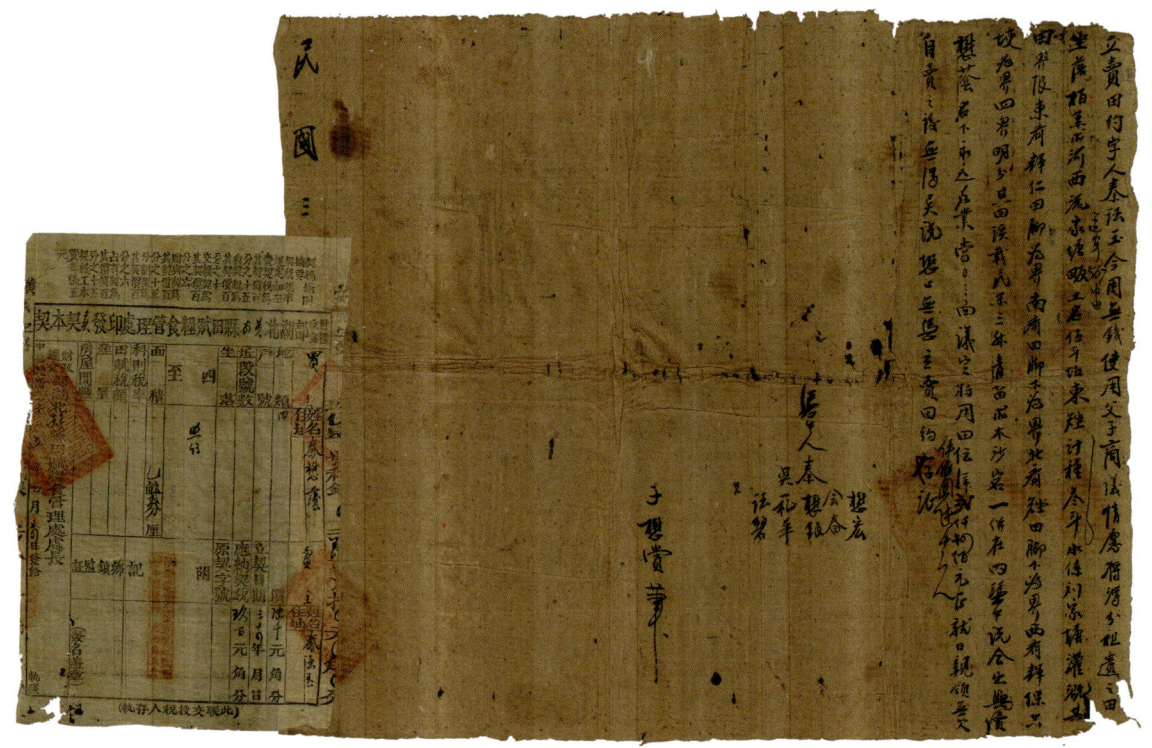

民国三十三年（1944）秦德玉卖田连二契

Deed for Selling Land of Qing Deyu in the 33th year of the Republic of China (1944A.D.)

尺寸：长 78 厘米　宽 51 厘米
地点：湖北，黄安

立卖田约字人秦德玉，今因无钱使用，父子商议，情愿将浮分祖遗之田，坐落柏叶术河西流家塘畈土名伍斗丘东矬，计粮叁斗，水系刘家塘灌溉，其田界限东齐辉仁田脚为界，南齐田脚下为界，北齐矬田脚下为界，西齐辉保共埂为界，四界明分。其田该载民米叁升，青苗术木沙岩一并在内。凭中说合出卖与懋荫名下永远为业。当日三面议定，特用田伝洋贰千捌百元正，就日亲领无欠。自卖之后，无得异说。恐口无凭，立卖田约存证。

　　凭中人　懋宏　会春　秦懋银　吴礼华　德碧
　　　　　　子懋赏笔
民国三十三年☐。
　　卖契本契（略）

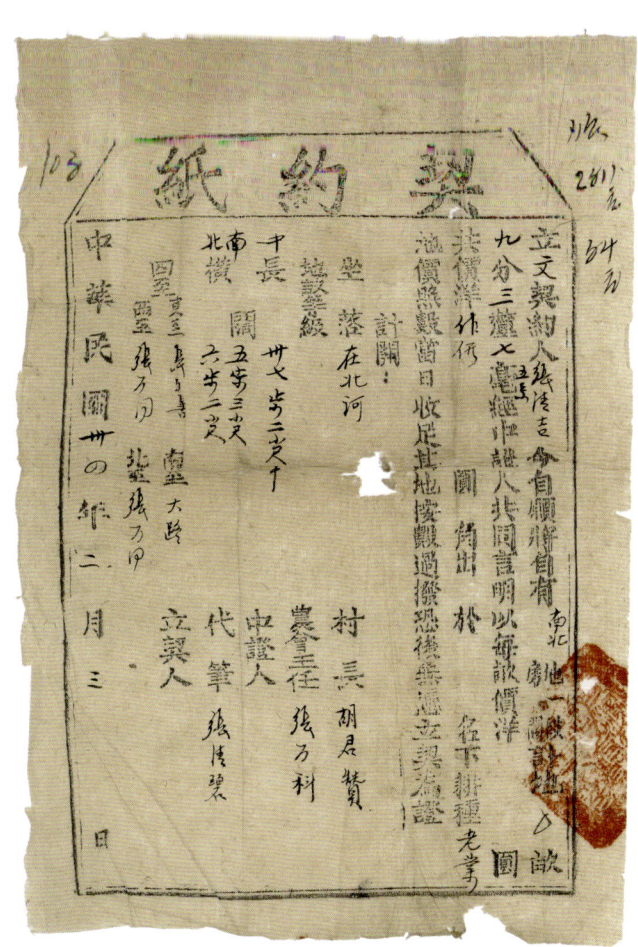

民国三十四年 (1945) 张清吉卖地契

Deed for Selling Land of Zhang Qingji in the 34th year of the Republic of China (1945 A.D.)

尺寸：长 24 厘米　宽 35 厘米
地点：不详

契约纸

立立契约人张清吉，今自愿将自有南北地一段，计地△亩九分三厘七毫。经中证人共同言明，以每亩价洋　圆，共价洋作价　圆　角出于　名下耕种老业。地价照数当日收足，其地按数过拨。恐后无凭，立契为证。

计开：

坐落	在北河
地亩等级	
中长阔	卅七步二小尺
南横阔	五步三小尺
北横阔	六步二小尺
四至	东至张万善　南至大路
	西至张万同　北至张万同
村长	胡君赞
农会主任	张万科
中证人	
代笔	张清碧
立契人	

中华民国卅四年二月三日。

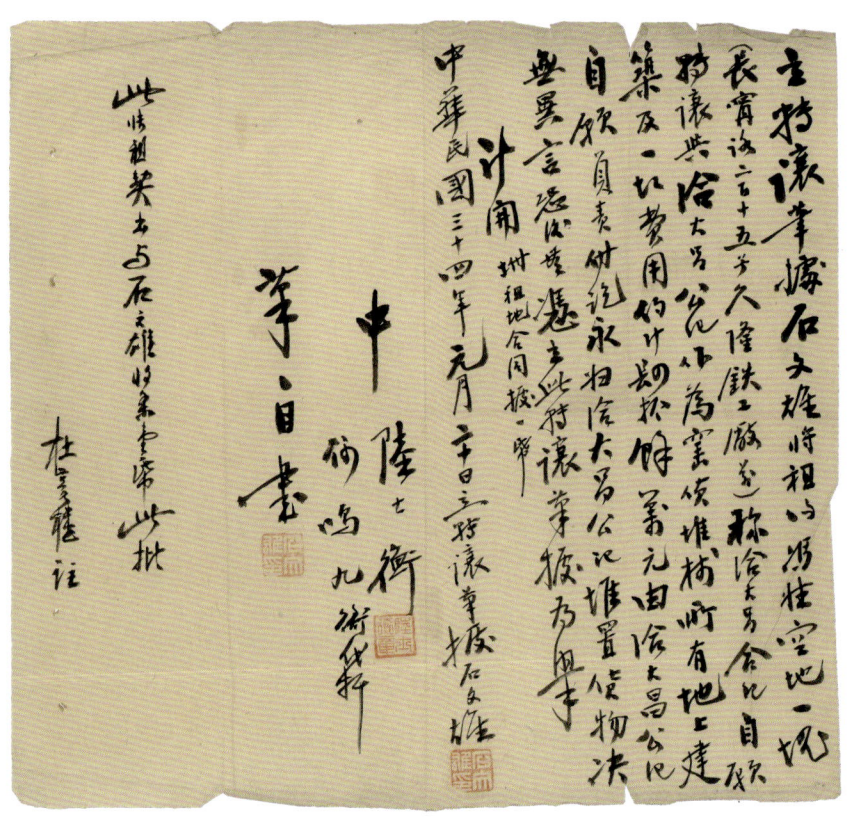

民国三十四年 (1945) 石文雄转让笔据

Transferring Contract of Shi Wenxiong in the 34th year of the Republic of China (1945A.D.)

尺寸：长 28 厘米　宽 25 厘米
地点：上海

立转让笔据石文雄，将租约冯姓空地一块（长宁路二百十五号久隆铁工厂前）称洽大昌合记，自愿转让与洽大昌公记作为窑货堆栈。所有地上建筑及一切费用约计肆拾余万元，由洽大昌公记自愿负责付讫，永归洽大昌公记堆置货物，决无异言。恐后无凭，立此转让笔据为照。

计开：附租地合同据一纸。

中华民国三十四年元月二十日立转让笔据　石文雄（章）

中　陆士衡（章）　何鸣九衡代□

笔自书（章）

此张租契出与石文雄收条壹纸，此批。

杜萼楼注。

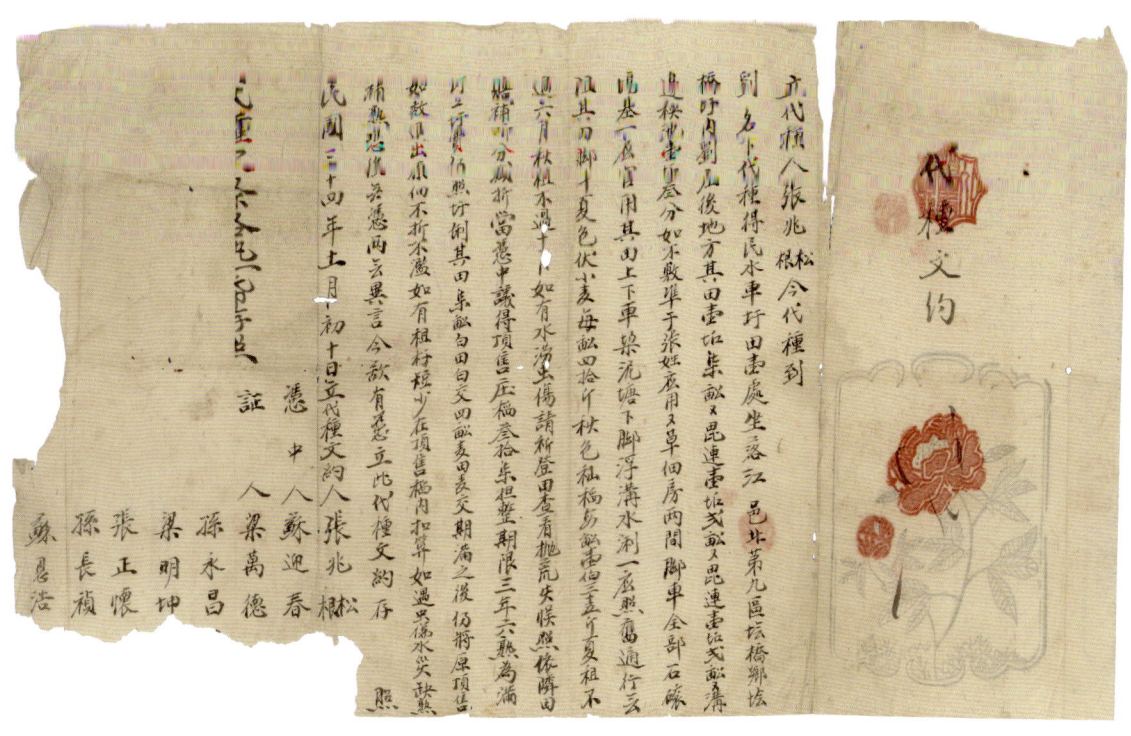

民国三十四年（1945）张兆松等代种文约

Contract for Replacing Farming by Zhang Zhaosong etc. in the 34th year of the Republic of China (1945A.D.)

尺寸：长 36 厘米　宽 22 厘米
地点：江苏，扬州

代种文约

立代种人张兆松、张兆根，今代种到刘　　名下代种得民水车圩田一处，坐落江邑北第九区埝桥乡埝桥圩内刘庄后地方，其田壹坵柒亩。又毗连壹坵贰亩，又毗连壹坵贰亩，又沟边秧池壹坵叁分，如不敷，准于张姓应用。又草佃房两间，脚车全部，石磙场基一应官用。其田上下车垛泥塘下脚，浮沟水浰，一应照旧通行无阻。其田脚丰夏包伏小麦每亩四十斤，秋包籼稻每亩壹百三十五斤，夏租不过六月，秋租不过十月。如有水涝虫伤，请祈登田查看，抛荒失误，照依邻田赔补，听分减扣。当凭中议，得顶佃庄稻叁拾柒担整，期限三年六熟为满。圩工圩费仍照圩（俐）[例]。其田七亩白田，白交四亩麦田，麦交期满之后，仍将原顶售如数退出。原佃不折不滥，如有租籽短少，在顶售稻内扣算。如遇虫伤水灾，缺熟补熟。恐后无凭，两无异言，今欲有凭，立此代种文约存照。

民国三十四年十一月初十日立代种人　张兆松　张兆根

　　　　　　　凭中人　苏迎春

　　　　　　　证　人　梁万德　孙永昌　梁明坤　张正怀　孙长祯　苏恩浩

代种之条各执一纸存照（半书）。

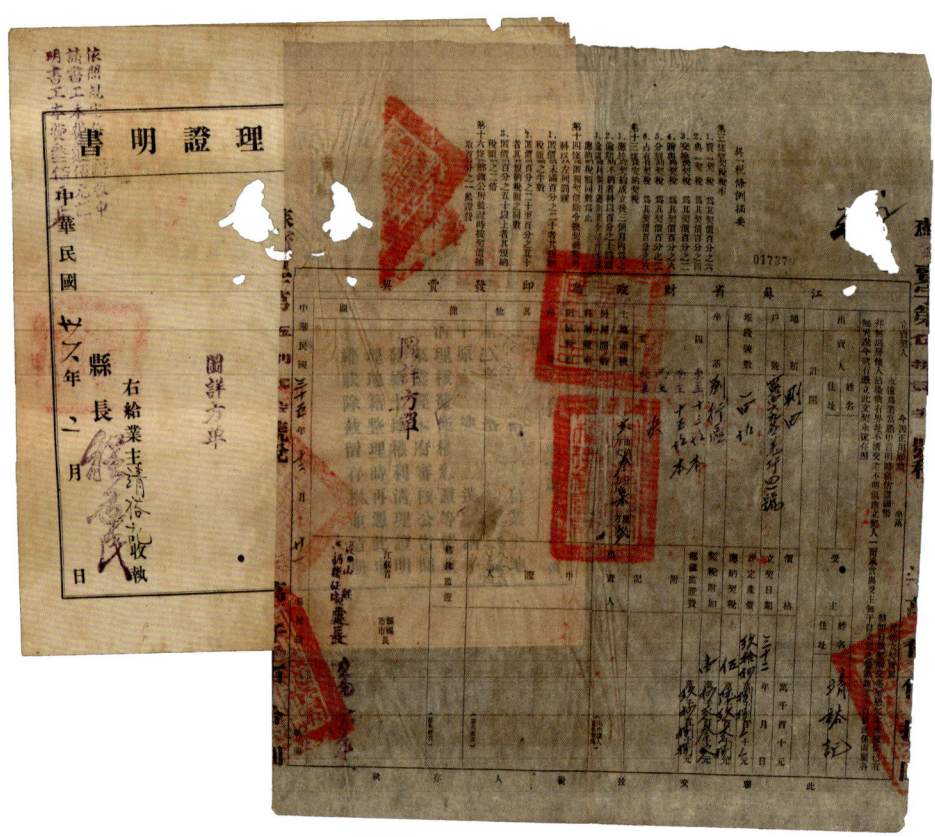

民国三十五年（1946）靖裕记买则田契纸

Deed for Purchasing Land by Jingyu Firm in the 35th year of the Republic of China (1946A.D.)

尺寸：长 48 厘米　宽 42 厘米
地点：江苏，宝山

江苏省财政厅印发卖契

立卖契人　　今因正用，愿将　坐落　产业立契，卖与　永远为业。当凭中言明时值估价国币　整，即日款契两交，毫无悬欠。本产确系己有，并无别房他人沾染。倘有界址不清，交差不明，俱由立契人一面承当，与受主无干。自立契之后，悉听业主自便。此系两愿，各无异说。今欲有凭，立此文契永远存照。
　　（表格内容略）
中华民国三十五年十二月廿一日发给　执照。
　　（加盖：江苏省财政厅印）

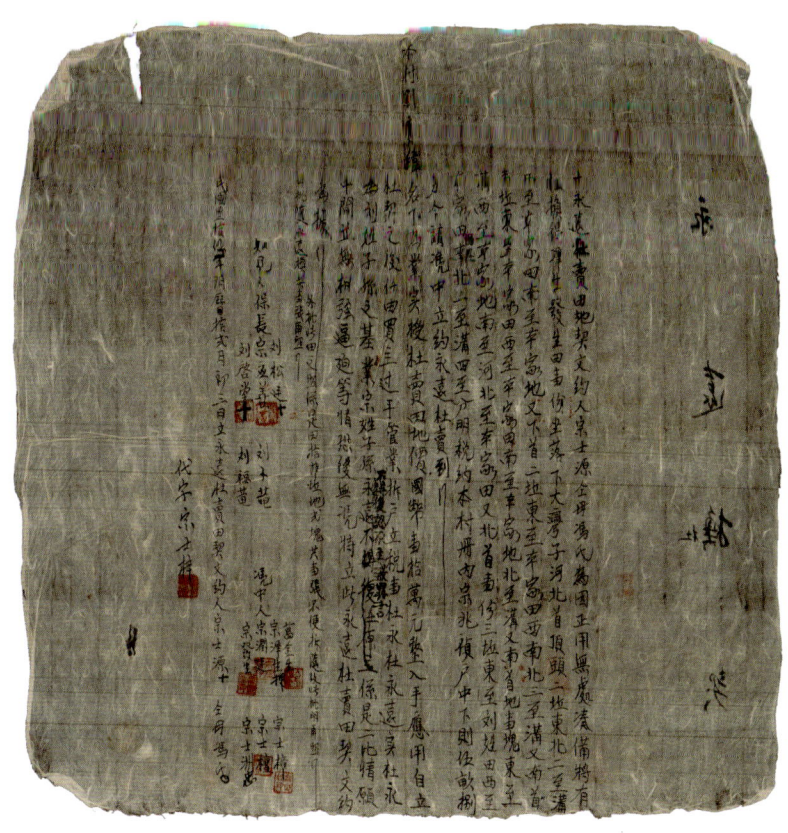

民国三十五年（1946）宗士源杜卖田地契文约

Deed for Selling Land of Zong Shiyuan in the 35th year of the Republic of China (1946A.D.)

尺寸：长 41 厘米　宽 41 厘米
地点：不详

    永远杜契

立永远杜卖田地契文约人宗士源仝母冯氏，为因正用无处凑备，将有杜换得泽生发生田一份，坐落下人湾子河北首顶头二坷，东、北二至沟，西至本家田，南至本家地；又下首二坷，东至本家田，西、南、北三至沟；又南首一坷，东至本家田，西至本家田，南至本家地，北至沟；又南首地壹块，东至沟，西至本家地，南至河，北至本家田；又北首一份三坷，东至刘姓田，西至本家田，南、北二至沟，四至分明。税纳本村册内宗兆祯户，中下则伍亩捌分，今请凭中立约永远杜卖到本村刘庚纬名下为业，实授杜卖田地价国币壹拾万元整入手应用。自立杜契之后任由买主过手管业，拆户立税。　杜永杜，永远实杜，永为刘姓子孙之基业，宗姓子孙永远不得复认原主，不致异言。系是两比情愿，中间并无相强逼迫等情。恐后无凭，特立此永远杜卖田契文约为据。

    外批，此田文照系是田拾肆坷地二块共一张，不便拆随，故此批明，再照。

    再批，随永远换契一张，再照。

    知见人保长　刘松廷（押）　宗应善（章）　刘启堂（押）　刘子菴　刘福菴

    凭中人　葛金生（章）宗泽生（押）宗润廷（章）宗发生（章）宗士樟（章）宗士檀（章）宗士洲（押）

    民国叁拾伍年阴历拾贰月初三日立永远杜卖田契文约人宗士源（押）　仝母冯氏（押）

    代字　　宗士梓（章）

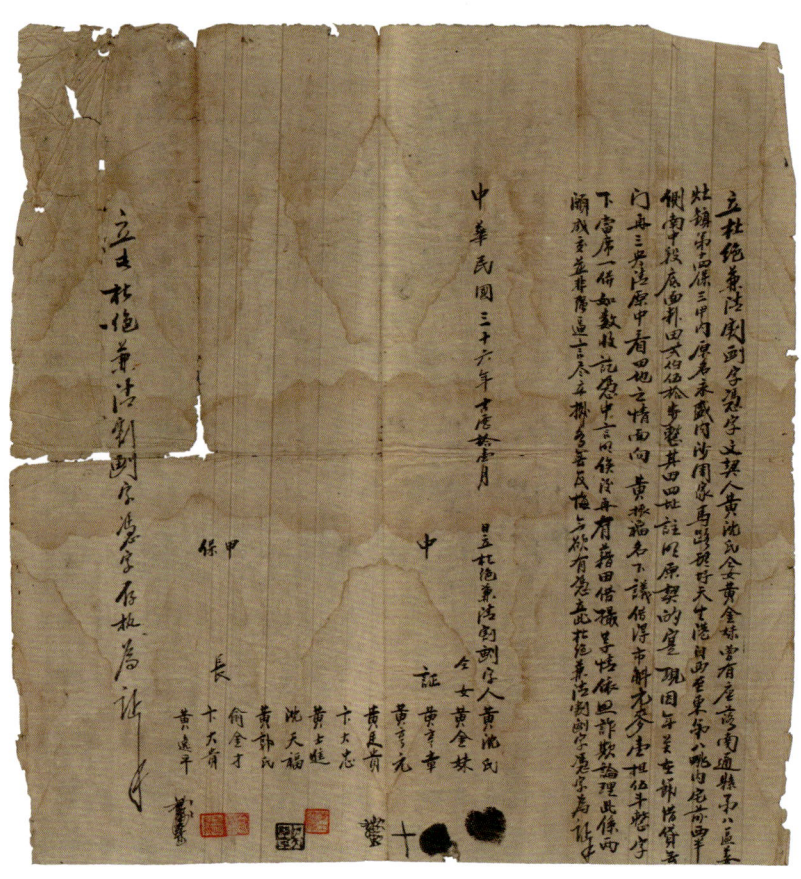

民国三十六年 (1947) 黄沈氏同女划字凭字文契

Mortgage Lending Contract of Huang Shenshi and her daughter in the 36th year of the Republic of China (1947A.D.)

尺寸：长 37 厘米　宽 41 厘米
地点：江苏，南通

立杜绝兼清割划字凭字文契人黄沈氏仝女黄金妹，曾有座落南通县第八区姜灶镇第十四保三甲内，原名永盛内沙周家马路口圩天生港，自西至东第八眺内宅前西半侧南中段，底面粮田贰百五拾步整。其田四址注明，原契的实。现因年关在节，借贷无门，再三央请原中看田地之情面，向黄振福名下议借得市斛元麦壹担五斗整，字下当席一并如数收讫。凭中言明，俟后再有藉田借撮等情，依照诈欺论理。此系两愿成交，并非强逼，言尽立据，各无反悔。今欲有凭，立此杜绝兼清割划字凭字为证。

中华民国三十六年古历十一月　　日立杜绝兼清割划字人黄沈氏（押）　仝女黄金妹

　　中证　黄亨章（押）　黄亨元（押）　黄廷贵（押）　卞大忠　黄士进（章）　沈天福（章）　黄郭氏
　　甲长　俞金才（章）
　　保长　卞大贵（章）　黄逸平（押）
　　立此杜绝兼清割划字凭字存执为证。

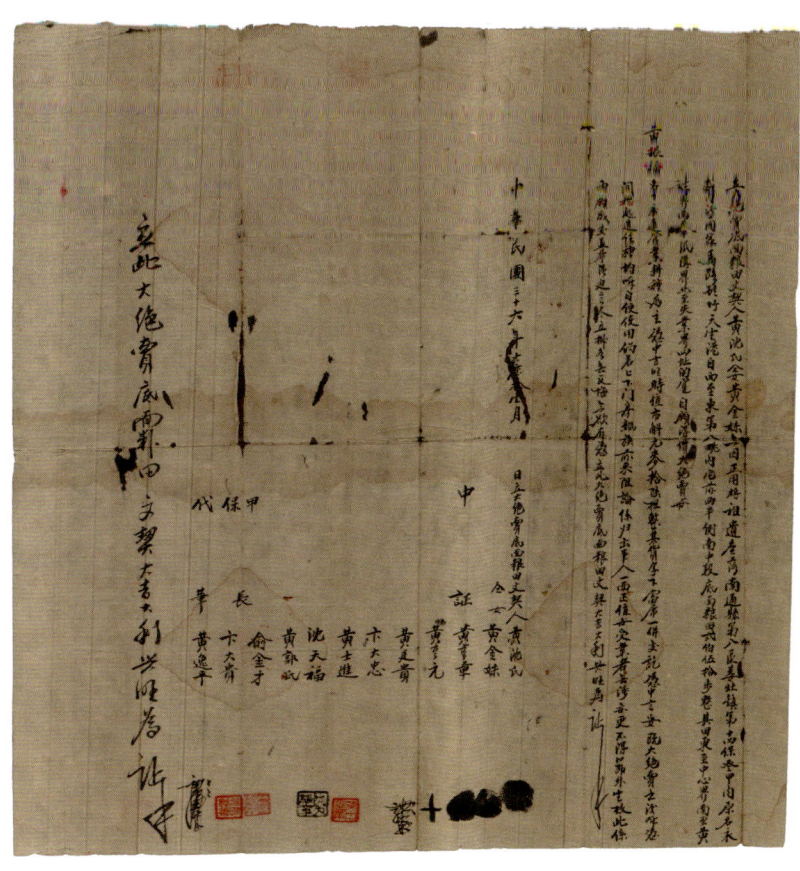

民国三十六年 (1947) 黄沈氏同女卖底面粮田契

Deed for Selling Land of Huang Shenshi and her daughter in the 36th year of the Republic of China (1947A.D.)

尺寸：长 38 厘米　宽 41 厘米
地点：江苏，南通

立大绝卖底面粮田文契人黄沈氏仝女黄金妹，今因正用，将祖遗坐落南通县第八区姜灶镇第十四保三甲内，原名永盛内沙周家马路□圩天生港，自西至东第八眺内宅前西半侧南中段，底面粮田二百五十步整，其田东至中心界，南至黄姓界，西至半泯沟界，北至失业界。四址的实。自愿得价大绝卖与黄振福名下，永远管业耕种为主，凭中言明时偹市斛元麦十八担整，其货宁卜当席一并交讫。凭中言哭。既大绝卖之后听凭开挖起造住种均听自便使用，倘若上下门房亲族前来阻论，系归出笔人一面正值，与受业者无涉。亦更不得节外生枝。此系两愿成交，并非强迫，言尽立据，各无反悔。今欲有凭，立此大绝卖底面粮田文契大吉大利兴旺为证。
中华民国三十六年古历十一月　　日立大绝卖底面粮田文契人黄沈氏（押）　仝女黄金妹（押）
　　　中证　黄亨章（押）　黄亨元（押）　黄廷贵（押）　卞大忠　黄士进（章）　沈天福（章）　黄郭氏
　　　甲长　俞金才（章）　　　保长　卞大贵（章）　　代笔　黄逸平（押）
　　　立此大绝卖底面粮田文契大吉大利兴旺为证。

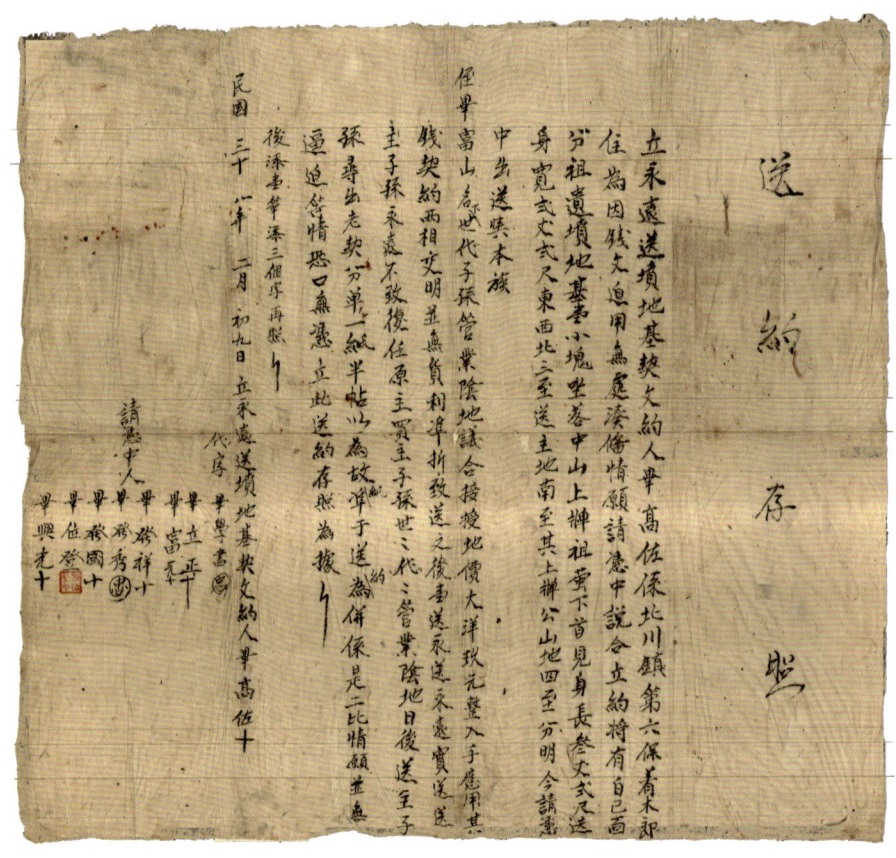

民国三十八年 (1949) 毕高佐送坟地文约
Deed for Sent Tomb Land by Bi Gaozuo in the 38th year of the Republic of China (1949A.D.)

尺寸：长 53 厘米　宽 47 厘米
地点：不详

　　送约存照
立永远送坟地基契文约人毕高佐，系北川镇第六保菁木郎住。为因钱文迫用，无处凑备，情愿请凭中说合，立约将有自己面分祖遗坟地基壹小块，坐落中山上牌祖莹下首，见身长叁丈贰尺，送身宽贰丈贰尺，东、西、北三至送主地，南至其上牌公山地，四至分明。今请凭中出送与本族侄毕富山名下世代子孙管业阴地。议合接授地价大洋玖元整入手应用。其钱契约两相交明，并无贷利准折。致送之后，壹送永送，永远实送。送主子孙永远不致复任原主。买主子孙世世代代管业阴地。日后送主子孙寻出老契分单一纸半帖以为故纸，准于送约为并。系是二比情愿，并无逼迫等情。恐口无凭，立此送约存照为据。
　　后添壹笔添三个字，再照。
民国三十八年二月初九日立永远送坟地基契文约人毕高佐（押）
　　　代字　　毕学书（押）
　　　请凭中人　毕立正（押）毕富元（押）毕发祥（押）毕发秀（押）毕发国（押）毕位登（章）毕兴光（押）

第二篇 共和国契约

共和国的契约发展历程，经过了两个阶段，即改革开放前和改革开放后。我们这里讨论的是改革开放前那一段时期，契约的发展状况。

由于共和国在解放前夕废除了国民政府的『伪法统』，民国契约制度也就相应地退出了大陆的治理活动，大陆也在之后的三十多年内没有法律意义上的契约法。尽管如此，民间私契行为并未受到很大的影响，无论是土地交易，民间分家，还是普通借贷，缔约人用传统契约的文本足以应付裕如。共和国政府也延续了相对中性的官契纸文本。本集收录的契约，从一个侧面反映出，即使缺少明确的制度依据，中国民间私契行为还会受到强固的习惯法力量的约束。

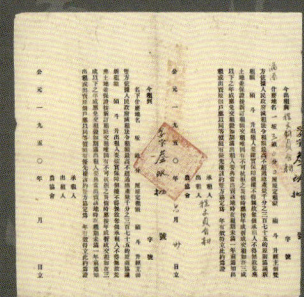

DEEDS IN THE PEOPLE'S REPUBLIC OF CHINA ERA

The development of contract practices in the People's Republic of China experienced two stages, namely before and after Reform and Opening-up. The coverage in this volume is limited to the period just before Reform and Opening-up. When the People's Republic was established, it abolished the "illegitimate legal system" of the Nationalist Government. Consequently, the contract system of the Republic of China vanished from the Mainland's governance activities. Therefore, there was no the contract law as such in the subsequent 30 years on the Mainland. Nonetheless, the conduct of private deeds was not greatly affected, whether the land transactions, separation in a family, or ordinary borrowing. The use of the traditional contract texts was sufficient to cope with all these situations. The official versions of contract texts issued by the Government of the People's Republic was relatively neutral. The deeds included in this volume reflects the strong constraint exercised by customary law on private contracts, despite the lack of a clear institutional basis.

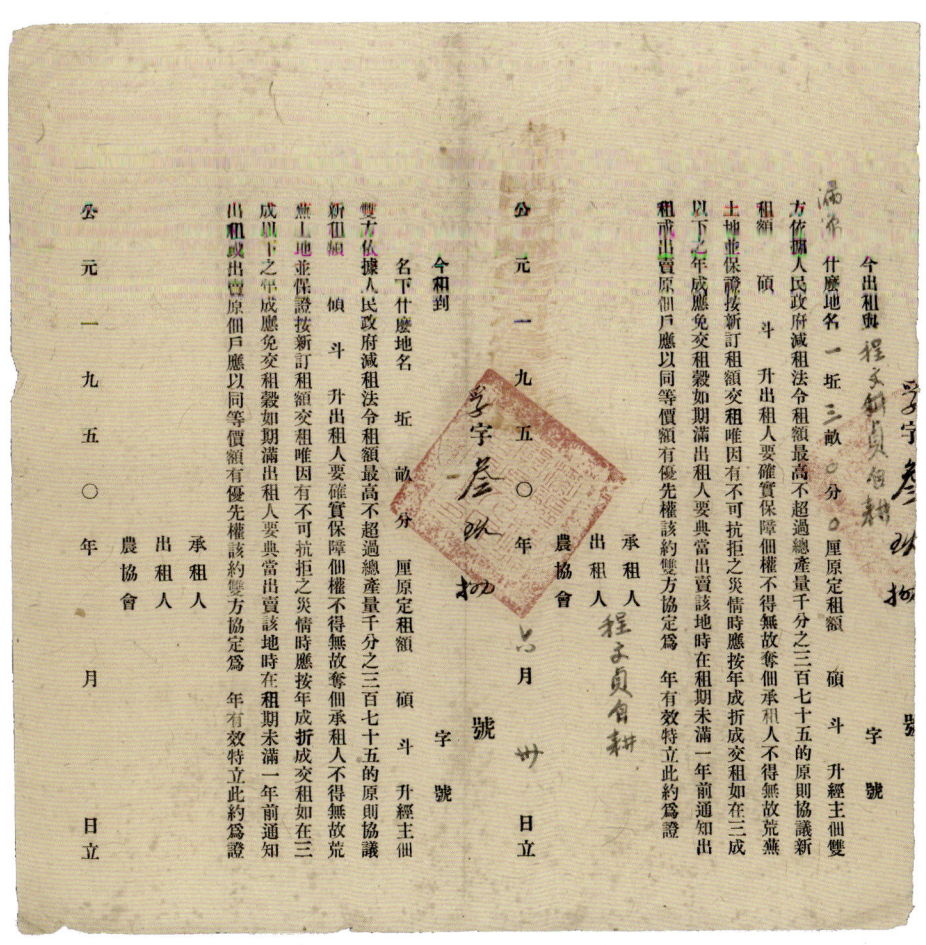

1950年程文贞租耕地约

Deed for Rent Land by Chen Wenzhen in 1950

尺寸：长28厘米　宽27厘米
地点：湖南，浏阳

　　今出租与程文贞自耕字　号　漏源什么地名一坵三亩０分０厘，原定租额　硕　斗　升，经主佃双方依据人民政府减租法令，租额最高不超过总产量千分之三百七十五的原则，协议新租额　硕　斗　升，出租人要确实保障佃权，不得无故夺佃。承租人不得无故荒芜土地，并保证按新订租额交租。唯因有不可抗拒之灾情时，应按年成折成交租。如在三成以下之年成，应免交租谷。如期满，出租人要典当出卖该地时，在租期未满一年前通知出租或出卖，原佃户应以同等价额有优先权。该约双方协定为　年有效，特立此约为证。

　　承租人　程文贞自耕
　　出租人
　　农协会
公元一九五零年六月卅日立。

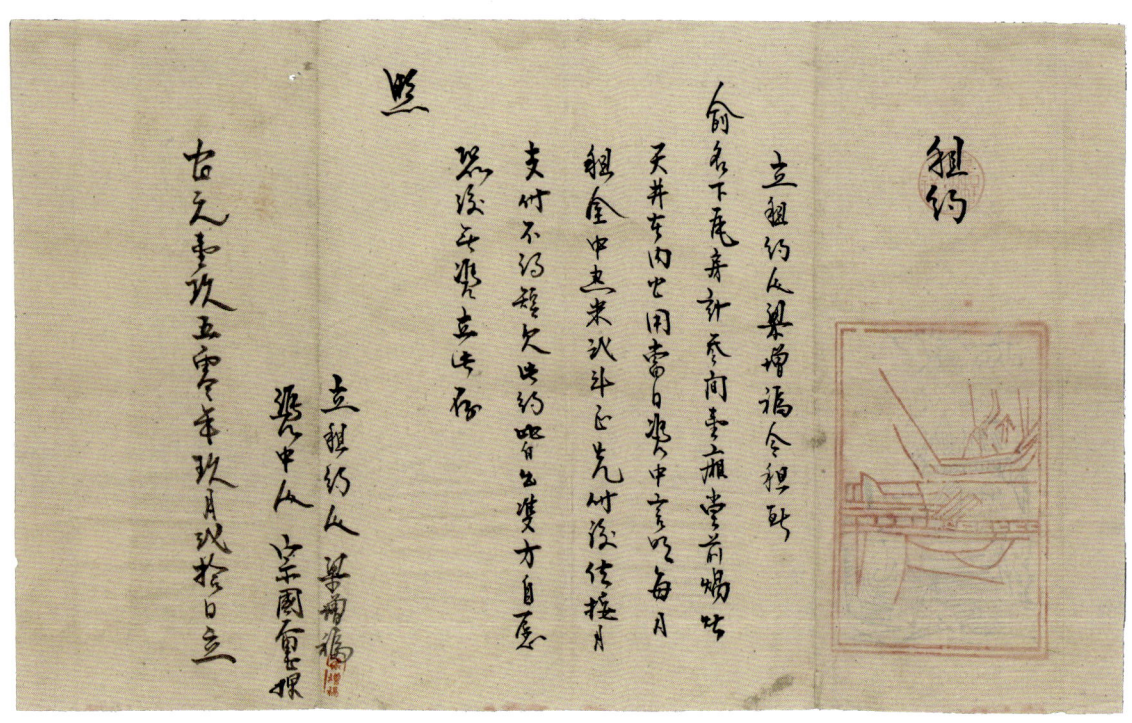

1950年梁增福租约

Rent Agreement of Liang Zhengfu in 1950

尺寸：长36厘米　宽22厘米
地点：不详

　　　租约
立租约人梁增福，今租到俞名下瓦房计叁间壹厢，堂前锅灶天井在内公用。当日凭中言明每月租金中熟米贰斗正。先付后住，按月支付，不得短欠。此约皆出双方自愿，恐后无凭，立此存照。
　　立租约人　　梁增福（章）
　　凭中人　　　宗国重（押）
公元一九五零年九月二十日立。

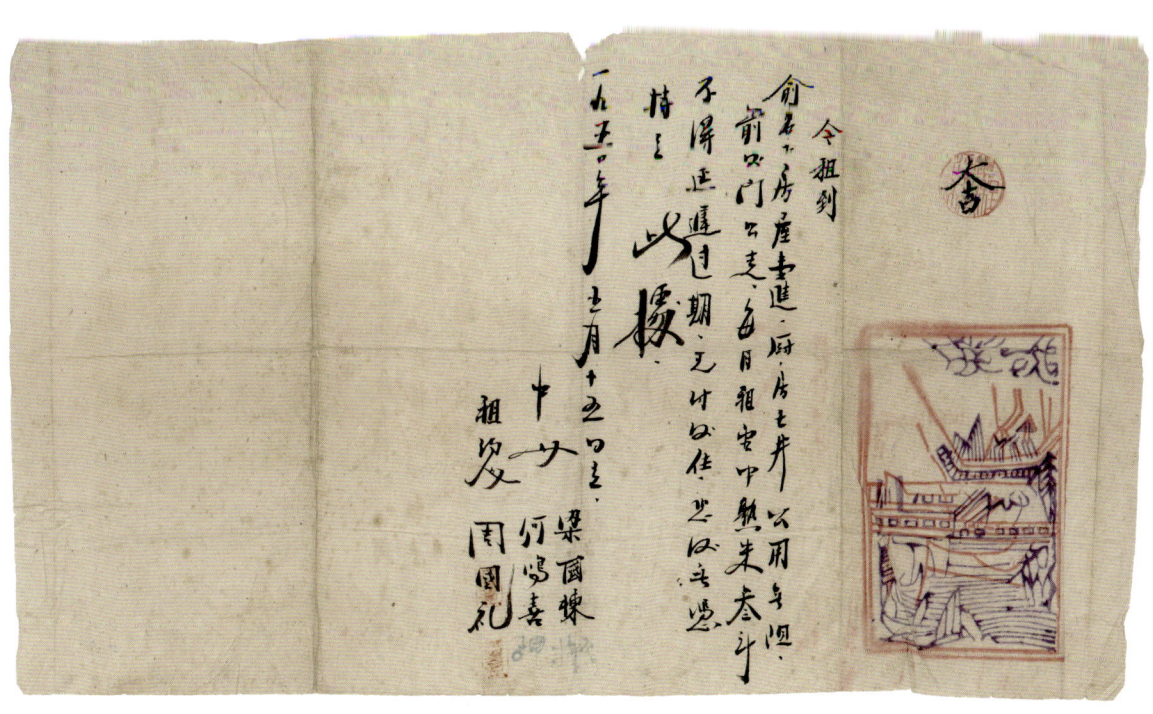

1950 年周国礼租房约

Deed for Rent House by Zhou Guoli in 1950

尺寸：长 36 厘米　宽 21 厘米
地点：不详

　　大吉
今租到俞名下房屋一进一厨一房，天井公用，无阻前后门公走。每月租金中熟米叁斗，不得延迟过期。先付后住。恐后无凭，特立此据。
一九五零年五月十五日立。
　　　　中　人　梁国栋（押）
　　　　　　　　何鸣喜（押）
　　　　租约人　周国礼（草）

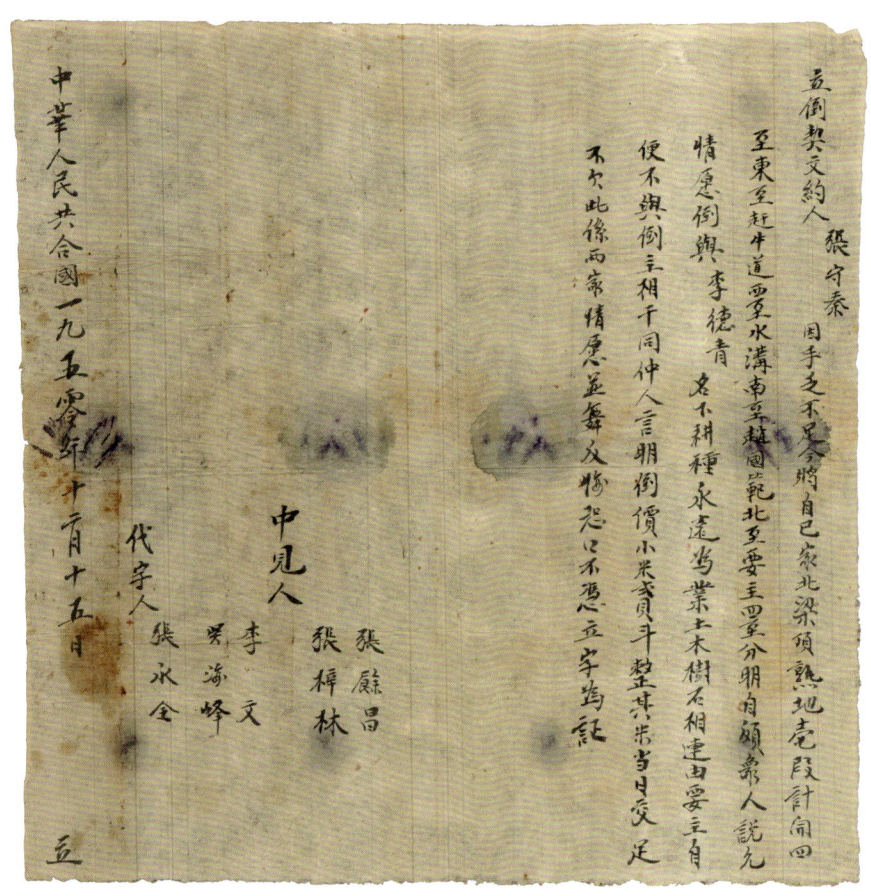

1950 年张守泰倒契

Deed for Shift the Right for Farming of Zhang Shoutai in 1950

尺寸：长 46 厘米　宽 47 厘米
地点：不详

立倒契文约人张守泰，因手乏不足，今将自己家北梁顶熟地壹段，计开四至，东至赶牛道、西至水沟、南至赵国范、北至要主，四至分明。自愿众人说允，情愿倒与李德青名下耕种，永远为业。土木树石相连，由要主自便，不与倒主相干。同仲人言明倒价小米贰斗整，其米当日交足不欠。此系两家情愿，并无反悔，恐口不凭，立字为证。

　　中见人　　张余昌　张梓林　李文　吴海峰
　　代字人　　张永全
中华人民共和国一九五零年十二月十五日立。

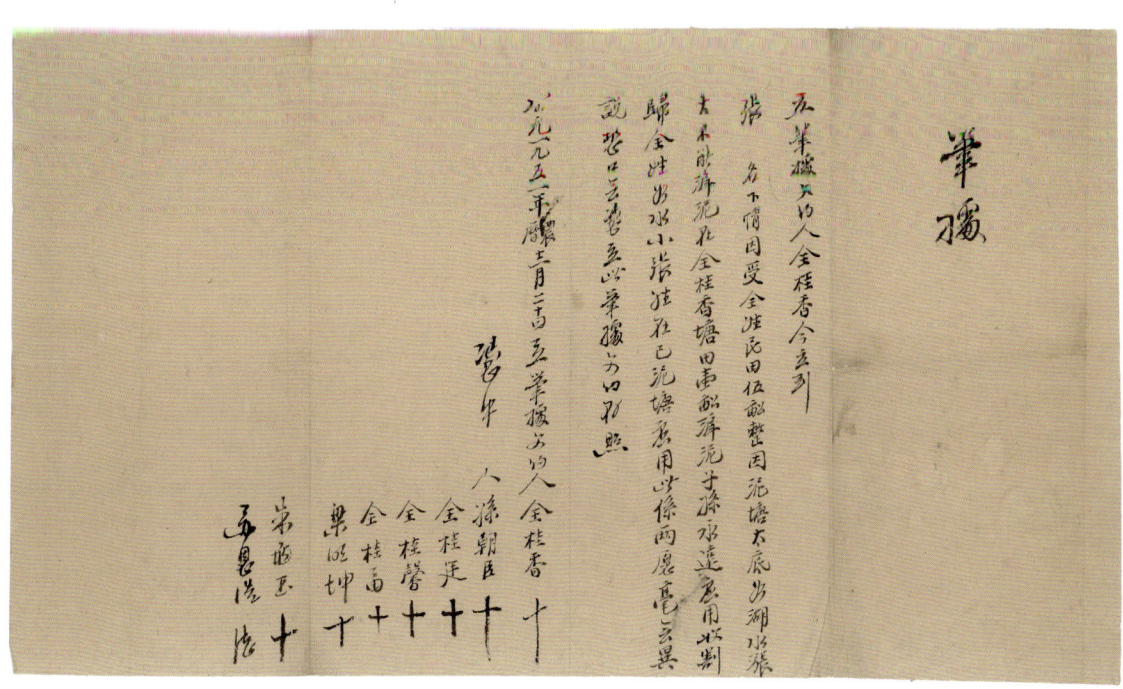

1951年全桂香笔据

Receipt of Quan Guixiang in 1951

尺寸：长37厘米 宽21厘米
地点：不详

笔据

立笔据文约人全桂香，今立到张　　名下，情因受全姓民田五亩整，因泥塘太底，如湖水涨大不能渧泥，在全桂香塘田一亩渧泥，子孙永远应用，收割归全姓。如水小张姓在己泥塘应用。此系两愿，毫无异说。恐口无凭，立此笔据文约存照。

公元一九五一年农历十二月二十日立笔据文约人　全桂香（押）
　　　　　　　　　　　　　　凭中人　孙朝臣（押）　全桂廷（押）　全桂馨（押）
　　　　　　　　　　　　　　　　　　全桂畐（押）　梁明坤（押）　朱兆玉（押）　苏恩浩（押）

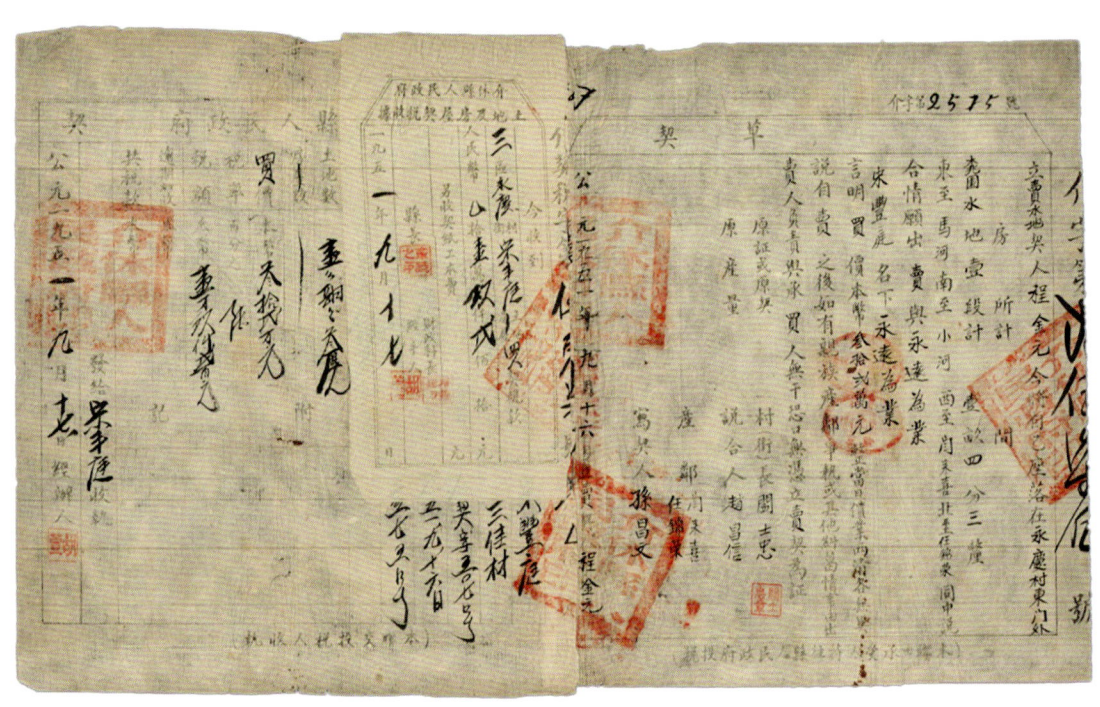

1951年程金元卖地连二契

Deed for Selling Land of Cheng Jinyuan in 1951

尺寸：长 45 厘米　宽 26 厘米
地点：山西，介休

草契（介字第 2575 号）
立卖水地契人程金元，今将自己座落在永庆村东门外桃园水地壹段，计壹亩四分三厘，东至马河，南至小河，西至阎来喜，北至任锦荣。同中说合，情愿出卖与宋丰庭名下永远为业。言明买价本币叁拾贰万元整。当日价业两清，各无异说。自卖之后，如有亲族产邻争执或其他纠葛情事，由出卖人负责，与承买人无干。恐口无凭，立卖契为证。

　　　　　　　　原证或原契
　　　　　　　　　原产量
　　　　　　　村（街）长　阎士忠（章）
　　　　　　　　说合人　赵昌信
　　　　　　　　产　邻　阎来喜　任锦荣
　　　　　　　　写契人　孙昌文
公元一九五一年九月十六日立卖契人　程金元（章）

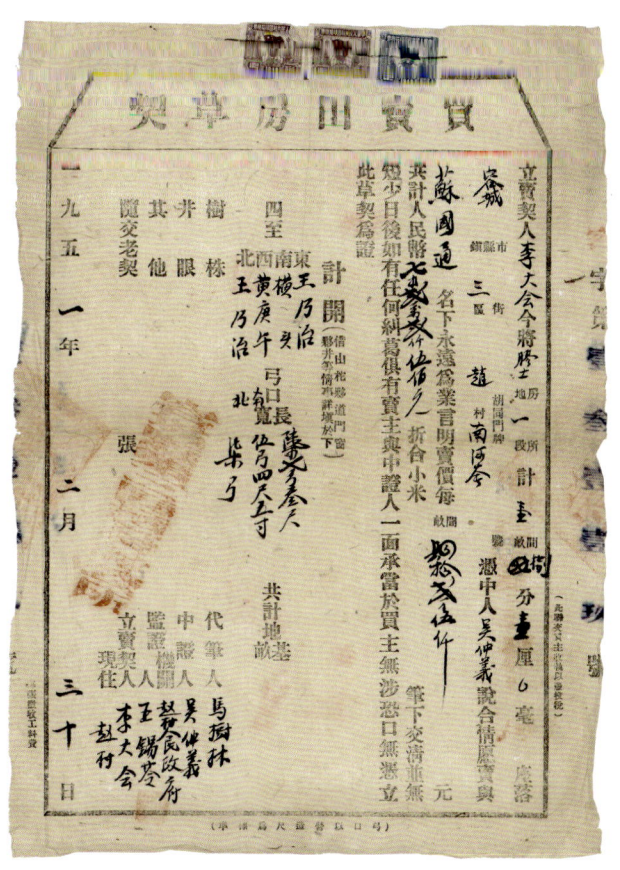

1951年李大会卖地契

Deed for Selling Land of Li Dahui in 1951

尺寸：长 21.5 厘米　宽 31.5 厘米
地点：河北，容城

买卖田房草契（字第一三一一九号）
立卖契人李大会，今将胶土地一段计壹亩八分一厘0毫，座落容城县三区赵村南河套，凭中人吴仲义说合，情愿卖与苏国通名下永远为业。言明卖价每亩肆拾贰万五千元，共计人民币柒拾贰万贰千五百元，折合小米　　笔下交清，并无短少。日后如有任何纠葛，俱有卖主与中证人一面承当，于买主无涉。恐口无凭，立此草契为证。
　　计开：（借山柁伙道门窗伙井等情事详填于下）
　　四至　东 王乃治　南 横头　西 黄庚午　北 王乃治
　　号口　长 六十七号三尺　南宽 五号四尺五寸　北宽 七号　共计地 亩 基
　　树株　井眼　其他　随交老契 张
　　代 笔 人　马树林　　　　　　中证人　吴仲义
　　监证机关　赵村人民政府　　　监证人　王锡苓
　　立卖契人　李大会　　　　　　现 住　赵村
一九五一年二月三十日。

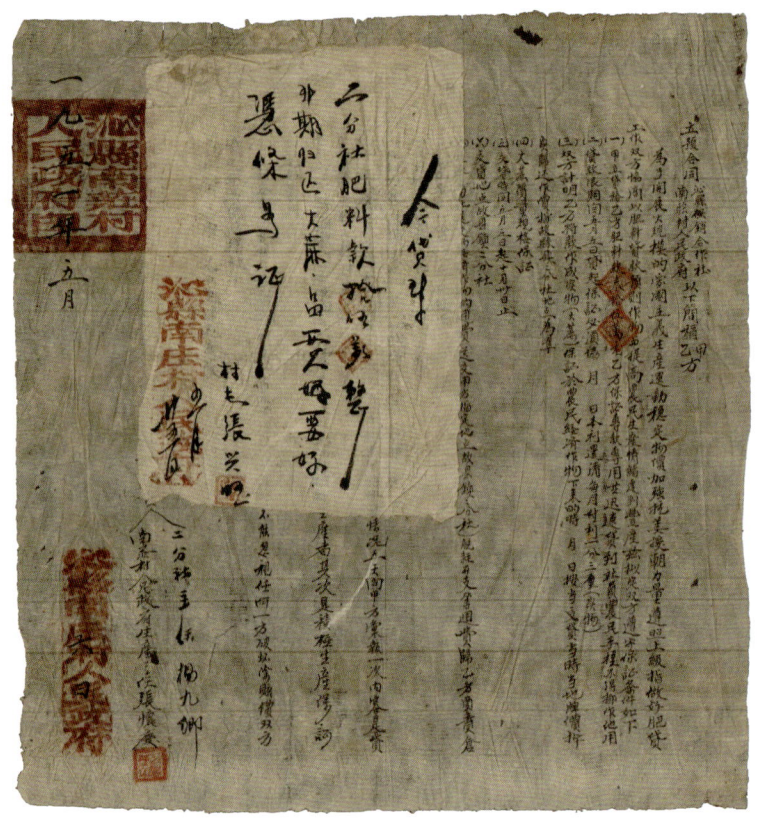

1951年沁县供销合作社预合同

Pre-contract of Qin County Supply and Marketing Cooperative in 1951

尺寸：长 29.5 厘米　宽 31 厘米
地点：山西，沁县

立预合同沁县供销合作社、南庄村人民政府以下简称甲、乙方。
　　为了开展大规模的爱国主义生产运动，稳定物价，加强抗美援朝力量，遵照上级指（示）做好肥贷工作，双方协商以肥料贷款预则作物与提高农民生产情绪达到丰产，兹拟定双方遵守保证条件如下：
　　（一）甲立贷给乙方肥料款叁拾五万元，乙方保证专款专用，并迅速贷到社员农民手里，不得挪作他用
　　（二）贷款限期间五月五日贷起，保证必须协　月　日本利还清，每月付利一分三厘（实物）
　　（三）双方计明乙方将款作成实物（大麻），保证于农民经济作物下来的时　月　日，按当交贷当时当地牌价抵实归还作价，指故县镇二分社地点为准
　　（四）大麻质量规格保证
　　（五）交贷时间五月五日起十月三十日止
　　（六）交贷地点故县镇二分社
　　（说明：以下文字被贷款凭条遮盖，略）

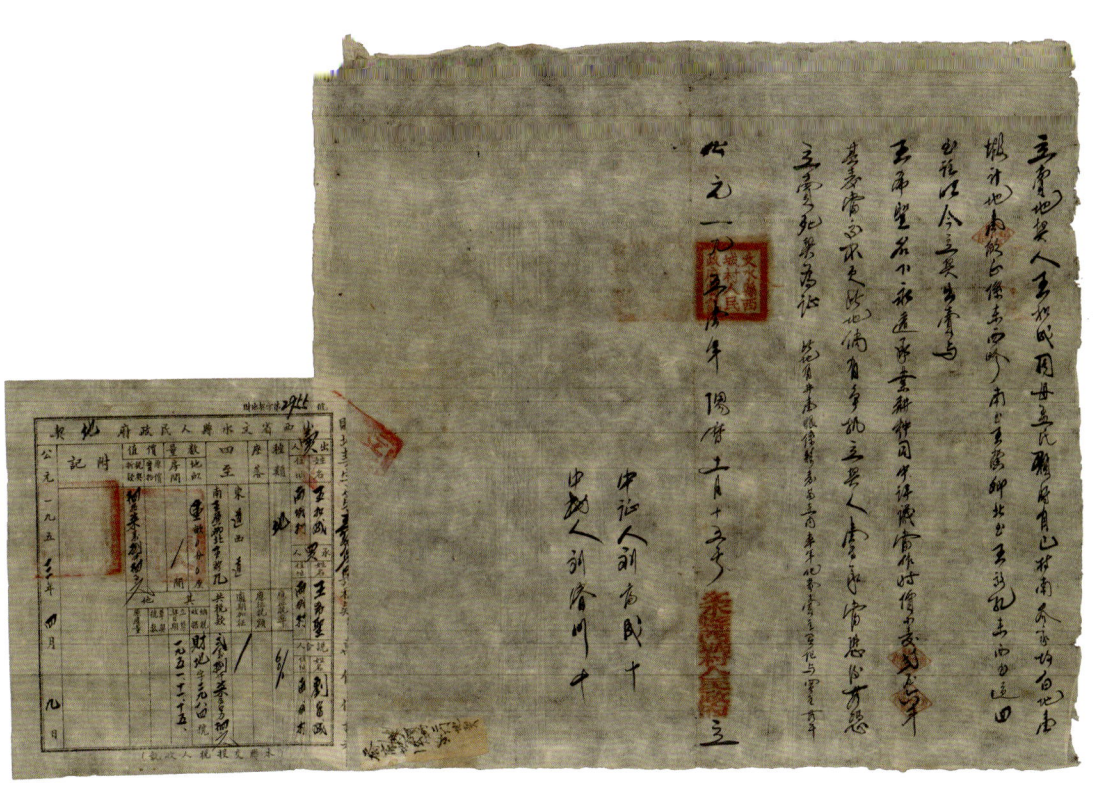

1951年王扣成卖地连二契

Deed for Selling Land of Wang Koucheng in 1951

尺寸：长72厘米 宽47厘米
地点：山西，文水

立卖地契人王扣成，因母孟氏愿将自己村南三家坟白地壹墕，计地壹亩正，系东西畛，南至王馨卿，北至王效孔，东西至道，四至注明。今立契出卖与王希圣名下永远承业耕种。同中评议当作时价小麦贰石陆斗，其麦当交不欠。此地倘有争执，立契人一面承当。恐后无凭，立卖死契为证。此地有井一眼系伙，麦苗在内，本年化费卖主负担与买主无干。
公元一九五一年阳历十一月十五号立。
　　　　中证人　刘富成（押）
　　　　中　人　刘□川（押）
　　（加盖：文水县西城村人民政府图记）
山西省文水县人民政府抄契（略）

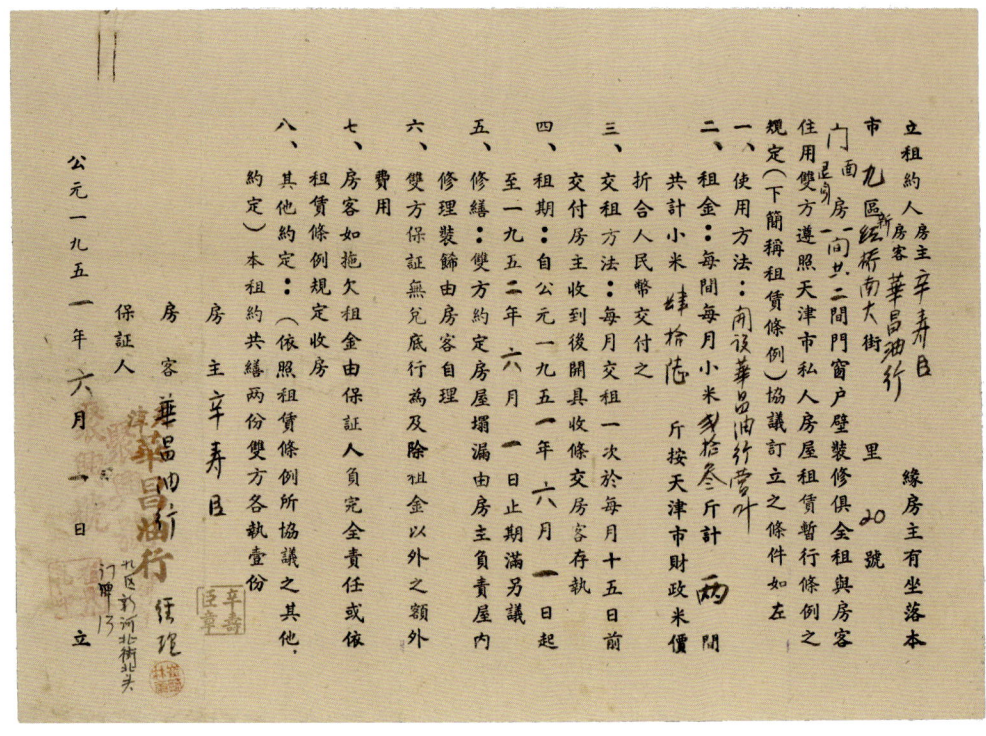

1951 年辛寿臣租房约

Renting House Agreement of Xin Shouchen in 1951

尺寸：长 27 厘米　宽 19 厘米
地点：天津

立租约人　房主辛寿臣，房客华昌油行。缘房主有坐落本市九区新红桥南大街20号门面房、退身房一间，共二间，门窗户壁装修俱全，租与房客住用。双方遵照天津市私人房屋租赁暂行条例之规定（下简称租赁条例），协议订立之条件如左：

一、使用方法：开设华昌油行营叶（业）。

二、租金：每间每月小米贰拾叁斤计，两间，共计小米肆拾陆斤。按天津市财政米价，折合人民币交付之。

三、交租方法：每月交租一次，于每月十五日前交付，房主收到后开具收条交房客存执。

四、租期：自公元一九五一年六月一日起至一九五二年六月一日止，期满另议。

五、修缮：双方约定房屋塌漏由房主负责，屋内修理装饰由房客自理。

六、双方保证无兑底行为及除租金以外之额外费用。

七、房客如拖欠租金，由保证人负完全责任或依租赁条例规定收房。

八、其他约定：（依照租赁条例所协议之其他约定）本租约共缮两份，双方各执一份。

房　主　辛寿臣（章）
房　客　华昌油行（章）　经理（章）
保证人　聚兴号（章）　九区新河北街北头门牌 13

公元一九五一年六月一日立。

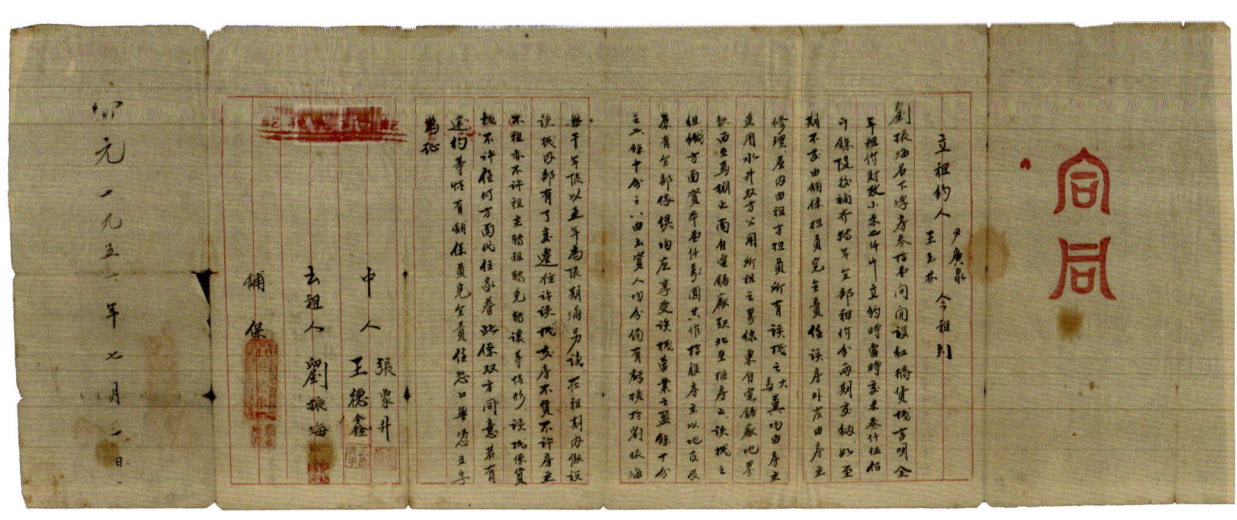

1951年尹广泉等租房合同

Renting House Agreement by Yin Guangquan and others in 1951

尺寸：长 70 厘米　宽 27 厘米
地点：天津

合同

立租约人尹广泉、王玉林，今租到刘振海名下浮房叁拾壹间，开设红桥货栈。言明全年租价财政小米七仟斤，立约时当时交米叁仟伍佰斤，余随后补齐。转年全部租价分两期交纳，如至期不交，由铺保担负完全责任。该房外皮由房主修理，屋内由租方担负所有，该栈之大粪、马粪均由房主受用，水井双方公用。所租之界线，东自电锯厂地界起，西至马棚止，南自电锯厂起，北至柜房止。该栈之组织方面，资本壹仟万圆，共作拾股。房主以地皮及原有全部家具均应享受该栈营业之盈余十分之二，余十分之八由出资人均分。倘有亏损于刘振海无干。年限以五年为限，期满另议。在租期内假设该栈内部有了变迁，准许该栈交房不赁，不许房主不租，亦不许租主转租转兑转让等情形。该栈系货栈，不许任何方面代住家眷。此系双方同意，若有违约等情，有铺保负完全责任。恐口无凭，立字为证。

　　中　人　张象升（章）　王德鑫（章）
　　出租人　刘振海（章）
　　铺　保　（天津升发永章、张象升章）
公元一九五一年七月　日。

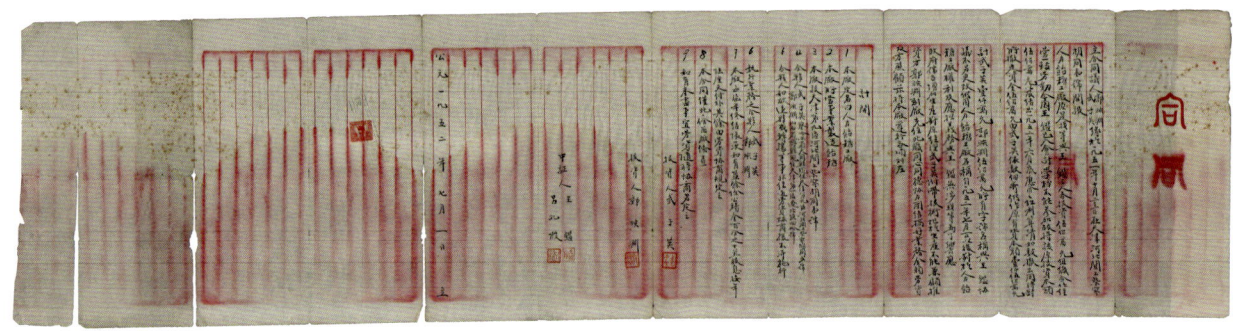

1952年郭映渊等合伙合同

Partnership Contract of Guo Yingyuan and Wu Ziying in 1952

尺寸：长 120 厘米　宽 28 厘米
地点：天津

合同

立合同议人郭映渊、武子英，缘于一九五一年十月二十三日在天津河北关上柴家胡同一号开设人力饴糖工厂，原是我等与王鉴三人各投资五百万元，组织合作经营一致劳动。今因王鉴已入会计学校不能参加，故将该原投资本额五百万元以及结至一九五二年六月底应分之红利算清，如数撤出，同时对所撤走资金五百万元，由武子英依数佃齐，仍作原有资本额一千五百万元，计武子英一千万元，郭映渊五百万元。所有字号名称与王鉴协议不另更改，仍用人力饴糖工厂名称，自一九五二年七月一日以后对于人力饴糖工厂权利及应担义务与王鉴无涉。我等为了响应政府号召增加生产，对原经理武子英附带技术□于生产，不能兼顾，推资方郭映渊到厂充任此职，同心同德，协力团结搞好业务，全赖劳资双方照顾。兹将本厂遵行各项列左，计开：

1. 本厂定名曰人力饴糖工厂。
2. 本厂所营事业制造饴糖。
3. 本厂设天津第九区河北关上柴家胡同一号。
4. 合伙人武子英，察哈尔省大同县，现住天津第九区河北关上柴家胡同二号；郭映渊，山西省崞县，现住天津第一区遼北路四十号。
5. 合伙人如欲退伙或转让等事非经过劳资协商后不得施行。
6. 执行业务之合伙人：武子英、郭映渊。
7. 本厂每届年终结账一次。如有盈余，除公积金百分之十并股息按年六厘支付外，其余由劳资协商规定之。
8. 本合同仅此一份，留厂备查。
9. 如有未尽事宜劳资随时协商另定之。

投资人　武子英（章）
投资人　郭映渊（章）
中证人　王鉴（章）　吕孔殷（章）

公元一九五二年七月一日立。

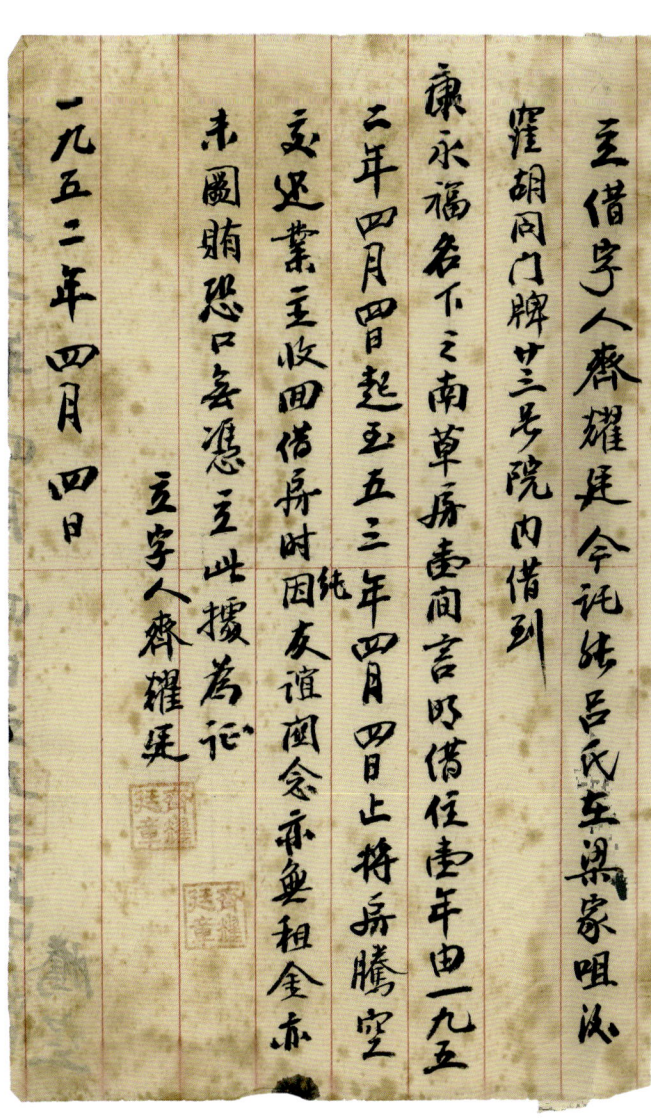

1952年齐耀廷借房字据

Contract for Borrowing House by Qi Yaoting in 1952

尺寸：长 14 厘米　宽 22 厘米
地点：不详

立借字人齐耀廷，今托张吕氏在梁家咀后窪胡同门牌廿三号院内借到康永福名下之南草房壹间，言明借住壹年，由一九五二年四月四日起至五三年四月四日止，将房腾空交还业主收回借房时，纯因友谊阆念，亦无租金亦未图贿。恐口无凭，立此据为证。

　　立字人　齐耀廷（章）
一九五二年四月四日。

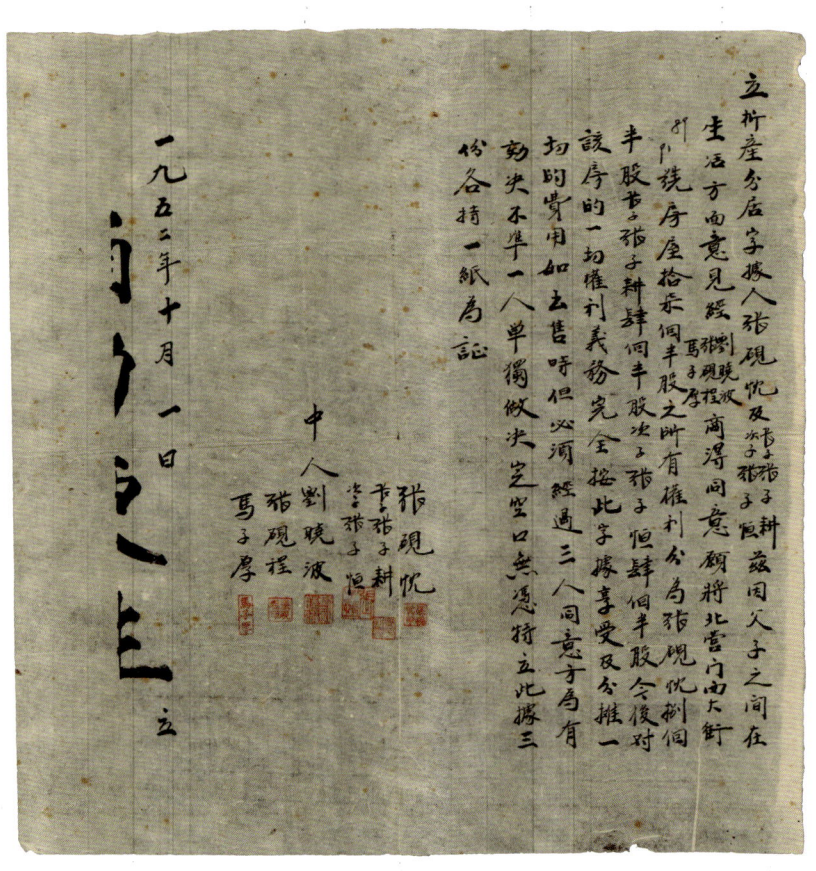

1952年张砚忱户析产分居字据

Agreement for Dividing Property and Live Apart of Zhang Yanchen's family in 1952

尺寸：长39厘米　宽40厘米
地点：天津

立析产分居字据人张砚忱及长子张子耕、次子张子恒，兹因父子之间在生活方面意见，经刘晓波、张砚程、马子厚商得同意，愿将北营门西大街89号、91号房屋十七个半股之所有权利，分为张砚忱八个半股，长子张子耕四个半股，次子张子恒四个半股。今后对该房的一切权利义务完全按此字据享受及分摊一切的费用。如出售时，但必须经过三人同意方为有效，决不准一人单独做决定。空口无凭，特立此据三份，各持一纸为证。

　　张砚忱（章）　长子张子耕（章）　次子张子恒（章）
　　中人刘晓波（章）　张砚程（章）　马子厚（章）
一九五二年十月一日立。
　　自力更生（半书）

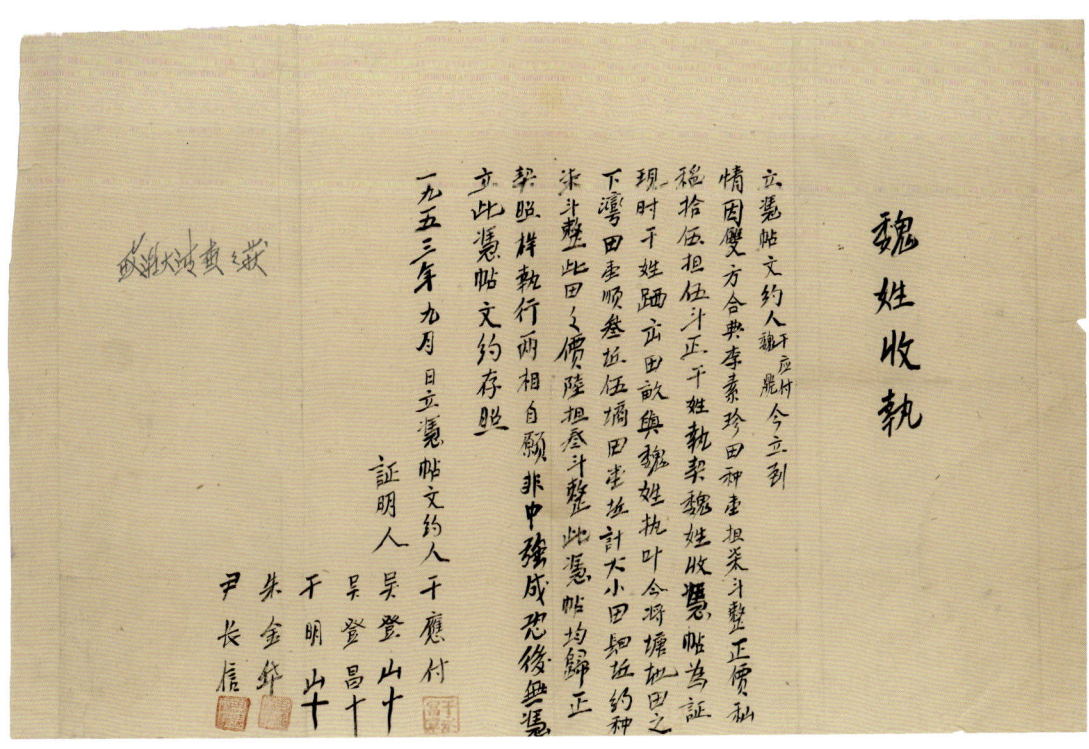

1953年干应付等凭帖文约

Agreement signed by Gan Yingfu and Wei Ding in 1953

尺寸：长 39 厘米　宽 25 厘米
地点：不详

魏姓收执

立凭帖文约人干应付、魏鼎，今立到，情因双方合典李素珍田种壹担柒斗整，正价籼稻拾五担五斗正。干姓执契，魏姓收凭帖为证。现时干姓踊出田亩与魏姓执（叶）[业]。今将塘地田之下湾田壹顺叁垅五（墒）[垧]，田壹垅，计大小田肆垅，约种柒斗整。此田田价陆担叁斗整。此凭帖均归正契照样执行，两相自愿，非中强成。恐后无凭，立此凭帖文约存照。

一九五三年九月　　日立凭帖文约人　干应付（章）
　　　　　　　　　证明人　吴登山（押）
　　　　　　　　　　　　　吴登昌（押）
　　　　　　　　　　　　　干明山（押）
　　　　　　　　　　　　　朱金华（章）
　　　　　　　　　　　　　尹长信（章）

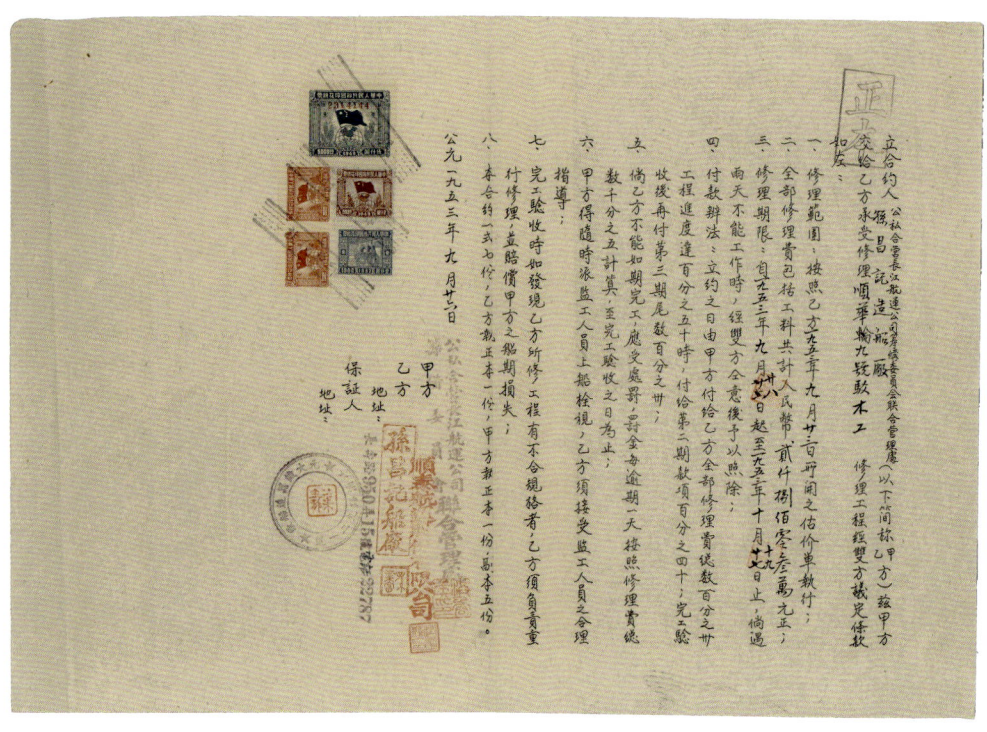

1953年公私合营长江航运公司委托修理合约

Repair Contract of the Public-private Joint Venture Yangtze River Shipping Company in 1953

尺寸：长38.5厘米 宽27厘米
地点：上海

立合约人：公私合营长江航运公司筹备委员会联合管理处（以下简称甲方）、孙昌记造船厂（以下简称乙方）兹甲方交给乙方承受修理顺华轮九号驳木工，修理工程经双方议定条款如左：

一、修理范围：按照乙方一九五三年九月廿三日所开之估价单执行；

二、全部修理费包括工料共计人民币贰千捌百零叁万元正；

三、修理期限：自一九五三年九月廿八日起至一九五三年十月十九日止，倘遇雨天不能工作时，经双方全意后予以照除；

四、付款办法：立约之日由甲方付给乙方全部修理费总数百分之卅，工程进度达百分之五十时，付给第二期款项百分之四十；完工验收后再付第三期尾数百分之卅；

五、倘乙方不能如期完工，应受处罚，罚金每逾期一天按照修理费总数千分之五计算，至完工验收之日为止；

六、甲方得随时派监工人员上船检视，乙方须接受监工人员之合理指导；

七、完工验收时如发现乙方所修工程有不合规格者，乙方须负责重行修理，并赔偿甲方之船期损失；

八、本合约一式七份，乙方执正本一份，甲方执正本一份，副本五份。

公元一九五三年九月廿六日。

甲方：　公私合营长江航运公司筹备委员会联合管理处（章）

乙方：　孙昌记船厂（章）　　地址　长寿路950弄15号电话22787

保证人地址　元大机器造船厂江浦路九二一号

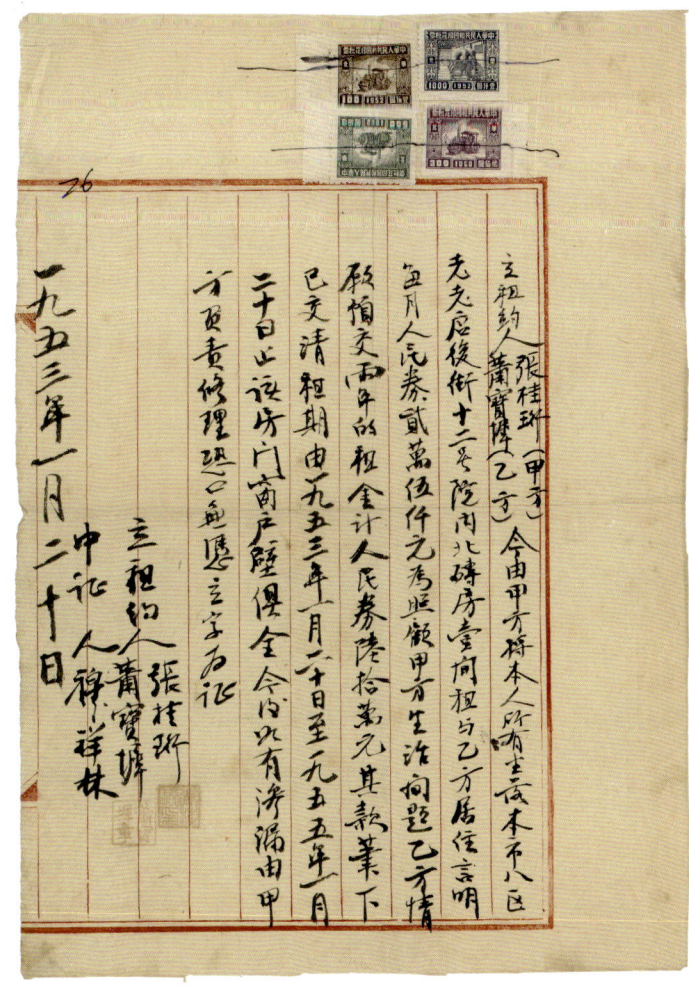

1953年张桂珩等租房约

Renting House Agreement of Zhang Guiheng in 1953

尺寸：长 19 厘米　宽 27 厘米
地点：华北

立租约人张桂珩（甲方）、萧宝墀（乙方），今由甲方将本人所有坐落本市八区老老店后街十二号院内北砖房一间，租与乙方居住，言明每月人民券贰万五千元。为照顾甲方生活问题，乙方情愿预交两年的租金，计人民券陆拾万元。其款笔下已交清，租期由一九五三年一月二十日至一九五五年一月二十日止。该房门窗户壁俱全，今后如有渗漏，由甲方负责修理。恐口无凭，立字为证。

　　立租约人　　张桂珩（章）　萧宝墀（章）
　　　中证人　　穆祥林
一九五三年一月二十日。

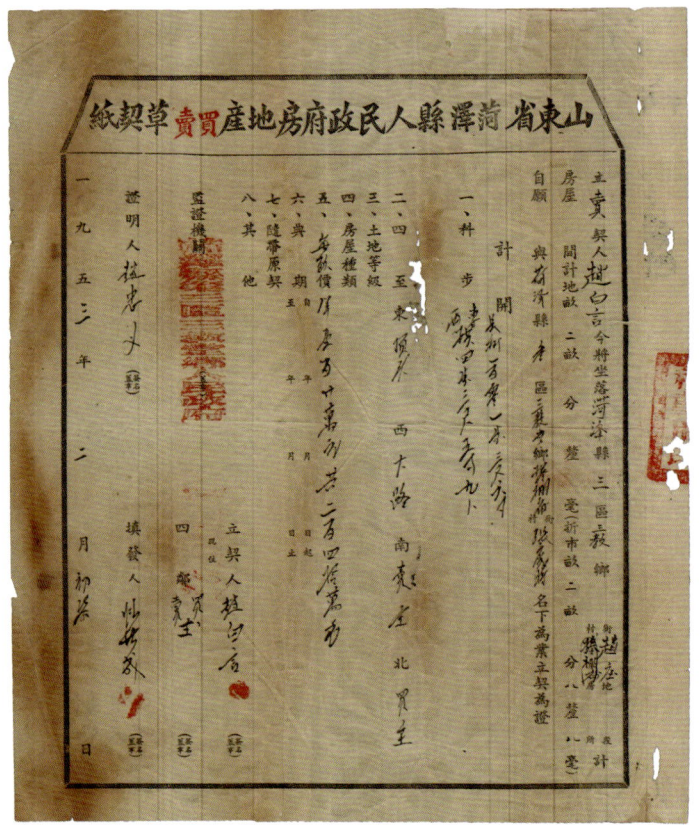

1953年赵白言卖地草契纸

Draft Contract for Selling Land of Zhao Baiyan in 1953

尺寸：长 35 厘米　宽 42 厘米
地点：山东，菏泽

山东省菏泽县人民政府房地产买卖草契纸
立卖契人赵白言，今将坐落菏泽县三区三教乡赵庄地计地二亩 分 厘 毫（折市亩二亩 分八厘八毫），
自愿（卖）与菏泽县三区三教堂乡捲棚庙村张宽时名下为业，立契为证。

计开：

一、科步　长科一百零一步三尺六寸 东西俱四步三尺五寸九卜。
二、四至　东顶头 西大路 南卖主 北买主。
三、土地等级。
四、房屋种类。
五、每亩价洋　一百廿万元共二百四十万元。
六、典期　自 年 月 日起至 年 月 日止。
七、随带原契。
八、其他。

立契人　赵白言（指印）　　监证机关　菏泽县第三区三教堂乡人民政府（签字）
四邻　买、卖主　　　　证明人　赵忠义（押）　　填发人　张世成（指印）

一九五三年二月初七日。

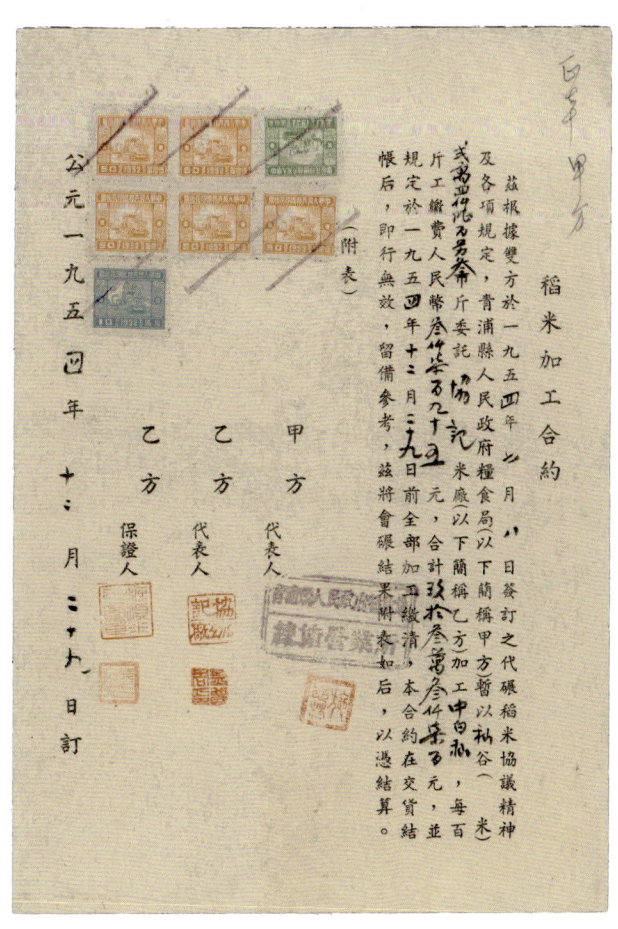

1954 年青浦县人民政府粮食局委托稻米加工合同

Rice Processing Contract of the Grain Bureau of the
People's Government of Qingpu County in 1954

尺寸：长 17.5 厘米　宽 25.5 厘米
地点：上海，青浦

稻米加工合约

　　兹根据双方于一九五四年七月八日签订之代碾稻米协议精神及各项规定，青浦县人民政府粮食局（以下简称甲方）暂以籼谷（米）贰万肆仟陆百另叁市斤委托协记米厂（以下简称乙方）加工中白籼。每百斤工缴费人民币叁千柒百玖拾伍元，合计玖拾叁万叁千柒百元。并规定于一九五四年十二月二十九日前全部加工缴清。本合约在交货结帐后，即行无效，留备参考。兹将会碾结果附表如后，以凭结算。

（附表）

　　甲方　代表人（章）　　　　乙方　代表人（章）　　　　乙方　保证人（章）
公元一九五四年十二月二十九日订。

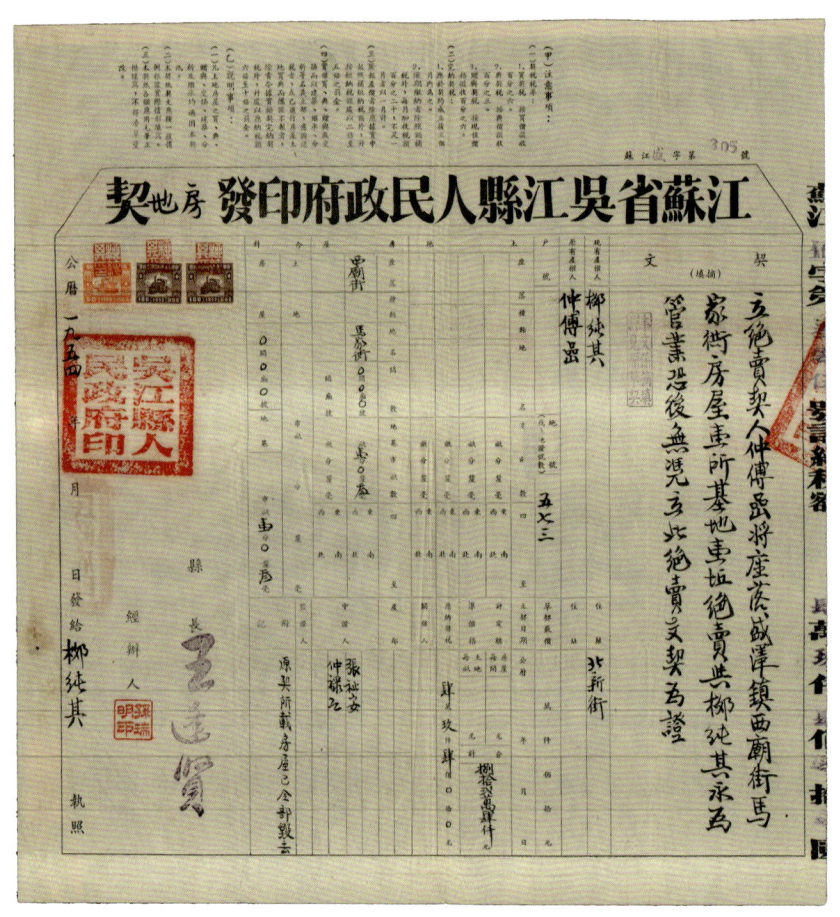

1954年仲傅嵒卖房地契

Deed for Selling House of Zhong Fuyan in 1954

尺寸：长37厘米 宽36厘米
地点：江苏，吴江

江苏省吴江县人民政府印发房地契
契文
立绝卖契人仲傅嵒，将座落盛泽镇西庙街马家衖房屋一所，基地一垞，绝卖与柳纯其永为管业。恐后无凭，立此绝卖文契为证。
　　（表格内容略）
　　县　长：王逢贤（章）
　　经办人：孙瑞明（章）
公历一九五四年　月　日发给柳纯其　执照。
　　（加盖：吴江县人民政府印）

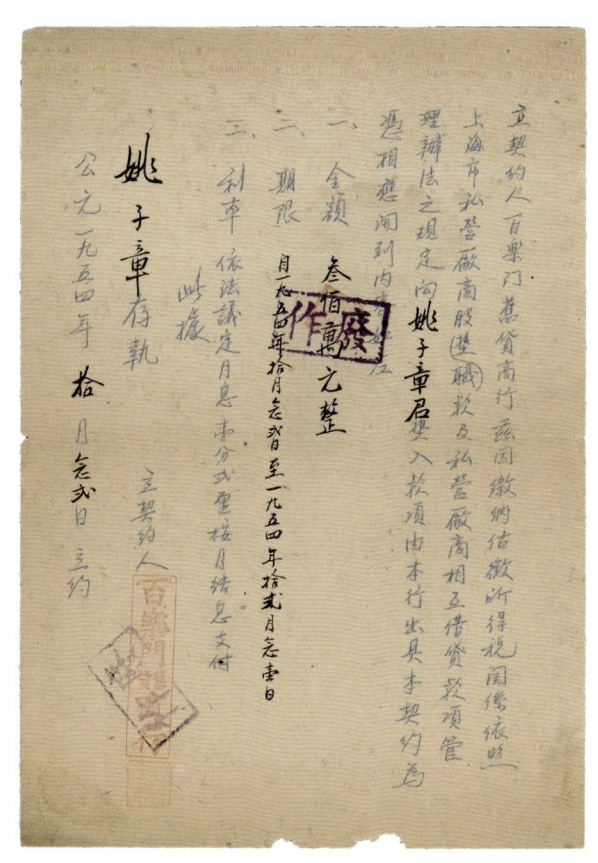

1954年百乐门旧货商行垫款契约

Deed for Advance Money of Bailemen Junk Shop in 1954

尺寸：长 17.5 厘米　宽 24.5 厘米
地点：上海

立契约人百乐门旧货商行，兹因缴纳估征所得税关系，依据上海市私营厂商股职垫款及私营厂商相互借贷款项管理办法之规定，向姚子章君垫入款项，由本行出具本契约为凭。相应开列内容如左：

一、金额　叁佰万元整。

二、期限　自一九五四年拾月念二日至一九五四年拾贰月念壹日。

三、利率　依法议定月息壹分贰厘按月结息支付。

此据。

姚子章存执。　　立契约人　百乐门旧货商行（章）。

公元一九五四年拾月念贰日立约。

151

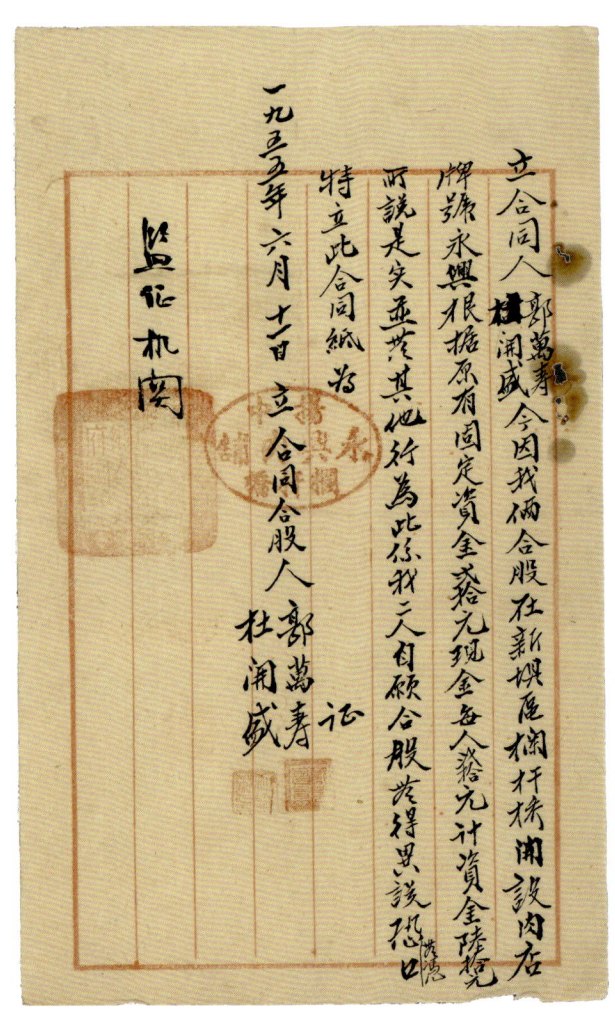

1955年郭万寿等合股合同

Contract for Forming a Partnership of Guo Wanshou and Du Kaisheng in 1955

尺寸：长 14 厘米　宽 23 厘米
地点：江苏，扬中

立合同人郭万寿、杜开盛，今因我俩合股在新坝区栏杆桥开设肉店，牌号永兴，根据原有固定资金贰拾元，现金每人贰拾元，计资金陆拾元，所说是实，并无其他行为。此系我二人自愿合股，无得异说。恐口无凭，特立此合同纸为证。
一九五五年六月十一日立合同合股人　郭万寿（章）杜开盛（章）。
　　　　监证机关（章）

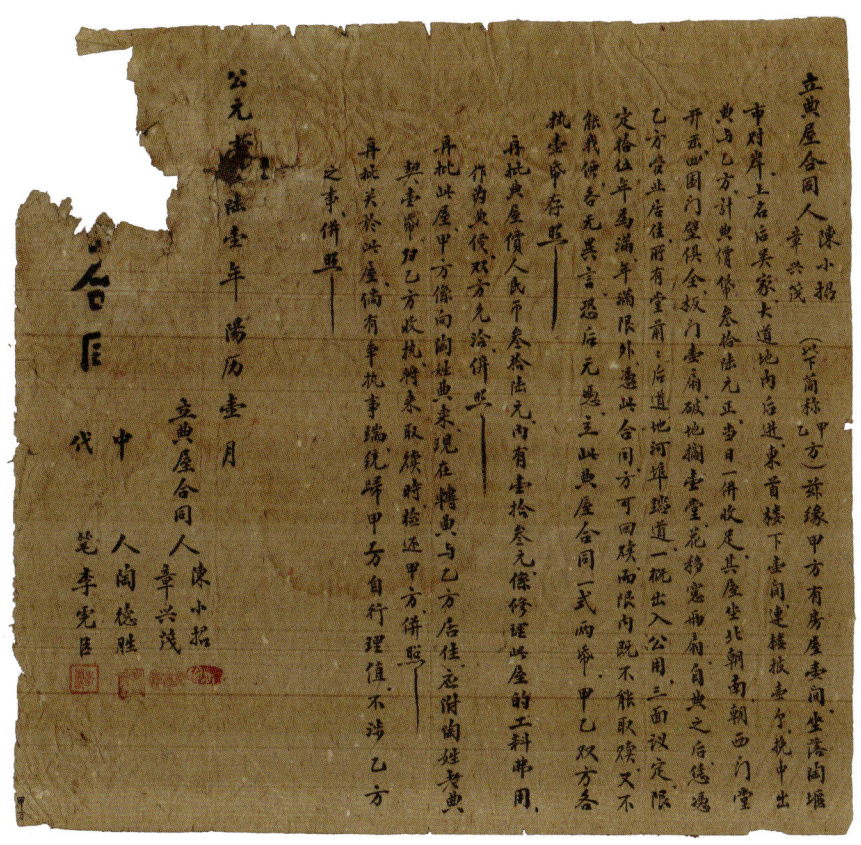

1961年陈小招典屋合同

Deed for Pawning House of Chen Xiaozhao in 1961

尺寸：长45厘米　宽43厘米
地点：不详

立典屋合同人陈小招（以下简称甲方），章兴茂（以下简称乙方）。兹缘甲方有房屋一间，坐落陶堰市对岸。土名后吴家，大道地内后进。东首楼下一间，连楼披一个，挽中出典与乙方，计典价人民币叁拾陆元正，当日一并收足。其屋坐北朝南，朝西门堂开出，四围门壁俱全，板门一扇，破地搁一堂，花移窗两扇。自典之后，任凭乙方管业居住。所有堂前前后道地河埠踏道，一概出入公用。三面议定，限定拾伍年为满。年满期外，凭此合同方可回赎，而限内既不能取赎，又不能找价，各无异言。恐后无凭，立此典屋合同一式两纸，甲乙双方各执一纸存照。

　　再批：典屋价人民币叁拾陆元，内有壹拾叁元，系修理此屋的工料费用，作为典价，双方允洽，并照。

　　再批：此屋甲方系向陶姓典来，现在转典与乙方居住，应附陶姓老典契一纸，归乙方收执，将来取赎时，捡还甲方，并照。

　　再批：关于此屋，倘有争执事端，统归甲方自行理值，不涉乙方之事，并照。

公元壹仟玖佰陆壹年阳历壹月。
　　立典屋合同人：陈小招（章）　章兴茂（章）
　　　　　　中人：陶德胜（章）
　　　　　　代笔：李虎臣（章）
□合同（半书）

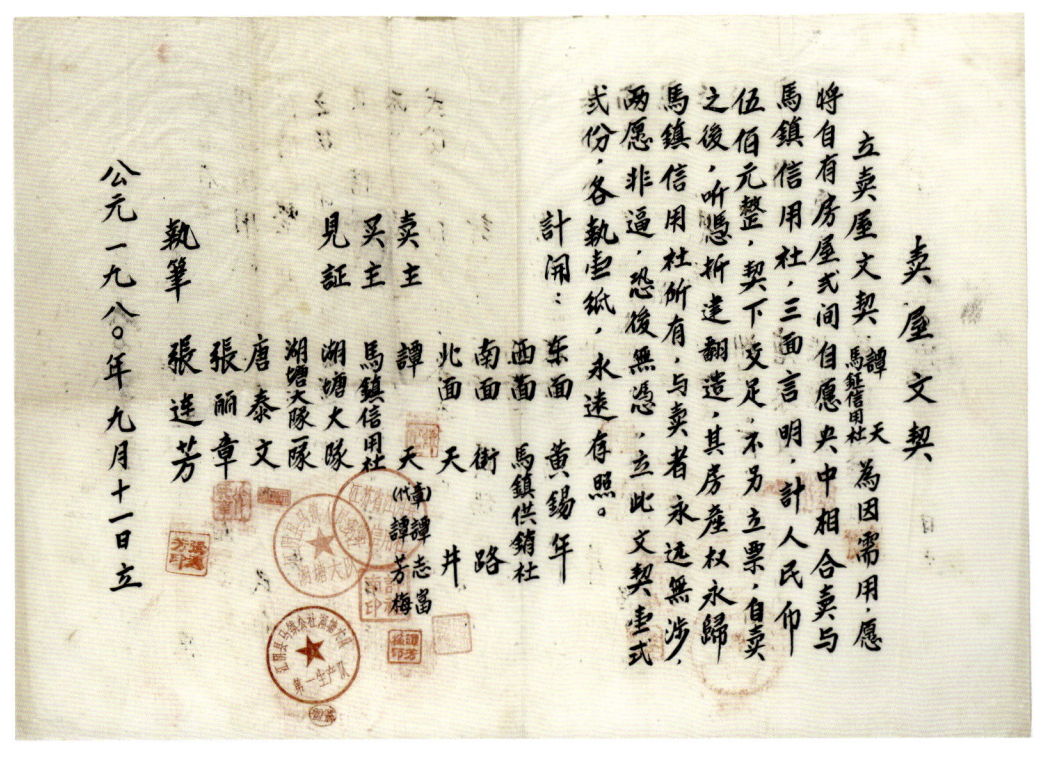

1980年谭天卖屋文契

Deed for Selling House of Tan Tian in 1980

尺寸：长39厘米 宽27厘米
地点：江苏，江阴

卖屋文契

　　立卖屋文契谭天、马镇信用社，为因需用，愿将自有房屋二间自愿央中相合卖与马镇信用社，三面言明，计人民币伍佰元整。契下交足，不另立票。自卖之后，听凭拆建翻造，其房产权永归马镇信用社所有，与卖者永远无涉。两愿非逼，恐后无凭，立此文契一式二份，各执一纸，永远存照。

　　计开：　东面黄锡年　西面马镇供销社　南面街路　北面天井

　　卖主　谭天（代章）　谭志富（章）　谭芳梅（章）

　　买主　马镇信用社（江苏省江阴县马镇信用社章）

　　见证　湖塘大队（江阴县马镇人民公社湖塘大队章）
　　　　　湖塘大队一队（江阴县马镇公社湖塘大队第一生产队章）
　　　　　唐泰文（章）　张丽章（章）

　　执笔　张连芳（章）。

公元一九八〇年九月十一日立。

第四篇 海外契约

除了中国传统契约之外，中国会计博物馆还收集到了英、美、日、韩、越南等国家的老契约。这些契约的入藏使馆藏契约得到了极大的丰富，也使契约研究工作具有了走向国际、综合研究的视野。然而，不得不承认的是，入藏的海外契约还存在数量少，品类不齐全等问题，尤其是缺少专门人才进行实质意义的收集、整理和研究工作。

总而言之，海外契约的方方面面工作已经开始，但是更多的工作还需后之君子建砥砺之功。

OVERSEAS DEEDS

In addition to the traditional Chinese deeds and contracts, the China Accounting Museum also collected some old deeds of Britain, America, Japan, Korea, Vietnam, Egypt and other countries. These deeds greatly enriched the collection of the museum, and helps the study of deeds expanded international and comprehensive. However, the amounts and categories of the overseas deeds collected in the museum is limited. We also need more special talents for the collecting, collating and studying of overseas deeds. All in all, the collection of overseas deeds has already begun, there is more work to be done in the future.

1697年英文手写契约

Handwritten English Indenture in 1697, the United Kingdom

尺寸：长70厘米　宽62厘米
地点：英国

说明：一份订立于1697年的英文手写契约。本契约文字全部用手写，细密的文字因为年代久远脱色而极难辨认。契约下部列有用火漆压出、外面盖有一小块棉布的、当时期其它契约的典型形式。

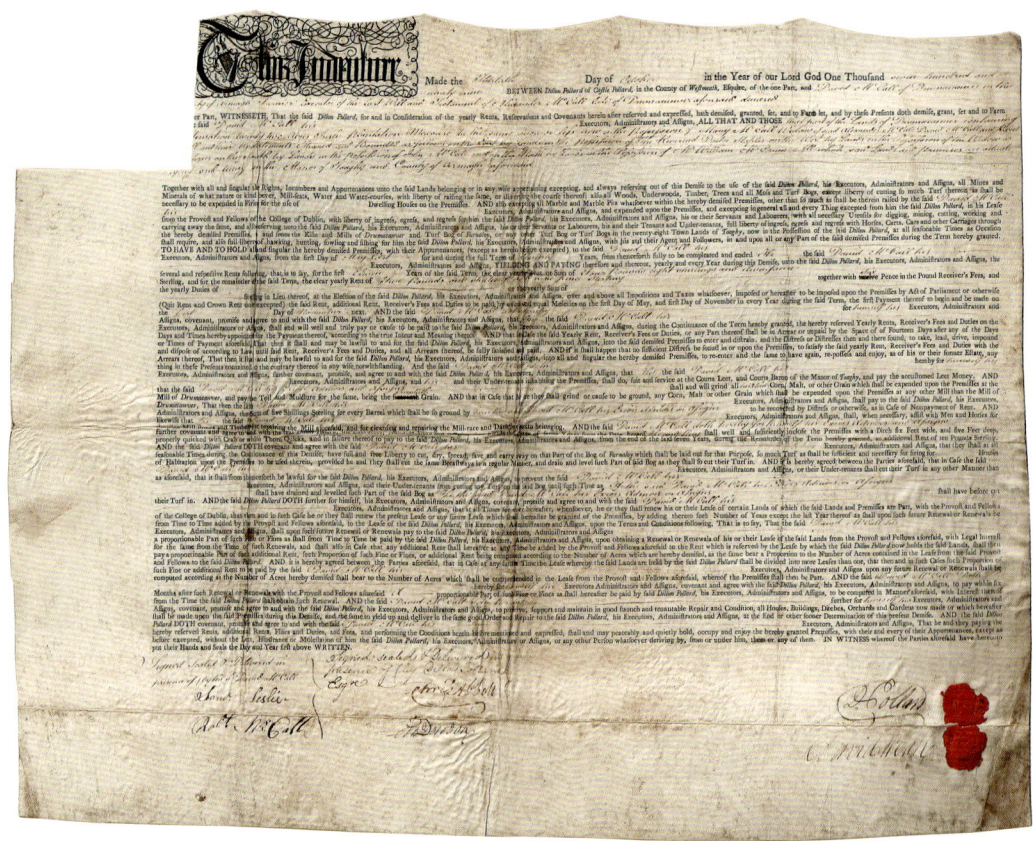

1700年狄龙·波拉德契约

Print Version Indenture of Dillon Pollard in 1700, Ireland

尺寸：长58厘米 宽56厘米
地点：爱尔兰

  此件契约订立于1700年10月。为印制的格式化契约，大部分文字印刷而成，只有少部分要件内容为手写填入。一方为爱尔兰东部伦斯特省席米斯郡的狄龙·波拉德（Dillon Pollard）先生。契约详细列明了有关土地租赁、管理、以及各种物产权益处理的细节性内容。

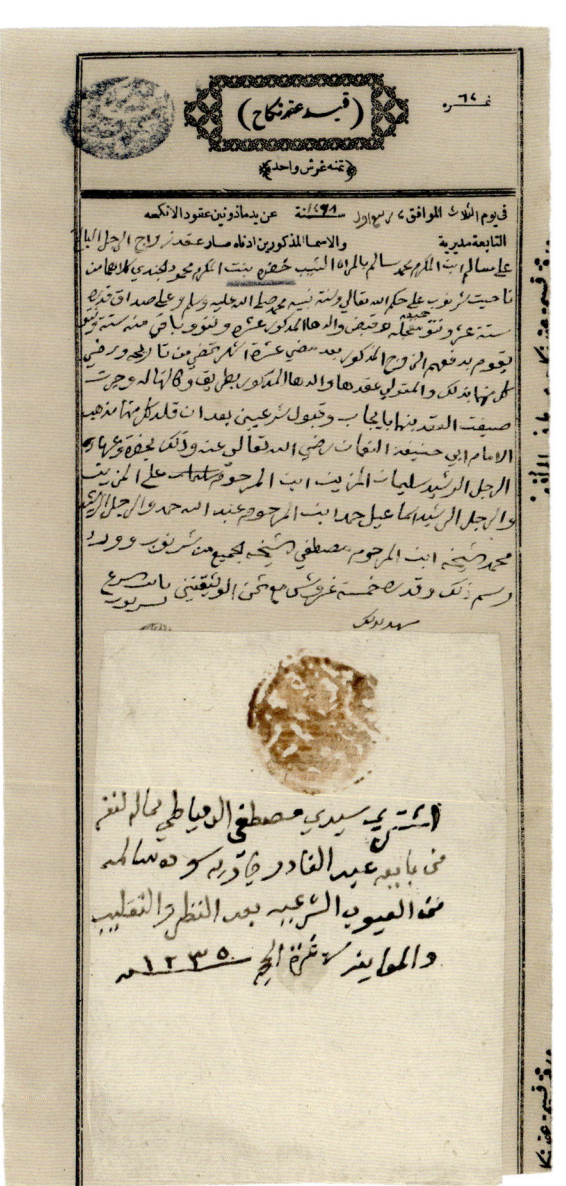

1820年埃及买卖奴隶合同
Slave Purchase Contract in 1820, Egypt

尺寸：长 14.8 厘米　宽 31 厘米
地点：埃及

　　这是一份用阿拉伯文书写的奴隶买卖合同，时为1820年。奴隶贸易是人类文明史上罪恶的一页。从15世纪开始19九世纪末的数百年间，数千万黑人被奴隶贩子从非洲贩运到美洲。黑奴贸易的历史大体可分为三个时期：15世纪中叶至17世纪中叶为第一时期；17世纪中叶至19世纪初为第二时期，由于美洲种植园的发展，黑奴贸易在这一时期走向高潮；807-1808年英、美两国通过禁止奴隶贸易的法案以后，黑奴贸易进入第三时期。这时奴隶贸易在法律上已被禁止，但黑奴走私贸易却兴盛起来。直至1890年7月布鲁塞尔会议作出废除非洲奴隶贸易的决议，黑奴贸易才正式终止。

1857年费城市贷款证书

Loan Certificate of the City of Philiadelphia in 1857, USA

尺寸：长 37.5 厘米　宽 22 厘米
地点：美国费城

　　美国宾州费城市政府于1857年9月3日签发给伊丽莎·冈格莱（Elisa Gangler）的贷款证书，贷宽金额200元，期限至1873年7月1日。该贷款年利率为6%，每半年付息一次。本贷款证书由美国银行票据股份有限公司承印，印刷精美，上有独立大厅、火车机车，以及威廉·佩恩、亨利·克莱、乔治·华盛顿、富兰克林等美国历史名人的小幅照片。

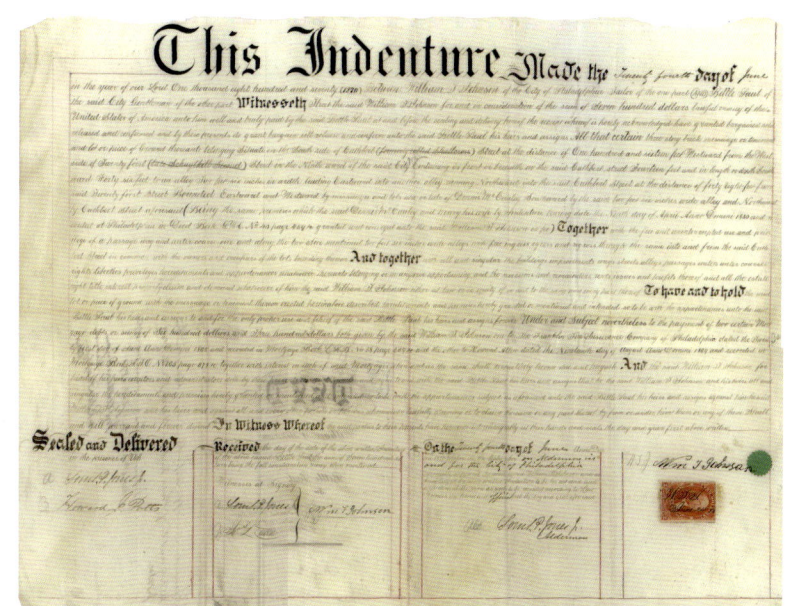

1870 年威廉·J. 约翰逊借款契约
Deed of William J. Johnson to Bettle Paul in 1870, USA

尺寸：长 63 厘米　宽 47.5 厘米
地点：美国费城

  费城市公民威廉·J. 约翰逊向贝德·保罗借款七百美元，于 1870 年 6 月 24 日签订本契约。契约详细列明了办理借款抵押的具体情况。契约下部四个部分，第一部分为两位见证人签名，写明契约是在其现场见证下签订的；第二部分由第一见证人和威廉·J. 约翰逊签字证明 700 美元贷款已如数收讫；第三部分为第一见证人签字，证明他作为费城居民，以个人身份证明契约的真实性；第四部分是威廉·J. 约翰逊的个人签名，其下为一枚 2 美元的印花税票。税票上写有威廉·J. 约翰逊姓名的简写及签约日期。本契约用大幅面纸张书写，折叠后一面作为封面（如图左所示），写有契约名称。

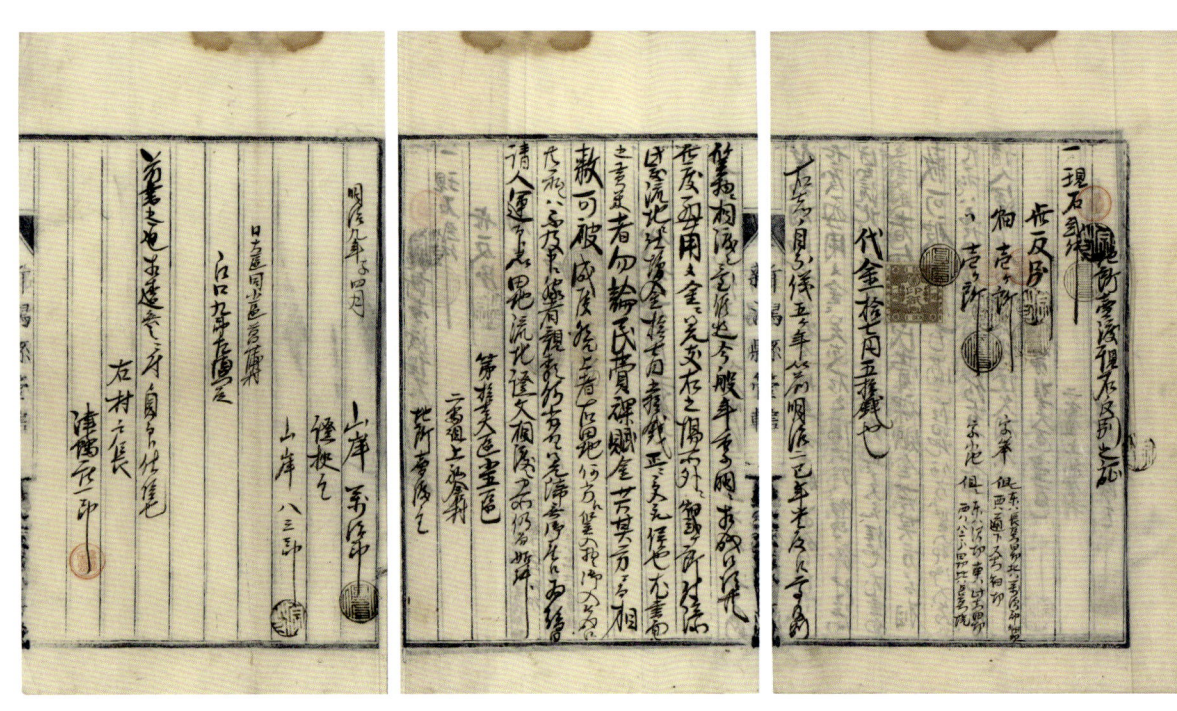

明治九年（1876）新泻县山岸万治郎卖地契

Certificate for Selling Land in 1876, Japan

尺寸：长 20 厘米　宽 27.5 厘米
地点：日本新泻县

　　明治九年日本新泻县下辖第十一大区上弘舍村村民买卖土地的契约书。卖主山岸万治郎，见证人山岸八三郎。两处地产，出让金拾七元五拾钱。本契约所用契纸，左侧边界处印有"新泻县管辖"字样，表明为官契纸。契约由四个页面装订成册，第四页空白。首页记第三页签名处盖有印章多枚。首页贴有印花税票，上有"印纸"、"一钱"字样，税票左右两边并写有"赝造者可处严刑"。

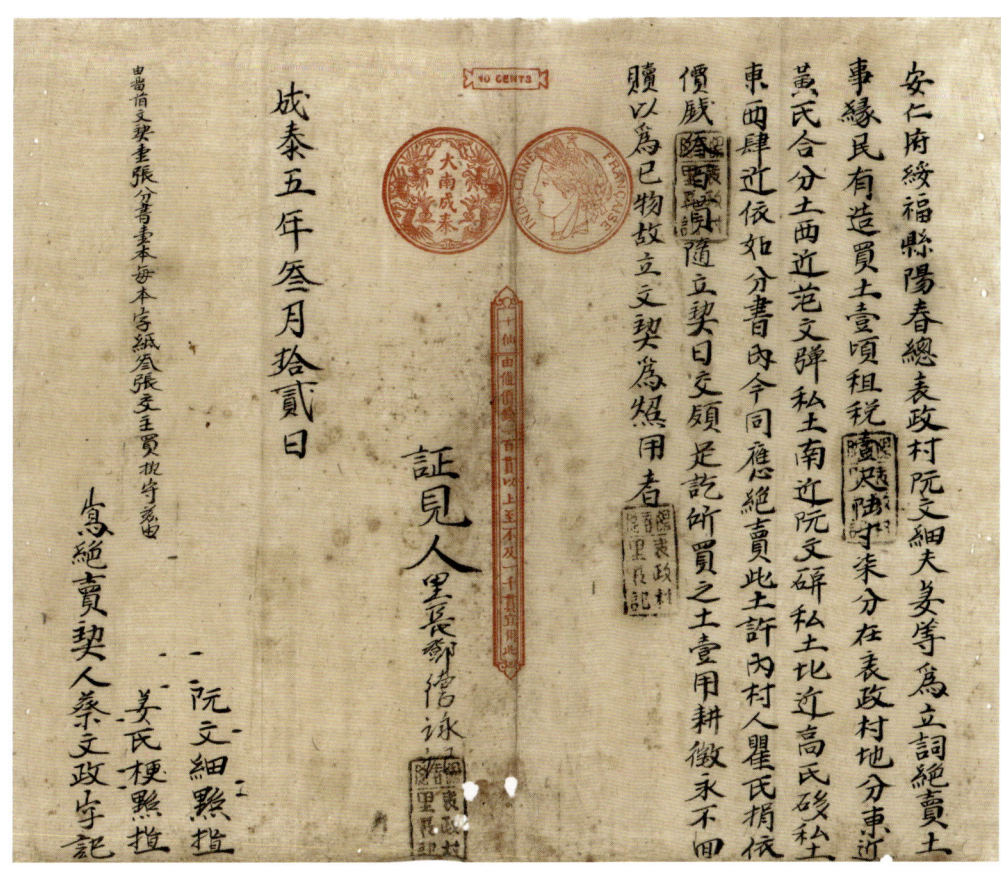

成泰五年（1893）安仁府阮文细等绝卖地契

Deed for Selling Land of Ruan Wenxi of Anren County in the 5th year of Chengtai, Vietnam (1893A.D.)

尺寸：长 33 厘米　宽 28.5 厘米
地点：越南安仁府

　　越南安仁府地区阮文细与妻姜氏共同写立的绝卖地契。属于官契纸。该契约中加盖的"Francaise"印章，证明该契签订时期越南的法属殖民地地位。本契约的买卖类型为绝卖，与土地的活卖相对，符合交易当时越南地区沿用与中国地区相举似的交易规则，因此契约中有"永不回赎"字样。该契纸的形式特征完全符合中国传统契约的行文格式，并使用了中国传统契约的"关门押"以及"画指"的立契习惯。说明中国契约立契规则在东亚地区有着巨大的深刻影响。

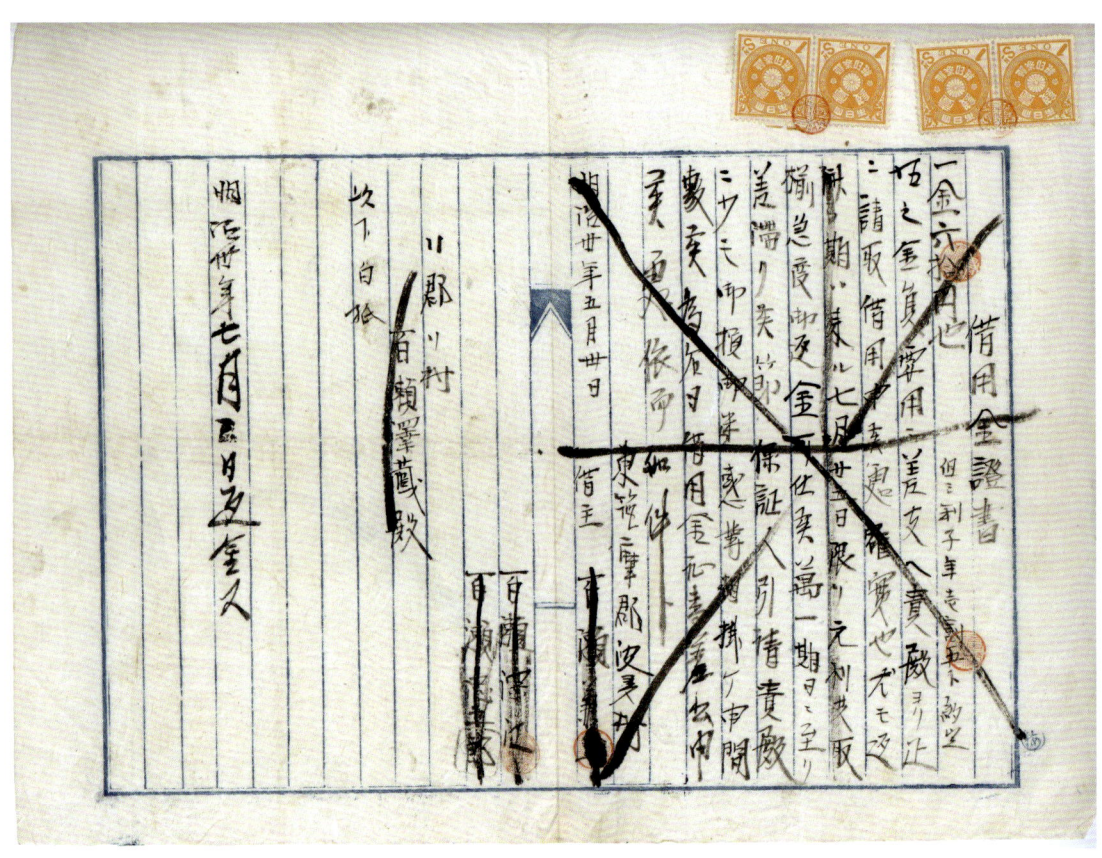

明治卅年（1897）东筑摩郡百濑氏借用金证书

Certificate for Borrowing of Bailaisi in 1897, Japan

尺寸：长 63 厘米　宽 47.5 厘米
地点：日本东筑摩郡

　　日本长野县东筑摩郡百濑氏因缺乏用度，于明治三十年五月三十日借得六拾元入手应用。到期日为同年七月廿五日。证书最后记明，该借款已于明治卅年七月三日偿还。因此契约正文及人名处皆有涂销标记，表明契约权力义务终止，不再具有法律效力。证书上贴有税票四枚，表明该证书已经投税。

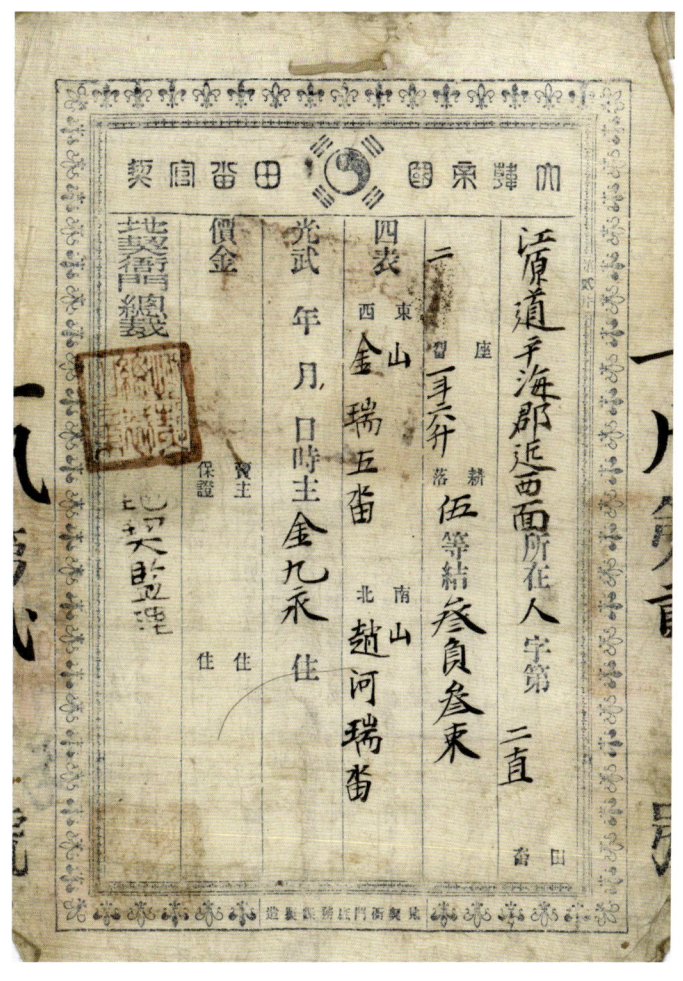

光武时期（1897-1907）江原道金九永卖地契

Selling Land Deed of Jin Jiuyong in the Gangwon Period of the Korean Empire (1897~1907A.D.)

尺寸：长 22 厘米　宽 28 厘米
地点：韩国江原道

此件"大韩帝国山畓卖契"，后附为种地契约私文书6件，包括昭和4年金光洙卖渡证书、大正十四年金正铉领收证、昭和二年韩应保卖渡证书、大正十二年金甲欣上地卖渡证书、昭和二年韩应保保证书等。前后九年内，土地数易其主，反映了社会动荡期间产权的易变。此件契约内容与同时代中国官慎卖契颇相类似，详列卖主住址、所卖田亩面积、税金、四至、日期等项，并盖有地契衙门总裁及地契监理印信。

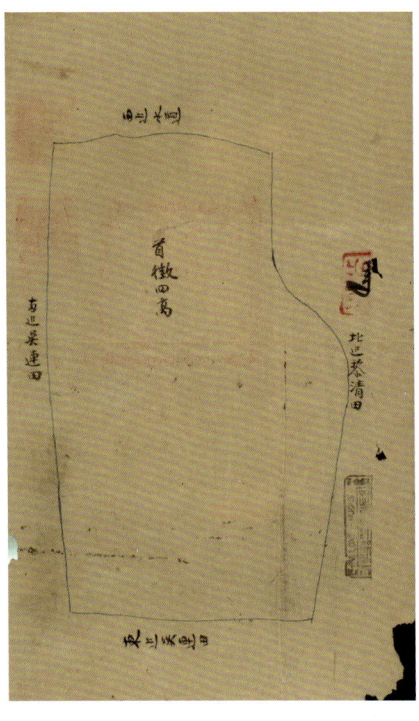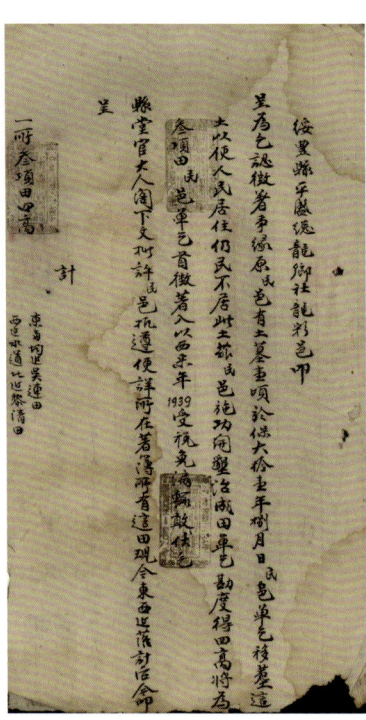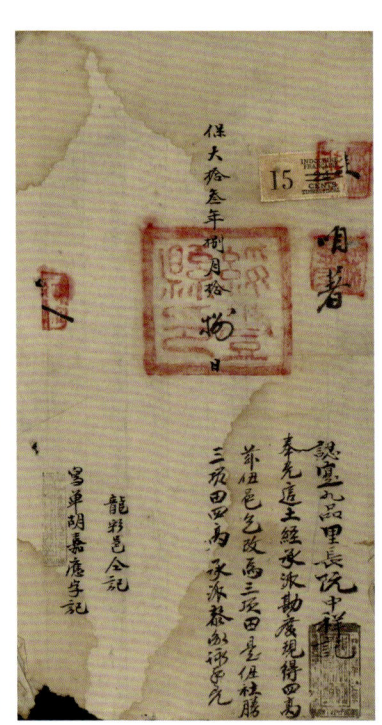

保大十三年（1939）绥丰县龙彩邑乞请认证地亩书

Request of Long Caiyi for certificating land in 1939, Vietnam

尺寸：长 32 厘米　宽 29 厘米
地点：越南绥丰县

　　越南绥丰县平盛德龙乡社龙彩邑乞请认证著录所垦三顷田地的确权文书。依文书所载，龙彩邑原有土墓一顷，于保大十一年八月申请迁墓适土，以便人民居住。后因不居，施工开垦成田，特此呈请官府认证著入，从西元 1939 年开始纳税。文书上有绥丰县及里长阮中祥印章，表明龙彩邑的申请为官府所认可。

后 记

2008年，上海立信会计学院拟建设国内第一家以会计为专题的博物馆，并于翌年聘请宋君小明参与其事。其间我与宋君相识，并就传统契约找到了共同的话题。

当时宋君已奔走过大半个中国，收集了不少契约，一方面作为馆厅展示之用，另一方面则作为馆藏研究资料。当我第一次看到这些材料时，不由得被其深深吸引。这些契约在时间、门类、内容、品貌，以及特殊性等方面具有很强的代表性，虽然数量并不很大，但已有自成体系的轮廓。不久，我禁不住诱惑，希望在博物馆筹建期间开始阅读和整理入藏契约，获允得行。后来又有机会与博物馆工作人员一同前往云南、甘肃等地寻找中国传统契约，才发现馆藏契约能够如此精当，与宋君投入的工作热情有着直接的关系。

有时我会想，这么多的传统契约从天南海北来到立信，这于我实在难说不是一种缘分，一种从田涛先生传给我契约知识开始的缘分。田先生曾带着我与诸位同门一起走近徽州的白墙黑瓦，一起穿行于铜仁的青山绿水之间……。那种寻碑访古式的私约调查，不时还会出现在我的梦境之中。这个集子我要献给田先生，感谢他带我走入契约之门。

说到缘分，中国传统契约真是一个神奇的物件，它曾给我带来了多少真诚的友谊与无私的支持啊！首先我要感谢小明先生多年来的信任与无私的帮助，尤其是我们在酒酣之余的争论，使传统契约焕发了新的生命。还要感谢我的师长武树臣先生、李祝环先生、马德先生、王宏治先生、蒋浩先生、范干平先生、钟陵强先生等，是他们的支持，使我有信念坚持下去这一相对冷僻的研究工作。还有龙英锋、姚水林两位大哥，以及柏聪妹妹，他们为馆藏契约收集与整理提供了巨大的帮助。当然，我也要感谢那些因契约整理与我结缘的同学们，他们是于春蕾、郝建芳、史册、崔明玉、刘思宇、江千惠、张蓓、蒋为成、欧婷等，是他们三年来牺牲了周末休息的时间，与我一起完成了契约的初始测量与分类整理。最后，我要感谢我的家人，是他们默默的支持，使我能够不忘初心地投入到契约收集、整理和研究工作之中。

综上而言，这是一本有因缘的集子，一本由有缘之物，借由有缘之机，在有缘人之间激发情趣而生的结缘之物。

观其成，易忘其始之难，笔于此处，温故而求新，与后之君子共勉！

王 旭
2016年10月30日
共二契纸于长乐楼忘

图书在版编目（CIP）数据

中国会计博物馆藏品集萃·契约卷 / 王旭主编．--
上海：立信会计出版社，2016.12
　　ISBN 978-7-5429-5291-2

　　Ⅰ．①中…　Ⅱ．①王…　Ⅲ．①会计－博物馆－藏品－中国－图录　Ⅳ．①K870.2

中国版本图书馆CIP数据核字（2016）第282251号

中国会计博物馆藏品集萃·契约卷

出版发行	立信会计出版社		
地　　址	上海市中山西路2230号	邮政编码	200235
电　　话	（021）64411389	传　　真	（021）64411325
网　　址	www.lixinaph.com	电子邮箱	lxaph@sh163.net
网上书店	www.shlx.net	电　　话	（021）64411071
经　　销	各地新华书店		

印　　刷	上海雅昌艺术印刷有限公司		
开　　本	889毫米 × 1194毫米　1/16		
印　　张	12	插　　页	5
字　　数	180千字		
版　　次	2016年12月 第1版		
印　　次	2016年12月 第1次		
书　　号	ISBN 978 - 7 - 5429 - 5291-2 / K		
定　　价	288.00元		

如有印订差错，请与本社联系调换